Wilhelm König

Jagdreiten

Zu den Hunden

21 Farbfotos
24 Schwarzweißfotos
und Zeichnungen

Verlag Eugen Ulmer

Zeichnungen von Sigrid Lokau

Umschlagfoto von Wolfgang Kaiser
- Meute der Norddeutschen Français tricolores -

CIP-Titelaufnahme der Deutschen Bibliothek

König, Wilhelm:
Jagdreiten *Zu den Hunden* /
Wilhelm König. -
Stuttgart: Ulmer, 1990
ISBN 3-8001-7209-7

Wollgrasweg 41, 7000 Stuttgart 70 (Hohenheim)
Printed in Germany
Einbandgestaltung: Alfred Krugmann, Freiberg a. N.
Satz: Steffen Hahn, Kornwestheim
Druck und Bindung: W. Röck, Weinsberg

Vorwort

Dressurreiten - Grundlage allen Reitens, in der Vollendung hohe Kunst und ästhetischer Genuß. Springreiten - Ausdruck von Mut und Geschicklichkeit, Kraft und Schnelligkeit. Vielseitigkeitsreiten - Synthese von beidem, in besonderem Maße Resultat aus Leistungswillen und Leistungsbereitschaft. Die drei bekanntesten reiterlichen Disziplinen. Alle drei aber - wenn sie nicht allein als Freizeitspaß ausgeübt werden - unter dem nicht selten nervenzehrenden, egoistischen Verhaltensweisen Vorschub leistenden Diktat von Sekunden, Punkten und unvermeidlich mehr oder weniger subjektiven Bewertungsmaßstäben. Alle drei auch - selbst die dritte - auf manipulierter Fläche, verhältnismäßig weit vom Natürlichen entfernt.

Und das Jagdreiten? Es ist kein Spiel, wie manche Autoren meinen. Auch nicht vornehmlich gesellschaftliches Ereignis für diejenigen, die dem Turniersport nicht gewachsen sind, wie andere glauben machen wollen. Gewiß gibt es derartiges ebenso, wie es den Auch-Turnierreiter gibt. Aber das ändert nichts daran, daß Jagdreiten eine ernstzunehmende, eigenständige reiterliche Disziplin mit besonderen Gesetzen ist, und eine der ältesten zudem. Eine Disziplin, die Dressur- und Springausbildung voraussetzt, die Engagement und viel Herz verlangt. Und dabei ist sie - gleichermaßen als Wild- wie als Schleppjagd - so nahe am Ursprünglichen wie keine andere, selbst in den dichtbesiedelten, intensiv wirtschaftlich genutzten Ländern Mitteleuropas. Hierbei geht es - und zwar keineswegs ohne Risiko - wirklich querfeldein über Stock und Stein. Auch dort, wo zwangsläufig eine festgelegte Strecke geritten werden muß; denn diese kann unmöglich auf ihrer ganzen Länge und in der gesamten Breite eines Jagdfeldes Meter für Meter von Tücken wie Kaninchenlöchern, Baumwurzeln, Steinen und dergleichen befreit werden. Und die Jagdteilnehmer haben in aller Regel keine Gelegenheit, die Strecke vorher kennenzulernen oder gar zu Fuß abzugehen. Das alles kann so voller Urwüchsigkeit sein, daß der Jagdreiter, wenn er es vermag, sein Herz zu öffnen für das Echte und Unverfälschte, sich eng mit der Natur verbunden weiß, daß er fühlt, Teil ihrer selbst zu sein. Bei keiner anderen Sportart gibt es eine so enge und beglückende Synthese von Mensch und Umwelt: das Einswerden von Wald, Feld und Flur mit den Reitern, Pferden und Hunden.

Die Hunde! Sie sind die Krönung - ohne sie kein wirkliches Jagdreiten. Wenn man liest, daß Sie weder ganz fuchsartig noch ganz schwarz, noch ganz weiß sowie groß, schlank und sehnig sein, zudem gute, bewegliche Läufe, eine lange Rute, scharfe Augen und einen stark ausgebildeten Geruchsinn haben sollen, dann meint man, es mit einem Text unserer Tage zu tun zu haben. Wie erstaunt man dann, wenn man erfährt, daß diese Beschreibung aus der Zeit um 400 v. Chr. und von keinem geringeren stammt, als dem wegen seiner noch heute gültigen Aussagen in dem Werk »Über die Reitkunst« in Reiterkreisen nicht unbekannten griechischen Schriftsteller XENOPHON. Er hat nämlich auch das Buch »Kynegetikòs lógos«, also »Über die Kunst der Hundeführung«, d. h. über die Jagd, geschrieben. Dort schildert er die seinerzeit geübte Hetzjagd und beschreibt dabei auch die dazu eingesetzten Hunde. Diese bilden noch heute in verschiedenen Rassen die meisten der bei den Reitjagden verwendeten Meuten. Von ihrem grundehrlichen, liebenswerten Charakter und ihrem seit Jahrtausenden unverändert passionierten Jagen auf der Fährte in enger Verbindung mit der lebensspendenden Erde, muß einfach jeder, der das wirklich einmal erlebt und der sich den Sinn für das Unverfälschte, Ungekünstelte bewahrt hat, ergriffen und fasziniert sein.

Wer Jagdreiten recht begreift, dem ist die mit hellem Geläut jagende Meute nicht allein Mittel zum Zweck, nicht schmückendes Attribut oder zeremonieller Rahmen. Er weiß um die Bedeutung der Hunde und schenkt ihnen seine Beachtung, besser noch: seine Zuneigung. Er ist bestrebt, sie zu kennen und zu verstehen, von ihnen anerkannt und verstanden zu werden. Und er hält es so auch mit seinem Pferd. Beide werden zum Kentauren, wenn der Reiter sein Pferd als Individuum achtet, es nicht als Sportgerät gebraucht oder gar mißbraucht. Er muß sich in seine Seele einfühlen, muß bemüht sein, es zu erfassen, muß es mit liebevoller Strenge führen ohne seinem Charakter Gewalt anzutun, muß seine Leistungsbereitschaft fördern. Das wird es ihm danken durch Leistungswillen, ja durch Ehrgeiz, durch Mut und auch Bedachtsamkeit, nicht zuletzt dem Pack gegenüber. So kann er erfahren, daß sich sein Wille auf das Pferd überträgt, daß er es - auch in schwierigen Situationen - mit leichter Hand und mit der Stimme zu führen vermag, daß er eins wird mit ihm.

Dem beglückenden Naturerleben kann der Jagdreiter sich voll und ganz aufschließen, er kann fröhlich reiten, ohne Verbissenheit, denn es geht bei der Jagd nicht um Sekunden und Punkte, um Sieg und Platz. Es gilt, in anständiger Manier die Jagd zu reiten, die Meute nicht zu stören oder gar zu gefährden und gesund mit gesundem Pferd, froh über das Erlebte und Geleistete, dankbar für Gottes Beistand beim Halali dabeizusein. Nicht mehr, aber auch nicht weniger. In anständiger Manier heißt nämlich, daß der Jagdreiter nicht lediglich auf sich, auf sein Reiten, sein Jagen bedacht sein darf. Ganz im Gegenteil: bei keiner der sonstigen reiterlichen Disziplinen ist

Rücksichtnahme so unverzichtbar, manchmal lebensnotwendig in des Wortes ureigenstem Sinne. Wenn heute noch von einem Reiter verlangt werden muß, chevaleresk zu sein, dann vom Jagdreiter. Reitet er doch nicht allein, sondern in der Gruppe, mit Gleichgesinnten zwar, aber nicht immer mit Gleichen. Denn Ausbildungs- und Leistungsniveau sowie Routine- und Erfahrungsschatz der Jagdgefährten und ihrer Pferde weichen oft voneinander ab. Ein jeder trägt Verantwortung. Nicht nur für sich, nein, auch für die anderen und für die Pferde und die Hunde.

Das erfordert für sie alle - Hunde und Pferde und Jäger - zunächst eine solide Grundausbildung, sodann jagdliche Schulung und Erfahrung sowie schließlich sportliche Kondition. Treffend die Gedanken des FRIEDRICH WILHELM VON KRANE Mitte des vorigen Jahrhunderts über die Auswahl des Pferdes, wie sie MAX JÄHNES 1872 im 2. Band seiner kulturhistorischen Monographie »Ross und Reiter in Leben und Sprache, Glauben und Geschichte der Deutschen« zitiert: »Der Jagdreiter bedarf auch einer noch schärferen Beurteilung ... der Pferde ... Hier tritt die Fähigkeit jedes einzelnen Tieres zum Hoch- und Breitsprunge, sein Vermögen im harten und tiefen Boden, die Dreistigkeit desselben bei gefährlichen Hindernissen hinzu ...«

Stets ist ein waches Gespür für das Leistungsvermögen von Hund und Pferd notwendig. Auch in dieser Hinsicht haben die Erfahrungen der Alten noch volle Gültigkeit, wie sie beispielsweise in den ebenfalls von MAX JÄHNS 1872 zitierten Worten seines Zeitgenossen, des Ästhetikers CARL LEMCKE zum Audruck kommen: »So lange der Hund laufen mag und das Pferd laufen kann, ist die Barbarei nicht so übertrieben, sobald freilich der Mensch sein Pferd über die Kräfte zwingt, zeigt er sich als ein Barbar.« Während das Pferd nicht unbedingt speziell für die Jagd gezüchtet sein muß, ist das bei den Hunden unverzichtbar. Das Ziel muß ein jagdgeeigneter, d. h. motivierter, spursicherer, spurlauter und schneller, zudem charakterlich einwandfreier, und zwar insbesondere nicht zu scharfer Hund sein.

Von zentraler Bedeutung bei der Schleppjagd sind das jagdliche Einfühlungsvermögen und der Einfallsreichtum des Schleppers. Auf ihn kommt es an, ob die Jagd zum erhebenden Erlebnis oder zur tristen Routine gerät. Ein meisterhafter Schleppenleger kann selbst ein beschränktes Gelände zum idealen Jagdgelände werden lassen.

Ganz wesentlich aber ist das Verhältnis zwischen Equipage und Jagdfeld. Vielfach wird gefordert, daß zwischen der jagenden Meute und dem Feld der Jagdreiter ein gehöriger, bis zu 50 Meter messender Abstand zu liegen hat. Eine solche starre Jagdordnung kann gewiß die Hunde vor dem Überrittenwerden bewahren sowie dem Master und seinen Piqueuren die Arbeit erleichtern und ihnen den ungestörten Genuß der Jagd hinter den Hunden garantieren. Aber dabei reißt der Kontakt des einzelnen Jagdgastes zu den Hunden nahezu völlig ab, ja er verliert sie aus dem Auge, sobald das Gelände auch nur ein wenig unübersichtlich wird. Da muß die Frage erlaubt sein, ob das im Sinne der Jagdreiterei ist. Leistet das nicht einerseits einem elitären Sendungsbewußtsein bei den Mitgliedern der Equipage Vorschub und läßt andererseits bei den Reitern im Jagdfeld die Motivation schwinden? Ist nicht der von WILHELM KÖNIG immer wieder erhobenen Forderung, *zu den Hunden* zu reiten der Vorrang zu geben? Er will so viele Reiter wie möglich am eigentlichen Jagdgeschehen teilhaben lassen, will sie einbeziehen in das faszinierende Erlebnis, das Pack arbeiten zu sehen und zu hören. Partnerschaft soll bestehen zwischen Equipage und Jagdfeld. Und in diesem Sinne ist es wohl auch zu verstehen, daß es in der Sprache des klassischen Jagdreiterlandes heißt *to ride to hounds*, wenn man vom Jagen mit der Meute spricht. Für ein solches Miteinander ist es allerdings unerläßlich, daß die Mitglieder der Equipage ausnahmslos nicht nach sachfremden, sondern allein nach sachbezogenen, objektiven Gesichtspunkten ausgewählt werden. Vor allem aber müssen sie mit dem Herzen dabeisein und nicht um eines vermeintlichen Prestigegewinns willen.

Und wie verhält es sich mit der Jagdstrecke? Gewiß sind der Auswahl oft enge Grenzen gesetzt. Man muß sich bei Schleppjagden vielfach weitgehend an eine vorgegebene Streckenführung, an Wege und Schneisen halten, weil zumeist nur unter dieser Voraussetzung von den Grundeignern, Jagdpächtern und Forstverwaltungen die Erlaubnis erteilt wird, eine Jagd zu veranstalten. Doch man sollte die sich bietenden Möglichkeiten optimal nutzen. Denn hat es wirklich noch viel mit der immer wieder als nachahmenswert bemühten Wildjagd zu Pferde zu tun, wenn verlangt wird, daß die Reiter im Gänsemarsch über einen mit nicht zu umgehenden Hindernissen gespickten Waldpfad galoppieren? Wenn sie selbst auf freien Flächen ohne Abweichung den vorgegebenen Kurs von Sprung zu Sprung reiten müssen? Bei der Wildjagd hingegen ist eines der höchsten Gebote, unter bestmöglicher Schonung des Pferdes an den Hunden zu bleiben, was mitunter auch auf einem kürzeren, hindernisärmeren Wege geschehen kann, als ihn das Wild und die Meute gehen. Genügend Beschreibungen und Bilder aus früheren Zeiten belegen das, wie etwa das Gemälde von JAMES WARD aus dem Jahre 1817 »John Levett hunting in the Park at Wychnor«. Solche Freizügigkeit auch bei der Schleppjagd bringt neben allen anderen Vorteilen den Gewinn, daß der Jagdreiter bis ins hohe Alter zu den Hunden reiten, also das ganze Jagdglück genießen kann, und sich nicht, wenn er betagt ist, mit einem Platz weit vom Pack entfernt hinten im Feld oder in einem sogenannten nichtspringenden Feld zu begnügen braucht. Nicht viele - auch reiterliche - Sportarten ermöglichen Vergleichbares.

Noch ein Wort über Sinn und Zweck des Schleppjagdreitens. Beide sind einst von der *Schleppjagdvereinigung Hannover* mit den Worten: »Das Jagdreiten hat für den Reiter hohen erzieherischen Wert und ist für die Pferde eine nicht zu entbehrende Prüfung« treffend und nach wie vor gültig, wenn auch nicht ganz vollständig charakterisiert worden. Nicht vollständig deshalb, weil man vergessen hat, neben Erziehung und Prüfung auch die Freude zu erwähnen - ganz dem Ernst der Zeit entsprechend. Die Vereinigung ist nämlich am 1. März 1940 - also während des Zweiten Weltkrieges! - nach dem Weggang der Kavallerie-Schule der Deutschen Wehrmacht aus Hannover dort gegründet worden, um die Jagdreiterei in der Stadt zu erhalten.

All das jagdliche Geschehen in Wald und Flur ist für den passionierten Jagdreiter aber nur schwer vorstellbar ohne die traditionellen Jagdsignale. Die *musique de chasse* basiert auf einer im Laufe vieler Generationen entwickelten jagdlichen Signalsprache, die im 16. und 17. Jahrhundert in Frankreich ihren Höhepunkt erlebte. Sie wird auf Parforce-Hörnern geblasen, jenen Instrumenten mit dem ureigenen, unverwechselbaren Klang. Häufig findet zwar auch das Fürst-Pless-Horn Verwendung. Doch dieses ist streng genommen bei der Reitjagd nicht stilgerecht, entstand es doch einst als Hilfsmittel bei der Jagd zu Fuß und der Arbeit im Walde.

Und so mag sie denn immerfort klingen und die Herzen höher schlagen lassen, die unvergleichliche und unvergeßliche Musik: Das Geläut der Meute, das Schnauben und der Hufschlag der Pferde, vereint mit dem Ruf der Hörner.

Nur einiges Wenige konnte angedeutet werden. Gewissermaßen, um den Leser so recht neugierig zu machen auf das, was Wilhelm König in seinem Buch ausführlich aufgeschrieben hat, aus der Praxis für die Praxis. Hier spricht ein Meister seines Faches, der auf ein Vierteljahrhundert als Master, mehr als die halbe Zeit davon seiner eigenen Meute, zurückblickt.

Doch bevor er zu Worte kommt, ist es sicher für den Leser interessant, zunächst einmal etwas über den Menschen zu erfahren, der in dem Buch zu ihm spricht. Wilhelm König, für seine Freunde nur der Willi, ist am 21. August 1928 im oberschlesischen Beuthen geboren worden. Vater König war ein Wiener, die Mutter kam aus Bayern. Sportlich interessiert, hat er sich in sehr früher Jugend dem Schwimmen zugewandt, betrieb es später als Hochleistungssport, war Mitglied der *Jugend-Reichsleistungsklasse* und spielte auch Wasserball. Als sich das Ende des Zweiten Weltkriegs schon abzeichnete, mußte er im Januar 1945 aus Oberschlesien fliehen, um die schwer erkrankte Mutter nach Bayern zu bringen. Doch das ersparte es ihm nicht, nach der Rückkehr in die alte Heimat noch zum *Volkssturm* und zur *Panzerbrigade Oberschlesien* herangezogen zu werden. Das brachte ihn bei Kriegsende erst in tschechische, dann in russische Kriegsgefangenschaft. Er hatte Glück, eine russische Ärztin selektierte ihn als nicht arbeitsfähig und setzte ihn auf die Entlassungsliste. Entlassungsort war Berlin, das ihm als Geschenk eines unbekannten Passanten den ersten Kulturgenuß nach harter Zeit bescherte, eine Generalprobe zu *Orpheus und Eurydike*. Bald danach war er in Marburg. Doch mit der Freiheit war es schon wieder vorbei. Er wurde aus ihm nicht bekannten Gründen von den Amerikanern in ein Internierungslager gesteckt. Das war zu viel für den jungen Mann, der endlich sein eigenes Leben beginnen wollte. Deshalb hat er sich gelegentlich eines Krankenhausbesuches »selbst entlassen«.

Nach Überstehen einer längeren Krankheit war Willi im Sommer 1946 bei den Eltern in der Nähe von Regensburg und begann eine Lehre als Maschinenschlosser. Dort kam es nun auch zu einem Schlüsselerlebnis: der 18jährige saß zum ersten Male auf dem Rücken eines Pferdes. Doch diese Freude währte - nicht ganz freiwillig - nur recht kurz. Und der Durchbruch zur Reiterei ließ noch auf sich warten. Vorerst wurde Wilhelm wieder Leistungsschwimmer und brachte es u.a. zum *Nordbayrischen Meister im Rückenschwimmen*.

Nach 1949 in das Ruhrgebiet übergesiedelt, absolvierte der junge König in Duisburg ein Studium als Maschinenbauingenieur und begann danach eine selbständige, heute noch ausgeübte Tätigkeit als Ingenieur im Bergbau und Dozent in der Erwachsenenbildung.

Man schrieb das Jahr 1962, als ein Reitschüler namens Willi König in den Stall von *Franz Jandrey* in Cappenberg eintrat und damit den ersten Schritt hin zu einer Karriere als Jagdreiter tat. Diese ließ nicht lange auf sich warten. Wie es dazu kam, schildert der Autor in dem Kapitel »Mein ›sehr persönlicher‹ Weg zum Jagdreiten« mit dem ihm eigenen Humor selbst so treffend, daß hier einige Sätze zu diesem wichtigen Lebensabschnitt genügen.

Nur zwei Jahre nach seiner Hinwendung zur Reiterei, also 1964, ritt er zum ersten Male hinter den Hunden. Dabei wurde es wohl schon offenkundig, daß es ihm in erstaunlichem Maße gegeben ist, das Wesen der Hunde intuitiv richtig zu erfassen. Denn wie anders ist es zu erklären, daß ein altbewährter, erfahrener Master wie Franz Jandrey ihm bereits im Oktober 1965 eine große Chance gab, indem er ihm bei einer Schleppjagd in Recklinghausen als Master die Meute anvertraute. Wilhelm König nutzte diese Chance, stellte unter Beweis, daß er das Zeug hat, eine Meute zu führen, und war danach regelmäßig als Pikör und unregelmäßig als Master eines der beiden Cappenberger Packs im Einsatz, so daß er im Erscheinungsjahr seines Buches das Silberne Masterjubiläum begehen kann. In den Jahren 1967 bis 1973 sah man ihn dann als offiziellen Vice-Master der Cappenberger Meute und im direkten Anschluß daran als Master der Lipperlandmeute.

Dort schied er 1976 aus, um - seinem Hang zur Selbständigkeit und Selbstbestimmung folgend - sein eigenes Pack, die *Beagle-Meute Münsterland* zu gründen. Direkt bei seinem Wohnhaus war und ist noch heute der Kennel. Da widmet er, tatkräftig unterstützt von seiner Frau URSULA, seit nunmehr 14 Jahren an jedem Tag, den der Herrgott werden läßt, viele Stunden der Arbeit an und mit den Hunden, von dort sind Master und Pack zu so mancher beglückenden Jagd aufgebrochen. Doch als kluger, vorausschauender und vorsorgender Hausvater, der wohl bedenkt, daß dem Menschen nicht ewige Jugend geschenkt ist, hat er seine Meute 1989 in den Besitz des mittlerweile gegründeten *Schleppjagdvereins Beagle-Meute Münsterland e. V.* übergeführt. Ohne freilich - zur Freude vor allem seiner Equipage - seine Stellung als Master aufzugeben, und vorerst ohne die geliebten Hunde aus seiner häuslichen Obhut zu entlassen.

Wer diesen WILLI KÖNIG näher kennt und beim Umgang mit seiner Meute erlebt, der erfährt, daß er nicht nur Master, also Herr seiner Hunde ist, sondern mehr noch danach strebt, auch ihr Freund zu sein. Er hält es für unverzichtbar, mit viel Geduld und Zeitaufwand zunächst ihr Vertrauen zu erwerben und dann eine persönliche Beziehung aufzubauen. Harmonie kennzeichnet das Leben im Kennel. Widerfährt einem seiner Beagles ein Unglück, dann leidet WILLI KÖNIG, wenn er es auch kaum nach außen zu erkennen gibt. Hunde, die nicht gleich beim zweiten oder dritten Versuch richtig auf der Schleppe mitarbeiten, rangiert er keinesfalls sofort aus, wie es bei manchen Meuten Brauch ist. Vielmehr nimmt er sich gerade dieser Sorgenkinder besonders an. Nach seinen Worten ist es das Idealziel seiner Bemühungen, zu einem so engen Kontakt mit dem Pack zu kommen, daß es, vor die Wahl gestellt, auf der Schleppe zu jagen oder aber eine kreuzende Wildfährte aufzunehmen, seinem Master zuliebe auf die im Grunde ja wesentlich interessantere natürliche Spur verzichtet.

Genug der Vor-Worte - nun soll WILHELM KÖNIG selbst sprechen! In seinem Buch findet der Anfänger ebenso das notwendige theoretische Grundwissen, wie der alte Hase seine Kenntnisse erweitern kann und zum Nachdenken angeregt wird. Nachdenken nicht zuletzt deshalb, weil manche unorthodoxe Ansicht vertreten wird und sicher zur Diskussion Anlaß gibt.

Univ.-Prof. Dr. med. vet. Ernst-Heinrich Lochmann, Hannover

Inhaltsverzeichnis

Anhang 170

Einleitung

Jedes Buch sollte eine Einleitung haben. Dieses Buch also auch. Es soll ein Buch werden über das Jagdreiten »Zu den Hunden«. So liegt es nahe, mit den Ursprüngen der Jagdreiterei anzufangen.

In dem Buch »Beagles, their history and breeding« von A. C. Williams heißt es dazu »Die Schriftsteller früherer Zeiten waren zwangsläufig, da sie ja keine Kenntnisse aus erster Hand, also aus eigener Anschauung, haben konnten, zu offensichtlichen Plagiaten gezwungen - d. h. sie schrieben kritiklos ab, was andere vor ihnen vermutlich ebenfalls irgendwo abgeschrieben haben.« An dieser Feststellung zum Thema »Historie des Jagdreitens« hat sich bis heute nichts geändert. Und beim Studium älterer und jüngerer Berichte ist es daher oft recht amüsant, Gleiches immer wieder zu finden, meistens nicht einmal in eigene Worte verpackt, aber fast immer so dargeboten, als wären es des Schreibers eigene Gedanken. Auch ich kann über die Geschichte des Jagens, des Jagdreitens und den Ursprung der Meutehunde natürlich nur das berichten, was anderswo und zu anderer Zeit schon einmal gesagt worden ist. Sollten diese Quellen falsch sein, wird meine Wiederholung nicht richtiger.

Allerdings möchte ich in meinem Buch nicht so weit zurückgehen, daß ich - wie meistens üblich - Pferde und Reiter mit Kampf und Eroberungen in Verbindung setze. Ebensowenig will ich beim Ursprung der Jagd beginnen, mit der zwingenden Notwendigkeit der ersten Jäger, die von ihm niedriger eingestuften Kreaturen als Beute zu betrachten, und auch nicht mit dem Zeitpunkt, als diese Jäger bereits Hund und Pferd als Helfer gefunden hatten. Das Hetzen von Tieren mit der Meute allerdings ist, man kann es bedauern oder auch nicht, der Schlüssel zum Verständnis des heutigen Jagdreitens.

Der Ursprung des Jagdreitens liegt genau da, wo aus dem Zwang, Nahrung zu beschaffen, ein lustvoller Trieb zum Zeitvertreib wurde oder, um es mit einem modernen Wort auszudrücken, ein Sport. Dieser Zeitpunkt scheint aber sehr viel früher zu liegen, als man gemeinhin zu vermuten glaubt. Meint man doch meistens, daß etwa die Einführung treffsicherer Schußgeräte das Hetzen des Wildes überflüssig gemacht haben müßte - und von da an Wild zum Spaß gehetzt wurde. Dabei vergißt man allerdings leicht, daß dies nicht erst mit dem Vorhandensein von Jagdgewehren der Fall war, sondern eigentlich schon mit der Handfertigkeit des Jägers der frühen Zeiten, der Pfeil und Bogen trefflich (also treffsicher) zu nutzen wußte. Erst recht gelang dies dann mit der Armbrust, die über weite Entfernungen sicher - und auch noch geräuschlos - traf.

Es heißt immer wieder, daß bereits die Kelten (in unserer Gegend vor etwa 2500 Jahren) Wild nicht ausschließlich zur späteren Verdauung, sondern durchaus auch zu ihrer »Erbauung« jagten, und sie waren wahrscheinlich nicht die ersten »Jagdreiter«. Doch seit ihrer Zeit, vor allem als dann die Normannen in Frankreich und Britannien auftauchten, wird dieser Aspekt des Jagdreitens immer deutlicher. So gesehen, wurde das Jagdreiten, das Hetzen von Wild, stets mehr oder weniger vorrangig als ein Sport betrieben, bis man die unblutige Alternative der Schleppjagden »erfand«. Interessanterweise waren dies die Briten.

Denjenigen aber, die damals die Meutejagd ausübten, kann man unterstellen, daß sie nicht mehr Wild jagten als zur Versorgung mit Nahrung und Fellen erforderlich war. Erst später, entwickelte sich die »Wildjagd« zu jenen schrecklichen »eingestellten Jagden«, wie vor allem in Frankreich, aber auch - ohne Meuten - zu den Ausrottungsjagden auf die nordamerikanischen Bisons. Genauso gnadenlos wurde auch der Wolf gejagt und manche als schädlich oder gefährlich angesehene andere Wildart, die inzwischen ganz oder so gut wie vollständig verschwunden ist.

Ich möchte gern unterscheiden zwischen der Hetzjagd des Wildes, primär, um Nahrung zu haben, und dem Töten des Wildes als »Sport«. In der heutigen Zeit fällt es schwer, den Begriff »Sport« richtig einzuordnen. Im »Kleinen Brockhaus« erklärt man Sport als den meßbaren Teil der Leibesübungen. Aus dem Lateinischen kennen wir die Vokabel *disportare*, im Englischen *to disport*, beides mit der Bedeutung *sich zerstreuen, sich amüsieren*. Ein englisches Wörterbuch gibt noch weitere Bedeutungen: *herumtollen, sich ausgelassen tummeln*.

Die Übersetzung des englischen *sport* ist also durchaus vielgestaltig, man meint nämlich damit *Vergnügen, Belustigung (im Freien), Spiel, Rennen, Wettkampf, Jagd- und Angelsport, Kurzweil, Zeitvertreib, Spaß, Scherz, Ulk*..., wesentlich mehr also, als man üblicherweise mit dem deutschen *Sport* bezeichnet. Im modernen Deutsch hat man den englischen Ursprung dieses Wortes weitgehend vergessen. Carl Diem konnte einst noch formulieren: »Der Sport ist zweckfrei, aber nicht ohne Sinn. Der unbewußte oder bewußte Sinn des Sports wie des Spiels ist, dem Leben zu nutzen. Darin findet er seine Grenzen.« Zum Sport als Beruf meinte er »Der Berufssport ist gewerbliche Schaustellung, bei der, mehr oder minder ehrlich, die technischen Regeln des Amateursports beobachtet werden, ausgenommen jene ethischen Regeln, die das Tun zum Sport machen: Ein Tun nämlich um seines inneren Sinns der Selbstvollendung halber.«

Es gibt heute nur noch wenige Sportarten, die in diesem Sinn nicht schon Beruf, mindestens aber Nebenerwerb sind. Eine dieser wenigen Sportarten ist sicher das Jagdreiten, das die reinsten Amateure ausüben, wenn man unterstellt, daß ein Amateur ein Sportler ist, der nicht nur nichts für seinen Sport bekommt, sondern sogar noch dafür Geld aufwendet. Eine gewisse wirtschaftliche Unabhängigkeit ist dazu natürlich eine der Voraussetzungen. So war noch bis in die 60er Jahre dieses Jahrhunderts Reiten, vor allem aber Jagdreiten, ein Privileg Begüterter. Mit dem wirtschaftlichen Aufschwung ist die Möglichkeit, an diesem Sport teilzunehmen, bei uns heute für sehr breite Bevölkerungsschichten gegeben. Das hat unserem Sport zum Vorteil gereicht, so daß aus Herrenreiterei und kavalleristischem Berufsreitertum ein volksnaher Sport wurde, auf jeden Fall aber auch ein volkstümlicher.

Stand früher beispielsweise die alte ländliche Reiterei durchaus im Gegensatz zu den städtischen Reitern, so ist dieser Unterschied auch schon dadurch verwischt, weil statt der Pferde heute Traktoren im landwirtschaftlichen Stalle stehen und in der Stadt Pferde gelegentlich in der Garage. Doch noch immer ist diese alte Trennung gelegentlich zu spüren. Es ist noch nicht lange her, daß ich auf einer Schleppjagd einen ehemaligen Landrat traf, den ich verwundert fragte, warum er denn nicht im gewohnten Roten Rock ritte. Er gab zur Antwort: »Wenn ich mit meinen Bauern reite, trage ich die schwarze Jacke!«

Die Schleppjagd hat seit ihrem zögernden Beginn nach dem letzten Kriege einen stürmischen Aufschwung erlebt, der nun sicher einen Höhepunkt erreicht haben dürfte. Die natürlichen Grenzen liegen dabei weniger in dem Wollen als in dem Dürfen. Das hängt vor allem damit zusammen, daß die rechtlichen und gesellschaftlichen Voraussetzungen im Westen Deutschlands eben ganz anders sind als in Großbritannien, in Frankreich oder in den USA, wo wir den allergrößten Teil der etwa 1000 Meuten, die es heute auf der Welt gibt, finden. Bei uns ist praktisch jedes freie Stückchen Land für die Jägerei reserviert, und zwar auf unanfechtbar gesetzlicher Grundlage. Jede zusätzliche Nutzung, beispielsweise für eine Schleppjagd oder für das Training der Meutehunde, ist letztlich abhängig vom Verständnis und der Zustimmung der Jagdberechtigten. Große Ödflächen werden nach wie vor militärisch genutzt und stehen nur ganz selten für das Jagdreiten zur Verfügung, etwa dann, wenn einer der verantwortlichen Offiziere zufälligerweise auch Jagdreiter ist. Wenig rühmlich sind hierbei die britischen Truppen, die die ihnen vertraglich überlassenen Übungsplätze heute hermetisch abriegeln, während es in ihrem eigenen Lande jedem erlaubt ist, Übungsplätze zu betreten.

Deutsche Jagdreiter und Veranstalter von Jagden müssen also sehr bescheiden sein, und sie müssen über sehr gut geführte, sicher arbeitende

Barsoi auf der Wolfsjagd. Nach einem Gemälde von Kiwschenko.

Meuten verfügen. Dann ist es auch möglich, in stark zersiedelten Landschaften, wie etwa im Bereich des Ruhrgebiets, Schleppjagden zu veranstalten. Undenkbar wären hier natürlich Wildjagden, die aber ohnehin in Deutschland seit mehr als 50 Jahren verboten sind. Inzwischen wenden sich übrigens auch in Großbritannien und in Frankreich starke Kräfte gegen die Wildjagd mit der Meute. Noch aber wird in diesen Ländern, wie schon seit Jahrhunderten, im Stil überlieferter Bräuche mit der Meute gejagt.

In England, Wales, Schottland und Irland ist dies primär die Jagd auf den Fuchs oder - Beagles zu Fuß begleitet - auf den Hasen. Anderes Wild gibt es auf den Inseln praktisch seit Jahrhunderten nicht mehr. Der Fischotter ist seit kurzem geschützt, so daß die Otterhound-Meuten jetzt Nutrias und Marder jagen. In Frankreich steht an erster Stelle die Jagd auf den Hirsch, aber auch Sauen, Hasen und Füchse werden mit Meuten gejagt. In den USA werden auch Coyoten gehetzt, in Neuseeland Hasen mit Harriermeuten.

Blickt man über die Grenzen unseres Landes, wird man mit Erstaunen feststellen, daß aus den weiten Ländern des Ostens keine Berichte mehr über das Jagdreiten und über Meuten kommen, Polen mit einer Schleppjagdmeute ausgenommen. Im alten Rußland war es einmal üblich gewesen, Wölfe mit Windhunden, den Barsoys, zu jagen. Ganz offensichtlich haben die gesellschaftlichen Veränderungen in Osteuropa und in Rußland keinen freien Raum für das Jagen mit Meuten gelassen. Vielleicht wird der jüngste gesellschaftliche Umbruch aber auch im Osten die Jagdreiterei neu erstehen lassen. In der DDR finden 1990 bereits erste Schleppjagden westdeutscher Meuten statt.

Die deutsche Jagdreiterei, mag man sie britisch oder französisch beeinflußt betreiben, ist inzwischen auf einem eigenen, sehr selbständigen Weg zu einer Jagdreiter-Kultur, der Schleppjagd. Nirgendwo auf der Welt findet man mehr Schleppjagdmeuten, selbst nicht in den USA (wobei dort einige Schleppjagdmeuten alternativ auch Füchse jagen). Die Schleppjagd ist endlich dabei, durch den Idealismus einer zwar kleinen, aber immer größer werdenden Gruppe von Mastern, Pikören und Jagdreitern einen eigenen Stil zu entwickeln. So kann heute jeder, der nur will, mitreiten »zu den Hunden«.

Anne, Zuchthündin der Beagle-Meute Münsterland.

Das Reiten »Zu den Hunden«

Früher unterschied man noch sehr sorgfältig, ob »hinter den Hunden« oder »zu den Hunden« geritten wurde. »Hinter den Hunden«, damit meinte der Kundige die Jagd auf den Fuchs. »Zu den Hunden« mußte man reiten, wollte man bei der Hirschjagd (Parforce-Jagd) beim Halali (»Hallali d'un cerf«) dabei sein.

Bei der Wortwahl ging man damals, und wer weiß das heute schon noch, sehr genau vor. Drückte doch die damit verbundene Ortsbezeichnung sehr genau aus, wo sich die Reiter zu befinden hatten.

Den Verlauf einer Fuchsjagd konnte man immer schon recht gut abschätzen. Füchse warten nun einmal nicht mitten auf einem Acker bis sie von den Hunden entdeckt werden. Fuchsbaue sind im Buschwerk, auf jedem Fall im hügeligen Gelände so angelegt, daß sie auch bei starkem Regen nicht naßlaufen. Gelingt es - ein wenig Nachhilfe ist dazu schon erforderlich - den Fuchs aus dem Bau und dem Buschwerk zu treiben, wird er bemüht sein, in eine Gegend zu gelangen, wo er sich ähnlich gut wieder unter die Erde begeben kann. Schließlich hat er nur so eine Chance, mit heiler Haut davon zu kommen. Der Fuchs wird also versuchen, so schnell wie möglich und auf dem direkten Wege wieder in den Bau zu gelangen. Will man die Fuchsjagd zu Pferde verfolgen und, um es englisch auszudrücken, beim »kill« dabei sein, braucht man nur der Meute zu folgen, als »hinter den Hunden« herzureiten. Auf den britischen Inseln und überall da, wo der Fuchs gejagt wird, hat die Reiterschar dafür auch reichlich Platz. (Man schätzt sich dort glücklich, noch nicht auf Reitwege verbannt zu sein.) Geschickte Jagdteilnehmer werden sich dann auch den für das Pferd bequemsten Weg suchen. Nur der Master, seine Whipper-ins und wenige Unentwegte oder am Anfang günstig postierte Reiter bleiben bei der Meute und gehen den gleichen Weg, wenn es irgendwie möglich ist. Aber immer wird man »hinter den Hunden« bleiben. Wehe dem, der »vor die Hunde« kommt. Er wird günstigenfalls böse Worte des Masters zu hören bekommen.

Eine Jagd »hinter den Hunden« (im Sinne der Jagd auf den Fuchs) zu reiten, setzt also voraus, außerhalb von Wald und Buschwerk zu reiten. Genau dort, wo man natürlich auch den Hasen jagen würde, aber das geschieht »drüben« fast nur zu Fuß (Foot-beagling).

Ganz anders geht es auf der Hirschjagd zu. Der Hirsch wird es zu vermeiden suchen, in die freie Landschaft zu geraten. Sein Instinkt wird ihm raten, im dichten Wald zu bleiben. Nur wenige Jagdteilnehmer werden ihn deshalb während der Jagd zu Gesicht bekommen. Die Meute ist - ganz anders als ihre Kollegen von der Fuchsjagd - ausschließlich auf die »Nase« angewiesen. Einmal auf der richtigen Spur, werden sie sie kaum noch verlieren. Es nützte dies den Reitersleuten aber wenig, hätten die Hunde nicht auch noch ihre Stimme. Stumme Hunde im Wald und Busch sind wie Wildkatzen, zwar immer da, aber nie zu sehen. Das Geläut der Hunde vor allem leitet die Jagd.

Besondere Ereignisse, so sie von den Pikören zu beobachten sind, werden diese zusätzlich durch Hörnerrufe mitteilen. Der Hirschjäger wird also glücklich dran sein, wenn ihm wenigstens die wichtigsten Signale der Hirschjagd geläufig sind. Geläut der Meute und Hörnersignale sind also die einzigen Hinweise dafür »wo's lang geht«, will man »zu den Hunden« reiten. Dabei ist es ganz egal, aus welcher Richtung man dort hingelangt. Aus der Fluchtrichtung des Hirsches her gesehen, kann man dabei durchaus auch einmal vor den Hunden sein. Möglicherweise hat man dann sogar das Glück, den Hirsch (hoffentlich den richtigen) zu sehen. Ausgerüstet mit der Trompe würde man dann sogleich das rechte Signal intonieren, um auch die restliche Jagdgesellschaft zu unterrichten.

Wenn ich mir nun für die Schleppjagd wünsche, daß man wieder mehr »zu den Hunden« ritte, hat das jedoch nichts mit diesen beiden Arten der Wildjagd zu tun. Es soll auch nicht ausdrücken, daß ich für irgend eine Art der Wildjagd wäre. Die Zeiten sind in Deutschland für immer vorbei. Und, glücklicherweise, hat sich für die meisten von uns auch die Einstellung zum wildlebenden Tier grundsätzlich geändert. Es, zum Spaß oder als Sport, zu hetzen, steht damit auch folgerichtig unter Strafe.

Aber trotzdem sollte man zu den Hunden reiten. Nur so kann man die Meute bei ihrer Arbeit auf der künstlichen Spur beobachten und ein wenig über ihr Verhalten in der Natur lernen. Es setzt nur einen geänderten Stil der Schleppjagden voraus. Nicht der geführte Geländeritt mit Hunden irgendwo, wie es heute meist praktiziert wird, macht den Sinn der Schleppjagd aus. Auch nicht das erfolgreiche Überwinden einer mehr oder weniger schwierigen Geländestrecke oder von Hindernissen. Das sind nur die Voraussetzungen.

Ich meine, die Schleppjagd sollte man wieder so sehen, wie über Jahrhunderte hinweg die Jagdreiter die Wildjagd sahen. Nämlich vor allem zu beobachten, wie und ob es der Meute gelang, das gesetzte Ziel zu finden. Wenn früher bei der Wildjagd Hase, Fuchs, Reh, Sau oder Hirsch mit ihren jeweils sehr unterschiedlichen »Tricks«, der Meute wieder zu entkommen suchten, so ist es heute der Schleppenleger, den die Meute suchen und finden muß. Wie auf der Wildjagd für die Meute die Aufgabe erfüllt ist, wenn sie das gehetzte Wild vor sich sieht, so tut es auch die Schleppjagdmeute, die den Schleppenleger zu Gesicht bekommt. Jagden im freien Gelände sind bei der Schleppjagd deshalb problematisch, da es dort schwer ist, die Meute so abzulegen oder wegzuführen, daß sich der Schleppenleger unbemerkt von den Hunden davonschleichen kann. Ihr ganzes Können müssen die Hunde erst entwickeln, wenn sie im Wald oder Buschwerk suchen müssen. Solche Schleppjagden entsprechen viel eher der Jagd auf den Hirsch und dem dort notwendigen Reiten zu den Hunden. Glücklich der Jagdherr, der dann im Wald querbeet reiten lassen darf und nicht auf Reitwege verbannt wird.

Leider ist vielerorts die Wirklichkeit anders. Auflagen der Grundbesitzer oder der Jäger zwingen die Jagdgesellschaft auf festgelegte Wege. Reglements wurden vereinbart, mit denen versucht wird, große Jagdfelder halbwegs geordnet durch die Landschaft zu bewegen. So sieht das dann aus: Schleppenleger 5 Minuten oder früher vor dem Anlegen der Meute, hinter der Meute der Master, Piköre oft schon mit weitem Abstand dahinter, dann der Jagdherr, danach lange nichts, später Jagdfeld auf Jagdfeld, jeweils oft genug mit Hunderten von Metern Abstand. Die Meute ist meist schon wieder am nächsten Stop, bevor der letzte Reiter endlich abgeritten ist. So prägten Jagdveranstalter schon vor Jahren den kernigen Satz: »Wenn sie (die Teilnehmer) schon nichts von der Meute sehen, dann sollen sie wenigstens springen.« Und man baute Hindernis um Hindernis in die Landschaft. Die Regeln wurden verschärft, »bedroht« wird jeder, der ungebeten nach vorn kommt, mit Verweisen aus dem Feld oder saftigen Strafgeldern in die Jagdkasse. So wundert es nicht, daß sich Reiter daher häufig fragen: Was sollen sie eigentlich bei einer Schleppjagd? Die Meute sehen sie nur am Anfang, an den Stops (vielleicht) und am Halali. Schließlich bleibt als Urteil über die Jagd nur noch übrig, die Höhe des Jagdgeldes mit der Anzahl der Hindernisse und der Qualität des Jagdessens zu vergleichen.

Gleichzeitig beklagt man sich, daß es an Nachwuchs mangele, daß Sitten und Gebräuche der Jagd nicht mehr beachtet werden, doch »zu den Hunden« reiten läßt man so leicht keinen mehr.

Es muß, meine ich, ein Wandel stattfinden im Denken derer, die sich dem schönen und traditionsreichen Sport der Schleppjagd verbunden fühlen. Es sind dies bestimmt die Master der Meuten und die Jagdherren. Aber auch die Jagdreiter, die das alles ja mit ihren Jagdgeldern bezahlen, sollten anspruchsvoller werden. »Zu den Hunden, Freunde!«

Ursprünge der Hetzjagd auf Wild

Es ist sehr wahrscheinlich, daß Pferde und Hundemeuten zur Hetzjagd ursprünglich in den alten Kulturgebieten Asiens eingesetzt wurden. Man kann dies aus mehreren Gründen annehmen:

- Hetzjagden wurden anfangs mit Windhunden durchgeführt. Diese Hunde sind Augenjäger, können also nur in freiem Gelände jagen. Windhunde stammen mit großer Wahrscheinlichkeit aus den asiatischen Räumen.
- Pferde haben, wie man annimmt, die letzte Eiszeit nur in eurasischen Gebieten überlebt. In Nordamerika waren sie danach wohl ausgestorben. In Westeuropa gab es das kleine Pony, in Osteuropa den Tarpan, in Mittelasien den Taki, auch als Przewalski-Pferd bekannt. Das Pferd als Reittier taucht spätestens vor etwa 3000 Jahren auf, und zwar den überlieferten Berichten zufolge zuerst im mittel- und vorderasiatischen Raum.
- Hundemeuten wurden aber schon lange vorher für Hetzjagden eingesetzt. Dies sollen Felszeichnungen in Nordafrika belegen, die vor etwa 9500 Jahren entstanden sein müssen.

Schriftliche Belege über das Reiten und Jagen findet man erstmalig in Griechenland bei Xenophon (434-359 v. Chr.), der nicht nur über die Reitkunst schrieb, sondern auch über die Ausbildung von Hundemeuten.

In unserem engeren Kulturkreis sollen es die Kelten gewesen sein, die Wild nicht nur als Nahrung jagten, sondern die Jagd ganz offenbar auch als sportliche Betätigung ansahen. Auch hier scheint man noch vorwiegend mit dem Augenjäger Windhund gejagt zu haben. Die Kelten erschienen vor etwa 2500 Jahren am Rhein, in Frankreich und auf den britischen Inseln. Ihr Erbe setzten später die Normannen fort.

Wenig Belege gibt es aus der Zeit der Römer. Eine Literaturstelle bezeugt allerdings den Ankauf von Windhunden in Britannien und deren Lieferung nach Italien. Daraus kann man schließen, daß auch den Römern die Jagd mit Windhunden - vermutlich auf Hasen - bekannt war.

Bei den Normannen, die nach 1066 von Nordfrankreich aus die britischen Inseln eroberten, finden wir bereits Meuten und auch die bis heute üblichen und gültigen Regeln der Wildjagd, vor allem auf den Hirsch. Und, was für die Schleppjagd von entscheidender Bedeutung werden sollte, den Normannen verdanken wir die Jagd mit den »Nasenjägern«, die die vorwiegend mit den Augen jagenden Hunde (Windhunde) ablösten.

Kelten, Römer und dann die Normannen haben unsere jagdreiterlichen Anfänge bewirkt. Die Windhundjagd auf den Hasen ist verloren gegangen, geblieben sind die Hetzjagden mit Meuten. Geblieben ist auch die Hetzjagd als eine sportliche Betätigung, bei der das Erlegen der Beute nur eine untergeordnete Rolle spielt.

Parforcejagd

Direkt übersetzt wäre es die Jagd durch Gewalt. Gemeint ist die Hetzjagd. Zur Hetzjagd gehören Meute und reitende Jäger. Die Normannen hatten, als sie Britannien eroberten, in den von ihnen beeinflußten Teilen Westeuropas bereits Methoden entwickelt, die für die Hirschjagd mit der Meute noch heute gültig sind. Man brach sehr zeitig am Morgen auf, um Wildfährten und Losung zu suchen. Mit einem an einem Leitseil geführten Suchhund, dem Leithund, wurde nach dem Hirsch gesucht. Erst nach dem Aufstöbern und Aufjagen des Wilds wurde die Meute gerufen, die bis dahin von den Jagdknechten gekoppelt geführt wurde. Zur Verständigung benutzte man das Jagdhorn. Die Meute wurde auf die Spur gebracht, und man folgte ihr zu Pferde. Unterwegs verständigte man sich mit dem Horn.

Wurde der Hirsch von den Hunden gestellt, was häufig in einem Bach oder Tümpel der Fall war, wurde er von einem der Jäger mit der blanken Waffe (dem Hirschfänger) abgefangen. Für die Hetzjagd auf den Hirsch benötigte man spurlaute, ausdauernde Hunde mit sehr gutem Geruchssinn. Die Normannen benutzten dafür zwei unterschiedliche Rassen, den Alaunt und den Talbot.

Der Alaunt war eine helle (weiße) Doggenart. Es waren Hunde der Alanen, einem iranischen Reitervolk. Nach der Unterwerfung durch die Hunnen um 370 gelangte ein Teil dieses Volks bis nach Spanien.

Der Talbot oder Normannenhund stammt wahrscheinlich von dem Chien de St. Hubert (Hubertushund, Bluthund) ab, dessen Ursprung dem Kloster St. Hubert in den Ardennen zugeschrieben wird. Der Normannenhund wird aber als wesentlich kräftiger und von hellerer Farbe beschrieben als der St. Hubertus, dessen dunklere Nachkommen sich im Bloodhound (Bluthund) wiederfinden. Es liegt nahe, daß hier ein Einkreuzen mit dem Alaunt stattgefunden hat.

Hier nun die bei den Normannen bekannten Merkmale der Hetzjagd, die seitdem die Hetzjagd auf den Hirsch und auch die junge Tradition der Schleppjagd stark beeinflußt haben:

- Aufbruch im Morgengrauen
- Aufstöbern des Wildes mit Hilfe von Leithunden
- Ansetzen der bis dahin gekoppelten und geführten Meute freilaufend auf eine Wildfährte
- Jagdgesellschaft folgt zu Pferde
- Stellen und Abfangen der Meute
- Verständigung in allen Phasen der Jagd durch Hornsignale und Gebrauch einer Jagdmusik mit Hilfe der Hörner
- Jagd-(in England später das Ruf-)Horn als unerläßliche Ausrüstung und Erkennenszeichen des Jägers.

Mit der stürmischen Entwicklung der Jagd wurden die bereits vor den Normannen bestehenden Jagdregeln verändert und erweitert. So stand die Jagd nur den Feudalherren zu. Wer dieses Vorrecht verletzte, mußte mit wirklich drakonischen Strafen bis zur Todesstrafe rechnen. Einen besonderen Status hatten dabei die königlichen Wälder. Jagdrechte wurden, oft als Belohnung, verliehen. Sowohl der Adlige wie auch der Klerus wurde mit diesen Rechten ausgestattet.

Das Wild wurde damals in zwei Gruppen eingeteilt:

- Beasts of Venery: Rotwild, Hase, Bär, Wolf (= hohe Jagd)
- Beasts of Chase: Damwild, Fuchs, Marder, Rehwild (= niedere Jagd).

In der Jagdpraxis bedeutete dies, daß die Beasts of Venery erst mit dem Leithund aufgestöbert wurden, während man die Beasts of Chace sofort mit der Meute suchte und jagte.

Hunting: Wildjagd auf den britischen Inseln

Es wurde bereits erwähnt, daß erst mit den Normannen auf den britischen Inseln die Jagd nach Fleisch und Fellen zu einem Sport wurde. Sport im Sinne der körperlichen Ertüchtigung, der Zerstreuung und der Bewegung in der freien Natur, gepaart mit Streben nach Abenteuer und dem Beherrschen der Kreatur.

Die Jagd als Sport gab es zu dieser Zeit nur in Frankreich, in der Normandie, von wo aus die Normannen ja nach Britannien gelangt waren. Erst die Normannen jagten zu Pferde und mit Meuten, die auf der Fährte liefen und nicht auf Sicht. Die Normannenhunde waren sehr groß, um die 75 cm Schulterhöhe, und hervorragend geeignet für die Jagd auf Bären, Wolf, Hirsch und Sauen. Es herrschte auf den Inseln damals ja auch noch kein Mangel an diesem jagdbaren Wild. Der Braunbär wurde erst Ende des

11. Jahrhunderts ausgerottet. Wölfe gab es noch sehr viel länger; der letzte Wolf wurde 1680 in Schottland erlegt, in Irland noch später. Schwarzwild (Wildschweine) waren besonders reichlich vorhanden. Noch nach 1600 wurde auf sie regelmäßig gejagt.

Für die Jagd auf die großen Wildarten waren die Normannenhunde sehr gut geeignet, denn ihre Größe, Stärke und ihr Mut waren wichtiger als die heute gewünschte Schnelligkeit. Ein Jagdfeld der Normannenzeit setzte sich aus Jagdreitern und Fußvolk zusammen. Beritten waren nur die Adligen und hochrangigen Persönlichkeiten. Sie ritten vergleichsweise schwere Pferde. Aber schon damals umfaßte das Jagdfeld alle sozialen Schichten, wenn auch der Normalsterbliche im allgemeinen zu Fuß dabei war. Das Fußvolk benutzte dabei lange Sprungstangen, mit deren Hilfe es in schwierigem Gelände mit Buschwerk und Gräben der Jagd durchaus gut folgen konnte.

Die Jagdberechtigung wurde nach Bedarf auch ausgedehnt und wieder eingeschränkt. Zu den bejagten Tieren gehörten zeitweise auch Wildkatze, Dachs, Otter und erst sehr spät Kaninchen (die erst nach 1200 nach England eingeführt worden sind).
Es gab auch Zeiten, in denen die Jagdberechtigung dreigeteilt war:

- Rotwild, Bär, Wolf
- Damwild, Rehwild
- Hase, Fuchs, Wildkatze.

Im Zeitalter der Ritterschaft war das ritterliche und jagdliche Geschehen in genaue Regeln eingebunden. Wenn auch in dieser Zeit vielerorts die Falknerei größere Bedeutung gewann, so blieb selbst die Hetzjagd nicht von Reglementierungen verschont, die auch heute noch gelten. Sie betrafen die Zuordnung von Jagdsignalen zum Ablauf der Jagd, die Regeln zum Zerwirken des erlegten Wildes und die Zeremonie der Curée. (Anmerkung: In der modernen, heute üblichen Sprachweise wird die ursprüngliche, französische Form la curée [= die Curée] versachlicht in das Curée.) Auf diese Zeit kann man sicher auch die Sitte zurückführen, beim Curée die Kappe zu ziehen. Ursprünglich galt dieser Gruß dem erlegten Hirsch, heute ist es der »Dank an die Hunde«.

Da Wolf und Bär bald weitgehend ausgerottet waren, mußten sich die Normannen auf die Hirschjagd beschränken, bei der es dann auch etwa 500 Jahre lang blieb. In den Zeiten der Normannen müssen, den überlieferten Berichten nach, sehr große Meuten mit bis zu 1600 Hunden bestanden haben.

Unter den Reitern befanden sich auch viele Frauen, für die die Teilnahme an der Jagd ganz selbstverständlich gewesen sein muß (der Damensattel kam jedoch erst nach 1380 in Gebrauch).

Von Anfang an war auch der Klerus mit im Sattel. Von einigen Kirchenmännern heißt es sogar, daß sie häufiger im Sattel als auf der Kanzel anzutreffen waren. Ein Bischof Juxon unterhielt gar eine eigene Meute, die zu ihrer Zeit als die beste in England angesehen wurde. Später, kurz vor seiner Thronbesteigung, begleitete den sehr jagdsportlichen König James I. ein Jagdfeld von etwa 8000 Teilnehmern.

Etwa nach 1500 war auf den Inseln der Hirsch so selten geworden, daß man sich der Hasenjagd widmen mußte. Immer noch aber waren die Nachkommen der großen Talbots (Normannenhunde) vorhanden. Es zeigte sich aber bald, daß die Art der Meutehunde dem zu jagenden Wild und dem Jagdgelände angepaßt werden mußte. Gegen Ende des 16. Jahrhunderts gab es daher die ersten auf Hasen spezialisierten Hunde, Beagle- und Harrier-Meuten.

Wie in anderen Ländern bei vergleichbaren Anläßen, wurde in der Zeit der Bürgerkriege (England–Schottland) kaum noch gejagt. Insbesondere in der Mitte des 17. Jahrhunderts gab es zwanzig Jahre lang praktisch keinen Meutebetrieb, und der größte Teil der Meuten verschwand. Nach dem Neuaufbau waren die großen Hunde weitgehend verschwunden. Für die Hasenjagd um 1750 gab es praktisch nur noch Hasenmeuten aus Beagles oder Harriers. War in den früheren Zeiten der Beagle vornehmlich als Stöberhund verwendet worden, während die schnellen Windhunde dann dem Hasen auf Sicht folgten, hatte jetzt der Beagle allein den Hasen zu jagen. Auch folgten jetzt im Regelfall die Jäger dem Hasen zu Fuß, wie es heute noch üblich ist (foot beagling). Man brauchte dafür sehr spursichere Hunde, die aber nicht zu schnell sein sollten. So wurden die Beagles immer kleiner gezüchtet, bis sie meist nur noch etwa 25 cm hoch waren (ursprünglich waren es um 45 cm). Aus dieser Zeit ist ein Zitat überliefert, das frei übersetzt lautet: »Die Jagd bereitet mehr Sorgen als sportliche Erlebnisse, denn die Hunde sind bei nassem Wetter in jedem besseren Graben dem Ertrinken nahe.« Dieser Umstand führte sehr viel später dann zu einem fast völligem Erliegen der Beagle-Jagden. Der 25-cm-Beagle eignete sich schließlich nur noch für die Jagd auf Kaninchen, meist sogar nur noch als Stöberhund für die Schießjagd.

Mit dem Rückgang der Hasenjagd gewann die Jagd auf den Fuchs an Bedeutung. Lange Zeit wurde der Fuchs ebenfalls noch mit den zu großen und zu schweren Normannenhunden gejagt. Noch um 1791 wurden die Hunde der berühmten Warwickshire-Meute als große Kälber oder groß wie Esel bezeichnet (was man heutzutage für manche Schleppjagd-Hunde ebenfalls wieder sagen könnte). Das Erscheinungsbild der Fuchsmeuten änderte sich jedoch bald. Unter dem auch heute noch berühmten Hugo Meynell, der von 1753 bis 1800 die Quorn Hunt führte, wurden erstmalig die

Hasenjagd mit Windhunden. Aus dem 1686 erschienenen Buch von Richard Blome: The Gentlemans Recreation.

zwei typischen englischen Hundearten systematisch gekreuzt. Aus ihnen entstand der Urahn des modernen Foxhounds. An Beliebtheit übertraf das Foxhunting sehr bald das Beagling. Es wurde wieder geritten. Foot beagling wurde mehr etwas für Anfänger, Frauen und Betagte.

Im Gegensatz zum (kleinen und langsamen) Beagle der damaligen Zeit, gelang es mit dem Foxhound aber auch, den Hasen aus seinem Revier zu treiben und so zu einem langen Laufen zu veranlassen. Die Beagles waren dazu nicht in der Lage. Eine zeitgenössische Karikatur kennzeichnet diese Jagd sehr treffend. Der Hase hat bereits seinen Kreis vollendet und erscheint schon hinter den Beagles, die noch seiner Spur folgen. Ganz anders und ähnlich schnell wie die Foxhounds jagten die Harriers, die sehr viel Foxhoundblut führen, aber kleiner sind. Auch sie konnten den Hasen aus seinem Revier treiben, wurden und werden aber auch zur Jagd auf den Fuchs verwendet. Bessere Jagden, damit meint man im Englischen sportlichere Jagden, bot aber der Fuchs, der durchaus 5 bis 6 km weit zu laufen vermag und oft genug der Meute entkommt.

Schon 1781 schrieb einer der berühmtestens Jagdreiter Englands über die Fuchsjagd: »Ich wünsche mir keine Jagd, die weniger als eine, und keine, die länger als zwei Stunden währt. Länger wird sie selten dauern, es sei denn, es habe irgendeinen Fehler gegeben, sei es durch das Wetter, den Master oder die Hunde. Was Lord Chatham einst von der Seeschlacht sagte, ist auf die Fuchsjagd besonders gut anwendbar: Sie sei kurz, heftig und entscheidend.«

Mit der Hirschjagd verschwanden aber auch Gebräuche und Pomp der Parforce-Jagden. Auch spricht man nur noch vom Hunting, ganz im Unterschied zur Parforce-Jagd.

Parforcejagd in Frankreich

Wenn man heutzutage von der Parforce-Jagd spricht, meint man wohl ausschließlich die französische Art der Wildjagden. Dies ist auch berechtigt, denn nur im französisch beeinflußten Raum hat sie sich seit Jahrhunderten in ihrer traditionellen Form bis in die heutige Zeit erhalten. Auf den britischen Inseln wurde sie ja in sehr früher Zeit durch die Jagd auf Hasen und Fuchs abgelöst, wofür das englische Wort »hunting« besser paßt. Parforce-Jagd bedeutet für uns Heutige schließlich weit mehr als nur das Hetzen und Jagen von großem Wild. Es ist der Inbegriff einer Jagdkultur geworden, über deren Höhen und auch Tiefen zu berichten ist.

Der belegbare Ursprung liegt ganz eindeutig auch hier bei den alten Kelten und später bei den Normannen, die aus dem Jagen den Sport machten, der bis heute wesentliche Anstöße zur kulturellen Entwicklung im westlichen Europa leistete. Ein äußeres Zeichen mag hierfür die Entwicklung der Jagdmusik sein und deren Einfluß auf das Musikschaffen von Jahrhunderten. Es sei hier nur daran erinnert, daß viele der alten (deutschen) Totruf-Signale Haydn zugeschrieben werden. Dieses Beispiel mag für ungezählte Werke alter und neuer Meister dienen. Erwähnt werden sollte aber hier auch der Einfluß der Jagd auf die Malerei.

Auf dem Kontinent, insbesondere aber auch in Frankreich, waren die Jahrhunderte seit den Normannen immer wieder gekennzeichnet durch kriegerische Katastrophen und durch Krankheitsepidemien, wie die Pest. Dies führte immer wieder zu einem, teilweise sehr langen, Rückgang oder gar zum Stillstand der Parforce-Jagd. Es waren dies insbesondere der Hundertjährige Krieg mit England (ab 1338), die Pestepidemien vor allem im 14. Jahrhundert, die Französische Revolution (1789), die Revolutionskriege (1792 bis 1802).

Anders aber als auf den britischen Inseln blieb in Frankreich und in den stark durch französische Lebensart beeinflußen Ländern die Parforce-Jagd ein Vorrecht des Hohen Adels beziehungsweise des Königshauses. Daran hat sich auch nach der Französischen Revolution und nach Napoleon nicht sehr viel geändert. Aufstieg und Niedergang des Adels wurden synchron begleitet von Blüte und Verfall jagdlicher Tugenden. Es ist, rückschauend, so kein Zufall, daß die schrecklichen Bilder des Abschlachtens von Wildtieren in der Zeit der sogenannten »eingestellten Jagden« der tiefsten Dekadenz im Feudalstaat entsprachen. Von da führte ein direkter Weg zur Französischen Revolution.

Lange vor dieser Zeit aber glänzte der über sein Leben und Wirken hinaus bekannt gebliebene Gaston III., Graf von Foix und Béarn, der von 1331 bis 1391 lebte und jagte. Zu seiner Zeit war im westlichen Europa sicher kein Stall und kein Kennel berühmter als der von Gaston Phöbus, wie er genannt wurde. Man berichtet, er habe über 600 der besten damals erhältlichen Jagdpferde in seinem Besitz gehabt und eine riesige Zahl von Meutehunden, vorwiegend im Typ der Windhunde stehend. Er hinterließ ein Buch (»La Livre du Chasse«, zu deutsch »Das Buch der Jagd«), in dem sehr ausführlich über alles berichtet wurde, was nur irgendwie mit der Jagd zusammenhing.

Die Entwicklung der Armbrust, später des Gewehrs, führte in vielen Ländern zur Abkehr von dem doch sehr viel mühseligeren Hetzen mit Meute und Pferden. Bezeichnend ist hier ein Zitat aus dem 1644 erschienenen Buch »Arte de Ballesteria y Monteria« von A. M. de Espinar: »Denn da man das Wild so leicht erleget, wünscht niemand mehr, seine Zeit mit der Abrichtung von Hunden zu vergeuden.«

Das mühelose Erlegen des Wildes mit Büchse oder Flinte hatte fatale Folgen für die Parforce-Jagd. War es ursprünglich noch der Kampf Mensch gegen Tier, also blanke Waffe gegen tierische Kraft, auch wenn häufig die Meute kräftig mithalf, so wurde jetzt das Töten des Tieres nahezu risikolos. Am Ende dieser Entwicklung scheute die »Jagdgesellschaft« gar noch das Reiten. Sie ließen sich durch Berittene und die Meute das Wild in eine allseitig durch Netze oder Leinentücher abgehängte Lichtung treiben, zu der es nur einen engen Zugang gab. Von einem Hügel aus schoß man das so am Fliehen gehinderte Wild gnadenlos und zu Hunderten ab. In die Wälder - dies ist in Frankreich noch heute zu erkennen - wurden dazu Schneisen geschlagen, über die das Wild dann oft sternförmig aus allen Richtungen zum Hinrichtungsplatz gehetzt wurde. Die »Jagden« verkümmerten immer mehr zu Kostüm- und Maskenfesten.

Diese Art der Jagden fand auch in den deutschen Ländern statt. So wird beispielsweise von einer solchen Jagdveranstaltung berichtet aus Anlaß der Vermählung des Markgrafen von Brandenburg mit der Tochter des Kurfürsten von Sachsen (1662).

Auch andere deutsche Fürsten, erwähnt seien 1764 der Kurfürst der Rheinpfalz und ebenfalls in dieser Zeit der Kurfürst von Bayern, scheuten sich nicht, die französischen Schlachtfeste nachzuahmen. Hierfür mag ein Zitat aus dem Buch von M. Brander (Hunting and Shooting) stehen: »Selbst die Römer haben niemals den Grad der Entartung zustandegebracht, der während des 17., 18. und frühen 19. Jahrhunderts auf dem Festlande manchmal erreicht wurde.«

Geblieben sind aber die Gebräuche der ursprünglichen Normannenjagd. Sie finden sich bei den heute noch üblichen Hirschjagden in Frankreich wieder. Doch schon lange wieder hat der Hirsch dort seine Chancen.

Die Jagd auf den Hirsch beginnt am Tag zuvor oder in den frühen Morgenstunden mit dem Suchen der Fährten, für die der Leithund benutzt wird. Große jagdliche Erfahrung des Leithundführers läßt ihn Stärke und Alter des zu jagenden Tiers bestimmen. Meist ist das gesuchte Wild ja aber auch schon lange vorher beobachtet worden. Erleichtert wird die Arbeit durch die langen und geraden Waldschneisen, deren Boden sorgfältig geeggt wird, so daß sich dort die Fährte gut bestimmen läßt. Am Rendezvous (zu »jagd«-deutsch: Stelldichein) wird dem Jagdherren (maitre d'équipage) Rapport erstattet. Der Jagdherr bestimmt dann, welcher Hirsch gejagt werden soll (meistens werden nämlich mehrere Tiere vorher gesucht und bestätigt). Die Meute wird dann aufgeteilt, meist in drei Teile (relais), jeweils bis etwa 10 Koppeln stark. Zweites und drittes Relais werden nach Abschätzung der Richtung, in der das Wild erfahrungsgemäß fliehen wird, an vorher bestimmten Punkten im Gelände in Bereitschaft gehalten. Da ein Hirsch erhebliche Entfernungen zurücklegen kann, wäre es nicht möglich, mit denselben Hunden von Anfang bis zum Halali zu jagen. (Im übrigen ein heute weit verbreiteter Irrtum, wenn Veranstalter glauben, Hirschjagden über 30 bis 50 km imitieren zu können. Wenn sie über entsprechende Pferde verfügen sollten, müßten sie ebenso »im Relais« jagen!)

Wenn der Hirsch flüchtig ist, wofür nur wenige Koppeln sehr erfahrener Hunde eingesetzt werden, wird der Rest der Meute auf den Hirsch angelegt. Die gesamte Jagd wird mit allen Phasen durch die entsprechenden Signale der Vénerie begleitet. Diese Signale dienen der Erläuterung der jeweiligen Situation und somit der Verständigung (sofern man musikalisch genug ist, sie zu unterscheiden und erfahren genug, ihre Bedeutung zu bewerten).

Ist der Hirsch mit seiner Kraft zu Ende, er wird schließlich von drei – jeweils frischen – Meuten gehetzt, und hat er nicht vorher seine (angeblich) fünfzigprozentige Chance zur Flucht nutzen können, wird er sich der Meute stellen, meist im Wasser. Abgefangen, oder im schlichten Deutsch gesagt, getötet, wird der Hirsch heute nicht mehr mit der blanken Waffe, sondern durch einen Schuß aus einer mitgeführten, zerlegbaren Flinte.

Schleppjagd

Der Ursprung der Schleppjagd ist sehr viel älter als üblicherweise bekannt. Die älteste Schleppjagdmeute überhaupt ist wahrscheinlich die 1837 gegründete Oxford University Draghunt (seit 1985 Oxford Draghounds). Der wirkliche Beginn sollte aber sehr viel früher gelegen haben. Hierüber berichtet Jane Kidd in der Broschüre »Drag Hunting«:

»Obgleich die Schleppjagd eine moderne Form des Jagdreitens darstellt, ist sie auf den ›trail scent‹ früherer Jahrhunderte zurückzuführen. In der Zeit der Stuarts (17. Jhdt.) war dies ein populärer Sport. Es handelte sich um eine Art von Hunderennen, bei dem die Schnelligkeit der Hunde wichtig war, aber auch ihre Nase. Es wurde eine künstliche Spur gelegt mit einer fest vereinbarten Strecke, auf der die Hunde gemeinsam liefen. Mr. Hoare schrieb in seiner ›History of Newmarket‹, daß es während der Regentschaft von Charles II. (1660-85) möglich war, einen Jagdhund oder auch mehrere für Rennen über 4 Meilen (etwa 6,5 km) auf der Kunstspur zu melden und daß dafür ein Pokal ausgeschrieben war. Ursprünglich waren dies nur Hunderennen, also Wettkämpfe. Jedoch fanden Hundebesitzer und deren Freunde bald, daß man die Hunde am besten vom Pferde aus beobachten konnte. Man merkte so auch sehr schnell, daß es viel Freude machte, hinter den Hunden herzugaloppieren. Dies war die Geburtsstunde der Schleppjagd.

Aber auch bei der Fuchsjagd selbst gab es gelegentlich so etwas wie Schleppjagd, obgleich die wenigsten es bemerkten. Um auch dann guten Sport zu bieten, wenn die Fuchsfährte nicht gut genug lag, wurde eine Anis-Schleppe gelegt. Ein Pikör tränkte seine Hetzpeitsche in Anislösung, die zu diesem Zwecke in einer Flasche mitgeführt wurde. Er galoppierte dann mit lautem Hallo los und zog den Peitschenschlag auf dem Boden hinter sich her. Die Hunde nahmen diese Spur auf, das Jagdfeld mit viel Begeisterung ritt hinterdrein. Das einzige Problem bestand darin, daß der Pikör keinesfalls stürzen durfte, bevor er irgendeine Dickung erreicht hatte. Dort konnte er so tun, als wäre der imaginäre Fuchs gerade in einem Bau verschwunden.

Einen weiteren Beweis für Schleppjagden gab es 1763 mit dem berühmt gewordenen Vergleichsjagen zwischen den Hunden von Hugo Meynell (Quorn Hunt) und Smith Barry (Cheshire Hunt). Der Vergleich fand als Schleppjagd statt, bei der der Cheshire-Hund ›Blue Cap‹ Meynells besten Hund schlagen konnte. Über dieses Ereignis gibt es sogar einen Erinnerungsstein bei den Sandiway Kennels (Kennel der Cheshire).«

Die weitere Entwicklung der Schleppjagden ist in Baily's Hunting Directory gut nachzulesen. Von den britischen Schleppjagdmeuten, die heute noch existieren, entstand bereits 1855 die Meute der Cambridge University. Die britische Armee gründete 1861 in East Kent eine Meute, 1863, 1866 und 1869 folgten weitere Armee-Meuten. Für die Ausbildung der Kavallerieoffiziere hielt man das Jagdreiten für sehr wesentlich. Dies sah man gegen Ende des letzten Jahrhunderts in Deutschland wohl ebenso. Zu den damals bestehenden deutschen Parforce-Meuten kamen um 1881/82 herum die ersten Schleppjagdmeuten, vorwiegend für das Militär. Für deutsche Verhältnisse muß es bis zum Beginn des ersten Weltkriegs einen recht regen Jagdbetrieb gegeben haben, vorwiegend bereits auf der Schleppe. Der Erste Weltkrieg ließ den Jagdbetrieb zum Erliegen kommen, ähnlich wie später der Zweite Weltkrieg. Der Meutebestand ging verloren. Zwischen den beiden Kriegen gab es einen zögernden Wiederaufbau deutscher Meuten, deren Jagdbetrieb nach 1934 per Gesetz ausschließlich auf die künstliche Spur beschränkt blieb. Von den alten Meuten hat den Zweiten Weltkrieg dem Namen nach der 1923 gegründete Hamburger Schleppjagdverein überlebt. Der Rheinisch-Westfälische Schleppjagdverein übernahm das Erbe des 1932 gegründeten Rheinischen Parforce Jagdvereins Kalkum, dessen Betrieb 1939 eingestellt werden mußte.

Alle Meuten, die nach dem letzten Krieg in Deutschland neu gegründet oder zum Leben zurückgerufen wurden, mußten ihren Meutebestand von Grund auf neu aufbauen. In den heutigen Meuten gibt es keine blutmäßige Verbindung mehr zu den alten Meuten im Deutschland der Vorkriegszeit oder gar zu den Meuten vor dem Ersten Weltkrieg. Diese Situation unterscheidet sich grundsätzlich von dem Jagdbetrieb in Britannien oder in Übersee.

Inzwischen gibt es hier wieder 25 Meuten (Stand 1989). Acht davon sind allein in Nordrhein-Westfalen stationiert. In einem Land also, das nach allgemeiner Ansicht wohl am wenigsten jagdreiterlich geeignet erscheint, das reichlich restriktive Reitregelungen in der freien Natur aufweist und den riesigen Ballungsraum des Ruhrgebiets mit seinen Naherholungsgebieten. Bei genauerer Betrachtung ist dies jedoch gar nicht so erstaunlich. Nordrhein-Westfalen ist ein sehr großes Land mit weit mehr landwirtschaftlich genutzten Flächen als Industriegebieten. Es wird in NRW noch immer gut verdient, und der die Meuten vorwiegend tragende Mittelstand ist sehr stark. Vor allem aber ist NRW ein traditionelles Pferdezuchtgebiet, mit Warendorf als deutschem Reiterzentrum. Ganz wesentlichen Einfluß hatte jedoch der Zufall, der 1960 zum Aufbau der Cappenberger Meute führte und damit zu einer Ausbildungsstätte für eine sehr große Anzahl von Jagdreitern. So haben fünf von ihnen später dann eigene Meuten gegründet, die alle in

Westfalen geblieben sind, und die wiederum eine große Zahl von Jagdreitern ausgebildet haben, die dann auch die Grundlage für einen großen Stamm von Pikören waren.

In NRW stehen mit der Cappenberger Meute und der Warendorfer Meute die stärksten deutschen Meuten und mit dem Rheinisch-Westfälischen Schleppjagdverein auch die exklusivste.

Die Vielfalt der Hunderassen ist hier genau so beachtlich: Foxhounds, französische Hunde, Black and Tans, Bloodhounds, Beagles und Beagle-Harriers. Mit 6 Meuten steht das Land Hessen nur wenig nach.

Technik der Schleppjagd

Vom Ursprung her war es, wie erwähnt, das Jagenlassen von Hunden auf einer künstlichen Fährte, ein Hunderennen also. Die Technik, diese künstliche Fährte zu erzeugen, hat dem Sport schon früh seinen Namen gegeben. Die Briten nannten es »trail scent«. Das englische »trail« bedeutet Fährte, Spur, Schleppe, »scent« bedeutet vor allem Geruch, Duft, Witterung, Spur, Fährte. »Trail scent« beschreibt, wie die Fährte hergestellt wird: sie wurde gezogen oder geschleppt, nämlich beispielsweise ein Tierkadaver (Fuchsbalg, Hasenbalg) mit einem Seil vom Pferd aus. Es wurde also nicht die Duftnote (»scent«) eines flüchtenden Tieres benutzt, sondern eine künstliche Duftspur. Das Ziehen eines frischen Wildbalgs war aber auch bei Wildmeuten üblich, um die Hunde auf diese Wildspur zu trainieren.

Um den Duft zu verstärken, wurde die Wildlosung in Wasser aufgelöst. Insbesondere Fuchslosung entwickelt dann eine sehr stark »duftende« Flüssigkeit. Der Fantasie der Master ist aber bei der Entwicklung von Duftnoten keine Grenze gesetzt. Es seien hier nur einige Praktiken erwähnt: Fuchslosung, Nerzlösung, Rinderblut, Fischlake, Anis, Eukalyptus, Terpentin, Kümmel-Anis, Pferdespur.

Bloodhounds folgen traditionell der Menschenspur (clean boot).

Sicher ist es im Prinzip gleichgültig, welche Art der Duftspur gewählt wird, die Hunde kennen sie und folgen ihr. In der Praxis allerdings gibt es hier doch Unterschiede, über die später noch ausführlicher zu berichten sein wird.

Die Duftspur wird also durch einen Vorreiter, den Schleppenleger, gelegt. Bei einigen Meuten unterscheidet er sich nicht mehr von anderen Teilnehmern.

In der klassischen Art wurde mit einem Seil vom Pferd aus geschleppt. Vom Tierbalg, der frisch auch früher nicht immer zur Verfügung stand, kam man sehr bald zum mit der Duftnote getränkten Schwamm. Da dieser den

Belastungen beim Schleppen nicht lange ausgehalten hätte, konstruierte man einen kugelförmigen, stabilen Drahtbehälter von etwa 10 cm Durchmesser. Für den Schleppenleger war es im Wald und Buschwerk, aber auch beim Springen über Gräben, Hecken und Zäune nicht ganz einfach. Einmal mußte das Pferd sauber nur mit einer Hand reitbar sein, zum anderen mußte das Schleppgerät beim Springen vorher hochgenommen werden und dies ohne zu stoppen im Galopp. Auch verfing sich sicher häufig genug das Schleppzeug im Wurzel- und Buschwerk. Trotz solcher reittechnischen Probleme hatte diese alte Methode aber einen riesigen Vorteil. Es lag nämlich keinerlei Schleppe, wenn das Schleppgerät nicht am Boden gezogen wurde, ganz im Gegensatz zu den moderneren Methoden. Man kam nämlich bald auf den Gedanken, den ohnehin flüssigen Duftstoff, den man auch mitführen mußte, um die Schleppe immer frisch genug zu haben, direkt aus dem Behälter austropfen zu lassen. Diese Methode hat sich sehr schnell durchgesetzt, weil sie eben viel bequemer war. Der Name der Sportart änderte sich aber nicht mehr. Es blieb bei »Schleppjagd«, wenn auch heute (im Regelfall) nichts mehr geschleppt wird. Die neue Methode hat jedoch einen schwerwiegenden Nachteil. Immer wird auch das Schlepppferd selbst mit dem Duftstoff in Berührung kommen und diesen mit den Hufen auf den Boden bringen. Die Schleppe wird auch dann noch lange für die Hunde erkennbar bleiben, wenn aus dem Tropfkanister gar nichts mehr tropft. (Ich kann mich noch sehr gut an eine Jagd in den Borkenbergen mit der Cappenberger Meute erinnern, bei der ich mittels Schleppkanister die Schleppe zu legen hatte. Nach einem Sturz hatte sich ein Pferd reiterlos auf den Heimweg gemacht. Da ich außer dem Master, Franz Jandrey, der einzige Ortskundige war, wurde ich auf Pferdesuche geschickt, mit dem Schlepppferd, natürlich mit verschlossenem Kanister. Das Pferd fand sich schließlich. Aber ich hatte eine Vielzahl von Schleppen gelegt. Beim abermaligen Anlegen der Meute verschwand diese auf den ja noch frischen, aber falschen Schleppen, die ich bei der Nachsuche verursacht hatte.)

Konnte früher mit dem klassischen Schleppzeug der Schleppenleger also die gesamte Jagdstrecke mit den gewünschten Unterbrechungen vorab legen und damit nahe an die Wildjagd herankommen, so muß heute am Ende jeder Schleppe der Schleppenleger warten, bis die Meute wieder abgelegt ist. Die Planung einer Schleppjagdstrecke, die ja aus einer Mehrzahl von einzelnen Schleppen (jeweils 1 bis 3 km) besteht, ist deshalb schwieriger geworden. Man kann so zum Beispiel eine Schleppe nicht einfach vor Unterholz oder einer Schonung enden lassen, wo mit Sicherheit Rehwild steht, oder direkt vor einer Viehkoppel oder Schafherde. Die ankommende Meute würde die Sekunden, bis Master und Piköre nachgekommen sind, mit Sicherheit nutzen.

Aber auch das neuere Schleppzeug mit Schleppkanistern hat ausgedient, wenn man sehr konzentrierte Duftstoffe benutzt, wie eines der vielen ätherischen Öle. Wenige Tropfen davon auf den Pferdehuf garantieren selbst an warmen, trockenen Tagen und in staubendem Gelände noch eine halbwegs brauchbare Fährte für die Meute.

Bei günstigen Bedingungen kann man sogar der frischen Pferdespur des Vorreiters folgen oder, wie es Bloodhoundmeuten tun, der Fußspur eines Vorläufers, der allerdings eine sehr gute Kondition haben muß und im Regelfall im Relais abgelöst wird.

Die Auswahl der Jagdstrecken für Schleppjagden kann heutzutage nicht mehr oder nur sehr selten den ursprünglichen Forderungen gerecht werden, nämlich eine der Wildjagd ähnliche Fährte zu finden. In erster Linie muß heute Rücksicht auf die Umwelt und die in der Natur unter Umständen recht zahlreichen Erholungssuchenden genommen werden, auch können gesetzliche Regelungen oder Auflagen der Grundbesitzer, vor allem aber der Jagdberechtigten, wesentlichen Einfluß auf den Jagdverlauf haben.

Gerade aber die Tatsache, daß in Deutschland nur noch Schleppjagden erlaubt sind, hat dem Jagdreiten unvermutet große Chancen gebracht. So gibt es keinerlei Probleme bei Tierschützern oder Mitbürgern, die generell gegen das Töten von Tieren sind. Die Strecken können auch so gewählt werden, daß kein Schaden auf landwirtschaftlich genutztem Gelände zu erwarten ist, daß Verkehrswege, wie Hauptstraßen, Eisenbahnen, Kanäle vermieden werden und auch der Wildbestand nicht beunruhigt und so nicht unzumutbar in die Vorrechte der Jagdausübenden eingegriffen wird.

Es ist möglich geworden, selbst im Nahbereich von Großstädten Schleppjagden durchzuführen. Die Beagle-Meute Münsterland jagte im Laufe der letzten zehn Jahre, nur um Beispiele zu nennen, am Stadtrand von Dortmund, Lünen, Bochum, Essen, Gelsenkirchen, Marl, Leverkusen. Es gilt nur einige Dinge sicherzustellen:

- die Schleppe muß perfekt und für die Meute unzweifelhaft erkennbar sein
- die Equipage muß sehr schnell und dicht bei der Meute reiten
- die Meute muß geschlossen jagen (Streuner haben dabei nichts zu suchen)
- die Meute muß laut gehen
- die Meute muß auf Schrittstrecken gehorsam sein
- die Meute muß sehr wendig sein, da die Strecken oft sehr winklig anzulegen sind.

Mehr und mehr ist es berechtigt (und notwendig) von den alten Vorstellungen abzuweichen, daß nur die perfekte Imitation der Wildjagd eine gute Schleppjagd ausmacht. Die Schleppjagd hat sich im Laufe ihrer langen

Entwicklungsgeschichte, die durchaus der der englischen Fuchsjagd entspricht, zu einer selbständigen Sportart entwickelt. Sie hat es nicht nötig, daß Anleihen aus der Wildjagd genommen werden. Vielmehr sind es entweder die Meutehunde, mit denen gejagt werden soll, die die Strecke und Landschaft bestimmen, oder es ist die Landschaft, die die Auswahl der Hundeart bestimmt.

Es ist nicht gleich, ob kleine oder große Beagles, Harriers, leichte oder schwere Foxhounds, Bloodhounds oder französische Hunde zur Schleppjagd kommen. Diese Hunde sind alle im Laufe einer teilweise sehr langen Entwicklungszeit gewissermaßen zu Spezialisten geworden. So wenig wie man - bei der Wildjagd - mit Beagles Hirsche jagen würde, kämen Hirschhunde zum Jagen von Hasen zum Einsatz. Aber auch in der Meuteart selbst kann es Unterschiede geben zwischen extremen Nasenjägern, die keinen Meter von der Fährte abweichen, und den bloßen Augenjägern, die den Schleppenlegern am liebsten sofort folgen würden.

Sicher gibt es Landschaftsstriche, in denen jede Meute gut aussieht. Aber es gibt doch auch klare Unterschiede:

Auf einem golfplatzähnlichen Geläuf mit vielen Haken und Bögen wird auch der kleinste Beagle noch gut laufen. Seine größeren Brüder und Schwestern, die Beagle-Harrier oder gar der, in Deutschland noch nicht übliche, Harrier werden auch quer zu einem frisch gepflügten Acker noch gut laufen, bevorzugen aber auch keine langen Geradeaus-Strecken, sondern Ecken, Winkel, auch Widergänge.

Dem schweren Foxhound wiederum wird es nicht leicht fallen, sein Tempo zu halten, wenn es ständig - zum Beispiel auf Waldwegen - um die Ecken geht. Seine »Bremsspur« kann schnell 50 m lang sein. Das heißt, er muß zurücklaufen und neu suchen, wenn er an einem Abzweig überschossen hat. Auch scheint beim größeren Hund die Reaktionszeit Nase-Hirn-Läufe deutlich länger zu sein. Doch auch Foxhounds würden sich auf einer eintönig verlaufenden Schleppjagd, so etwa immer längs des Mittellandkanals, sehr unbehaglich fühlen.

Lange, gerade Strecken scheinen dagegen für die mehr im Windhund-Typ stehenden französischen Hunde kein großes Problem zu sein.

Manche mißlungene Schleppjagd dürfte ihre Ursache einfach in der falschen Paarung Strecke und Meute haben. Jedoch kann man davon ausgehen, daß alle Schleppjagdmeuten in Deutschland gut vorbereitet und gut geführt werden. Für alle Equipagen dürfte es auch Ehrensache sein, eine optimale Jagd zu gestalten.

Was immer unsicher bleiben wird, sind andere Bedingungen, wie zum Beispiel das Wetter. Das spielt zwar auch bei der Wildjagd eine Rolle. Noch viel mehr aber bei Schleppjagden. Hat bei der Wildjagd die Meute zumindestens beim Anblick des gejagten Wildes noch die zusätzliche Motivation des Urtriebs Hetzen, so fehlt dies bei den Schleppjagden. Ganz im Gegenteil, die Meutehunde wissen, daß sie nicht hetzen dürfen. Der Unterschied einer auf der Schleppe jagenden Meute und einer Meute beim Hetzen von Wild ist dabei auch ganz deutlich am Geläut zu erkennen. Der Hetzlaut ist ungleich heller als das Geläut auf der Schleppe und in Deutschland sehr unbeliebt.

Fehlt also dem Schleppjagdhund erzwungenermaßen dieser zusätzliche Ansporn, darf man ihm die Arbeit auf der Schleppe nicht erschweren, indem man auf staubenden Böden oder bei sommerlichen Temperaturen jagt. Fehlt außerdem noch der Anreiz zum Suchen der Fährte, weil es auf dem Weg oder der Schneise ohnehin nur geradeaus gehen kann, braucht man sich nicht zu wundern, wenn die Meute statt beim Schleppenleger im nächsten Buschwerk landet und auf Kaninchensuche geht.

Man darf aber auch nicht das geradezu phänomenale Erinnerungsvermögen von Meutehunden übersehen. Ich bin sicher, daß die Hunde eine Jagdstrecke spätestens beim zweiten Mal in ihrem Gedächtnis so gut gespeichert haben, daß es schon beim dritten Mal Probleme geben kann, wenn Teile der bisherigen Streckenführung anders verlaufen. Das bedeutet, daß bei immer gleicher Streckenführung sehr bald nicht mehr »mit der Nase« gesucht wird, sondern aus der Erinnerung. Es ist ja auch für den Reiter so schwer nicht, sich selbst bei einer Vielfalt verschiedener Strecken an Details auch nach Jahren noch zu erinnern, wenigstens, wenn man mehr als das Hinterteil des vorweg galoppierenden Pferdes auf der Jagd gesehen hat.

Von erheblicher Bedeutung für eine Schleppjagd kann die Frage sein, Feld oder Wald, wenn man wählen kann. Es gibt nicht wenige Meuten, denen Waldschleppen großes Unbehagen zu bereiten scheinen. Ich selbst habe mit Foxhounds und mit den eigenen Beagles vorwiegend im Wald gejagt. Den Foxhounds scheint es wenig Unterschied zu machen, wo sie zu jagen haben, wenn sie nur suchen dürfen. Bei den Beagles kann man aber doch erhebliche Unterschiede feststellen. Es darf erinnert werden, daß Beagles wegen ihrer körperlichen und geistigen Wendigkeit bevorzugt für die Hasenjagd eingesetzt wurden und in England auch immer noch den Hasen jagen. Feldjagden aber sind immer Jagden, die gewissermaßen durch das Schlafzimmer der Hasen gehen. Den Foxhounds macht erfahrungsgemäß der Hase nicht viel aus. Bis eine Foxhound-Meute den Hasen als interessant festgestellt hat, ist der meistens schon wieder irgendwo verschwunden. Nicht so der Beagle. Selbst der Schatten eines Hasens wird unverzüglich registriert. Eine Equipage, die auf Feldern und Wiesen dies nicht beachtet, wird dann besonders viel Arbeit haben. Zu einer Unmöglichkeit kann dies werden, wenn in geringer Entfernung die heute so zahlreichen Maisfelder stehen, eventuell noch mit Stacheldraht davor. Hier helfen nur noch Rufhorn und Geduld. Rehwild, das auch von Foxhounds zur Kenntnis genommen wird, ist auf freiem Gelände selten und würde auch durch den Schleppenleger schon vertrieben werden. Typisch für Hasen ist es aber, daß sie sich durch einen oder wenige Reiter nicht gestört fühlen. Sie bleiben in ihrer Sasse, wenn das Pferd nicht gerade direkt darüber reitet. Sie lassen sich meist auch von der Meute überlaufen.

Was sie aber offenbar sehr beeindruckt, ist das Gedröhn der Hufe eines herangaloppierenden Jagdfeldes. Reitet die Equipage geschlossen dicht hinter den Hunden, wird der Hase hochgemacht und läuft zwischen Meute und Pferden. Er wird dabei mit absoluter Sicherheit von den letzten Hunden wahrgenommen, die sofort eine muntere Hetzjagd beginnen, wenn die Equipage nicht aufgepaßt hat.

Für den Master ist es immer eine problematische Entscheidung. Bleibt er auf freiem Gelände dicht bei den Hunden, werden Hasen zwar aufgescheucht, die Meute kann aber schnell kontrolliert werden. Hält er reichlich Abstand, wird es meistens gut gehen mit Ausnahme des nervösen Hasen, der beim Überlaufen »von einem Hund getreten wird« und ganz unplanmäßig doch vor oder in der Meute hochgeht. Dann wird es für die Equipage schwer werden. Die Entscheidung, was richtig ist, bleibt dem Instinkt des Masters überlassen. Was richtig war, sieht dann das Jagdfeld.

Anders ist das im Wald. Rehwild kann zwar in jedem Buschwerk stehen. Es wird aber kaum wahrgenommen. Die künstliche Spur ist ohnehin so stark und deutlich abweichend von jeder Wildfährte, sei diese auch noch so frisch, daß die Hunde mit der Nase auf der Schleppe bleiben - wenn sie nur zum Suchen gezwungen sind. Am sichersten läuft die Meute quer durch den Wald. Riskant wird es aber, wenn, wie schon erwähnt, auf schnurgeraden Schneisen, Waldwegen oder Reitwegen gejagt werden soll. Die Erfahrung hat die Hunde zweierlei gelehrt. Immer gerade aus, dort ist der Schleppenleger, wozu also die Nase bemühen. Links und rechts im Buschwerk könnte aber ein Myxomatose-Kaninchen auf den Gnadentod warten. Sollte man nicht ein gutes Werk verrichten?

Ich halte Waldjagden aber auch aus anderen Gründen für reizvoller. Nirgendwo ist das Geläut der Meute schöner und für Hunde, Pferde und Jagdgesellschaft motivierender. Nirgendwo wird das Jagdfeld reiterlich mehr gefordert. Nirgendwo mehr muß sich jeder einzelne Meutehund auf seine Nase verlassen. Nirgendwo kann man leichter und sinnvoller Hindernisse in jedem Schwierigkeitsgrad bauen. Schließlich, nirgendwo kann ein lahmer Hund leichter den Pferdehufen entkommen.

Das Plädoyer für die Waldjagd hat allerdings einen Haken. Dort ist die Jagdgesellschaft unter sich. Dem Zuschauer bleibt meist nur das Zuhören.

Doch ist das wirklich ein Mangel? Sinn der Schleppjagd ist doch das Reiten zu den Hunden. Wer dagegen die Schaujagd vor großem Publikum liebt, hat es natürlich draußen leichter. Oft gelingt aber der Kompromiß. Ein wenig Schau auf der Wiese, viel Jagdreiten im Busch. Den Zuschauer mag bis zur Rückkehr der Jagdgesellschaft der oft reichlich vorhandene Sekt oder das schlichte Bier trösten, wenn er es nicht vorzieht, auf Schusters Rappen in die Wälder zu eilen, um dort vielleicht einen flüchtigen Blick auf die Hunde werfen zu können.

Auch die Frage, ob Hindernisse gebaut werden müssen, hat mit der Schleppjagd nichts zu tun. Einst waren Schleppjagden gelegentlich wohl auch Eignungsprüfungen für angehende Kavallerieoffiziere. Da war es wohl angemessen, bis an die Grenzen zu gehen. Für den normalen Jagdreiter von heute aber sollten Schleppjagden kein Tapferkeitsnachweis sein. Ich halte es nicht mit dem einem Altmeister der Jagdreiterei zugeschriebenen Spruch: »Miese Jagd, keiner im Krankenhaus.«

Die Schleppjagd sollte wieder werden, was sie ursprünglich einmal war. Die leichteste, angenehmste und erregendste Art, die Arbeit der Hunde zu sehen und beurteilen zu können. Dazu muß der Jagdreiter aber zu den Hunden reiten können - und dürfen.

Leider gibt es Jagdordnungen, die in konsequenter Weise auch den erfahrensten Jagdreiter an einer genußvollen Schleppjagd hindern. Motto: Erst die Meute, dann der Master und die Piköre (bis hierin richtig), dann der »liebe Gott« (der Jagdherr), dann lange gar nichts, dann die Creme. Der Normal-Jagdgeldzahler bricht dann meist erst auf, wenn die Meute schon wieder beim Schleppenleger angekommen ist. Das aber ist k e i n e Schleppjagd, außer für die Equipage, vielleicht noch für den »lieben Gott«, sondern bestenfalls ein Geländeritt mit Geläut, wenn die Meute wenigstens laut genug ist.

Jedoch muß ich gestehen, daß ich in jetzt 25 Jahren aktiver Zeit bei den Hunden, nur zweimal den Genuß idealer Schleppjagden hatte. Einmal als Gast der Veluwe-Hunt in Holland, einmal mit den eigenen Hunden in den Wäldern an der Elbe bei Gartow:

In Holland waren es die 25 Koppeln Foxhounds unter ihrem Master de Beer, zu denen man reiten konnte, wie einem ums Herz war und Pferd wie eigene Reitkünste es ermöglichten.

An der Elbe war es die geradezu traumhafte Schleppenführung, die es dem allerdings kleinen Feld ermöglichte, jeden Meter der Schleppjagd in nächster Nähe der Meute zu reiten, deren Nasenarbeit in extremer Weise gefordert war und die den Schleppenleger wirklich erst dort zu Gesicht bekam, wo sie zu halten hatte, alles in Wäldern mit dichtem Rot- und Schwarzwild-Bestand.

Beide Jagden waren ohne ein einziges künstlich gebautes Hindernis. Es mag also die Frage berechtigt sein, ob wir nicht nur deswegen Hindernisse bauen, weil die meisten Reiter ohnehin nicht zu den Hunden dürfen und so wenigstens etwas über die »Riesen«-Sprünge der Jagden zu erzählen haben sollen? Nun sind die meisten Jagdstrecken ja mit Hindernissen bestückt, »über die jede Kuh springen würde«, nämlich um 90 cm, ganz selten höher und dann im Extremfall auch unter 130 cm, alles also Höhen, die für unsere heutigen Jagdpferde keinc Probleme darstellen. Aber fast alle künstlich erbauten Hindernisse haben die fatale Folge, daß dort das Tempo der Jagdgesellschaft gebremst wird, weil selten genug mehr als zwei gleichzeitig springen können. Wie soll, so frage ich einmal, dann die Jagdgesellschaft zu den Hunden reiten können? Hinter den Hunden bleiben sie ja alle, hoffentlich. Zu den Hunden kommt kaum einer. Wagt es aber wirklich einer, wird ihn der böse Blick des Jagdherrn, Feldführers, Pikörs oder Masters treffen. Peinliche Strafen beim Jagdgericht, so es eines gibt nach der Jagd, sind ganz selbstverständlich.

Aus einem Jagdbericht vom Dezember 1983:
»Ungewöhnlicher Stil sowohl des Aufbaus wie auch des Reitens, aber sehr schön englisch. - Sehr freies und für uns (Mitglieder der ... Meute) zum Teil unverständliches Verhalten auf der Strecke. - Ein ganz neues Erlebnis, einmal Meutejagd auf ›englisch‹ zu reiten. Vielen Dank den gastfreundlichen Engländern. - Mal was anderes: andere Länder (Leute) - andere Sitten. Aber es war schön, so der rechte, fröhliche Saison-Abschluß. Kondition mußten die Pferde allerdings haben. Reizend, nette Menschen, die englischen Jagdreiter. Vielen Dank für die Einladung. - Nur eine so alte Demokratie kann sich solche Freiheiten erlauben! Reizende Gastgeber.«

Anmerkung: Die Jagd fand nicht in England, sondern in Deutschland statt, aber Engländer waren die Veranstalter.

Wie es die Engländer sehen, beschreibt Jane Kidd in ihrem Buch »Drag Hunting« so:

»In Britain wird die Disziplin aufrechterhalten durch einen traditionell aggressiven Master, der das Recht hat, Reiter nach Hause zu schicken oder ihnen sogar die Mitgliedschaft zu entziehen. Es hängt im wesentlichen von ihm ab, wer im Recht ist oder nicht. In Westdeutschland sieht man die ganze Sache geschäftsordnungsgemäßer. Die Missetäter werden notiert und Strafen werden verhängt...«

Glücklicherweise wird selten ein Jagdgericht zum bitteren Ernst. »Einen Jux kann man sich schon machen« und ein paar Mark für die Jagdkasse des Veranstalters oder die Futterkasse der Meute können die meisten sicherlich vertragen. Allerdings, es hört auf, ein Spaß zu sein, wenn Meutehunde angeritten, verletzt oder gar getötet werden. Hier sollten auch in Deutschland die Master durchgreifen, genau so, wenn einer sein Pferd nicht mehr beherrscht und gar beim Master vorbeibrummt. (Doch, wer je auf einem »Puller« saß, wird Mitleid haben.) Disziplin auf der Schleppjagd hat schon einen Sinn, denn sie dient der Sicherheit aller. Sie sollte aber nicht die Folge von Verboten sein, sondern von ständigem Training.

Denn auch das ist Schleppjagd: Reiten in einer großen Gruppe auf engem Raum und auf schwierigem Gelände. Das zu üben, frommt auch dem Erfahrensten, spätestens mit seinem nächsten Roß. Rücksichtnahme ist deshalb das oberste Gebot.

Doch was hilft's, wenn der Veranstalter auf kilometerweiter Flur Sprünge baut, über die oft nur ein einziges Pferd springen kann, vielleicht noch zwei nebeneinander, und erwartet, daß alle Teilnehmer auch tatsächlich springen, beispielsweise, weil direkt daneben die Zuschauer postiert wurden. Hier kann nur zum offenen Widerstand aufgerufen werden. Man bleibe weit weg von solch unreiterlichem Unsinn und komme am besten nie wieder.

Ablauf – Sitten und Bräuche

Schleppjagden kann man sehr unterschiedlich gestalten. Es kann eine Vereinsjagd sein, wobei der veranstaltende Verein meistens jedermann zur Teilnahme einlädt. Es kann aber auch ein Jagdherr sein, der vielleicht Wert darauf legt, nur persönlich eingeladene Gäste um sich zu haben. Es handelt sich dann um eine Privatjagd. Im Regelfall aber, gleich ob ein Verein oder eine einzelne Person einlädt, ist jeder willkommen. Bei manchen Meuten ist es auch üblich, daß formlos zu einer Jagd gebeten wird, bei der nur das Jagdgeld eingesammelt wird, meist mit der Reitkappe (Cap), das wird dann gern mit »Cap-Jagd« bezeichnet. Der Kundige weiß dann, daß er bei einer solchen Veranstaltung nicht auf Verpflegung und Getränke zu warten braucht, sondern dies besser selbst mitbringt.

Meist wird man auch Gast beim Meutetraining sein dürfen. Dieses läuft im Prinzip wie eine Schleppjagd ab, jedoch pflegt man dabei nicht die offizielle Jagdkleidung zu tragen. Für Hundebegeisterte ist das Meutetraining sicher die schönste Gelegenheit, eine Meute kennenzulernen. (Beim Einjagen von Junghunden jedoch wird die Equipage unter sich zu bleiben wünschen.)

Ob eingeladen oder nicht, wichtig ist, daß man das Datum und den genauen Ort des Stelldicheins (meet, rendez-vous) erhält. Am sichersten erfährt man dies durch einen Anruf beim Master der Meute oder bei seinem dafür zuständigen Helfer, dem »Ehrenhaften Sekretär« (auf englisch klingt es schöner: Honourable Secretary).

Zum Finden des Stelldicheins benötigt man gelegentlich einen ausgeprägten Spürsinn oder eine Landkarte, am besten ein Meßtischblatt. Jagdreiten beginnt - für den Unkundigen - nämlich nicht allzu selten mit der Suche nach diesen mehr oder weniger idyllischen Plätzen. Es soll, wie Erzählungen bezeugen, schon Suchende gegeben haben, die glücklich hinter einem anderen Pferdetransporter herfuhren und dann irgendwo auf einem Turnierplatz gelandet sind. Oder erst in Holland merkten, daß die letzte Autobahnabfahrt verpaßt wurde.

Zwischen Zeitpunkt des Stelldicheins und Abritt sind 30 Minuten üblich. Wer sein Pferd etwa noch putzen muß oder nicht genau weiß, wo im Kofferraum die Stiefelanzieher versteckt sind, sollte jedoch ruhig etwas früher kommen. Schließlich soll ja auch noch Zeit bleiben, das Jagdgeld zu bezahlen, ein Schlückchen zu trinken, diesem und jenem die Hand zu schütteln. Kluge Leute haben deshalb ihr Pferd schon zu Haus gesattelt und ihr Reitzeug bereits angezogen. Es sei hier erwähnt, daß gelegentlich jagdlicher Instinkt durchaus von Nöten ist, um nur das Jagdbuch zu finden. Es ist - für weniger Kundige sei es erwähnt - meistens der Ort, wohin sich etwa 15 Minuten nach dem Stelldichein komplett ausgestattete Reitersleute ohne Pferd in größeren Schwärmen hinbegeben. Bei als »schwer« ausgeschriebenen Jagden kann dieser Rat aber den falschen, meist aber ebenso nötigen Weg weisen.

Eine angemessene Zeit später wird bei einer jagdhorn-musikalisch umrahmten Jagd ein Signal zu hören sein. Es lädt ein zum Aufsitzen und heißt deshalb auch so. Es sollte etwa so klingen wie das Motiv des Liedes »Wohlauf Kameraden auf's Pferd«. Sollte es dies nicht sein, gibt es noch etwa zwei Alternativen. In sehr früher Morgenstunde und bei sehr verständigen Jagdherrn könnte es auch noch sein »Das Hohe Wecken«. Dieses Signal ist daran zu erkennen, daß es sehr schön ist, die Bläser schrecklich anstrengt (weil schon die vierte Note das zweigestrichene »a« ist, aber selten so klingt) und sich die Teilnehmer (wenigstens die, die sich auskennen) in ihren Vorbereitungen nicht im geringsten stören lassen. Sollte es aber ein langes Signal sein, bei dem man auch noch bemerkt, daß wesentliche Teile davon zweimal geblasen werden, dann wäre es gut, daß man bereits zu Pferde bei der Jagdgesellschaft ist. Dieses Signal wäre nämlich dann »Die Begrüßung«.

All das stimmt nun leider gar nicht, wenn nicht »grüne Jäger«, sondern Jagdreiter blasen. Dann erklingt vor der Begrüßung auch noch der »Ruf der Equipage« und, wenn die Meute zur Begrüßung geführt wird, die »Fanfare der Meute» (so sie eine eigene Fanfare haben sollte).

War es aber doch die »Begrüßung« wird alsbald eine Rede gehalten. Stören Sie sich dann nicht daran, daß sie nichts verstehen. Wenn die Meute dabei ist und sich die Hunde schon einzusingen beginnen - sie sollen ja gleich das schönste Geläut ertönen lassen. Die Reden ähneln sich zwangsläufig und lauten etwa: »Freue ich mich, Sie hier begrüßen zu können. Petrus hat es wieder gut mit uns gemeint, man sieht es an dem großen Jagdfeld. (Alternativ: Leider hat das Wetter nicht mitgespielt, ich begrüße den einzelnen Reiter und lade ihn ein, mit der Equipage zu reiten.) Die Jagdregeln sind Ihnen allen bekannt (alternativ folgt hier eine längere Abhandlung über die neueste, jeweils gültige Jagdordnung dieser Meute). Ich stelle Ihnen jetzt ... (es folgen Amt und Namen der Feldführer, Feldpiköre usw.) vor. ... (freie Gestaltung) ... Gute Jagd«.

Sie sehen, eigentlich hätten Sie noch etwas Zeit gehabt. Aber der »gute Ton« verlangt pünktlich zu sein, denn wer möchte sich schon nachsagen lassen, daß er schlecht erzogen wäre, bestenfalls mal wieder verschlafen habe. Nun soll es auch gelegentlich Reiter geben, die absichtlich zu spät kommen, wenn das Jagdbuch schon geschlossen ist. Man zögere nicht, es noch einmal in aller Form zu öffnen und das Jagdgeld zu kassieren. Ich habe schon ganz »Clevere« erlebt, die erst beim Stop auftauchten. Hier hilft am besten das bunte Schleifchen, das den braven Jagdreiter ziert und als zahlungsfähig ausweist. Dafür kann man sich aber das Schleifchen am Bruch sparen.

Doch zurück zu unserem Jagdfeld. Der Reden sind alle gehalten, die Pferde aufgeregt, die Meute hoffentlich noch da. Nun ertönt ein Signal, es erinnert ein wenig an ein Überfallkommando (tatü, tatü ...). Bis auf den letzten Ton, der etwas höher ist, kann das auch ein Anfänger blasen. »Aufbruch zur Jagd« ist damit gemeint. Master und Equipage werden sich danach mit der Meute dorthin begeben, wo im Idealfall der Schleppenleger bereits sein Werk begonnen hat, nämlich zum Beginn der ersten Schleppe. Den Punkt kennt der Master (zumindest ist es angenehm für ihn, wenn er ihn kennt). Wenn nicht, finden ihn die Hunde, oft genug etwas zu früh, vor allem dann, wenn es gegen den Wind geht.

Hat der Master ein Rufhorn dabei, wird er jetzt die Hunde mit dem englischen Signal »Gone away«, oder mit dem, was er meint, daß es dieses Signal sei, auf die Schleppe schicken. Sollte das Bläsercorps auch noch »Gute Jagd« blasen wollen, dann wäre es etwa zu dem Zeitpunkt richtig, wenn die Hunde weg sind. Reitet der Master hinter den Hunden an, ruft er »Gute Jagd« und hebt gelassen die Hand mit der Hetzpeitsche, da er seine Reitkappe nicht mehr abnehmen kann, wenn er - sehr zur Nachahmung empfohlen - einen Kinnschutz verwendet. Man kann im Jagdfeld diesen Ruf weitergeben, dann klingt es im Echo »Gute Jagd«. - Nur bitte, einmal nür und auch nur zur allerersten Schleppe. Dieser Ruf »Gute Jagd« steht zuerst auch nur dem Master zu, denn er gibt damit allen zu wissen, daß er jetzt »geruht«, die Jagd zu beginnen. Es ist kein guter Stil, tut dies einer vor ihm!

Die Hörner sollten jetzt Ruhe geben, um nicht die Meute zu irritieren, wenn diese an das Rufhorn des Masters gewohnt ist. So schön es klingen mag, aber Jagdsignale während der Jagd, bitte, i m m e r erst dann, wenn die Meute lange genug vorbei ist. (Ich habe einmal einen Junghund eine Woche lang gesucht und dann zufällig im Tierheim wiedergefunden, der freudig wedelnd auf der Jagd zum Bläsercorps gelaufen war, das sich dann aber, wenig freundlich, um ihn nicht gekümmert hatte.

Daß auch erst wieder geblasen werden sollte, wenn die Meute nach einer Schleppe oder am Stop ruht, hat aber noch sehr viel wichtigere Gründe. Der erste wäre, daß das Geläut der Meute Hunde, Pferde und Reiter führt. Art oder Fehlen des Geläuts, das ist der zweite Grund, aber zeigen dem Master an, was vor ihm bei der Meute geschieht. Oft wird er sie (im Wald oder Buschwerk) nicht sehen können. Er ist dann auf sein Gehör angewiesen. Unfreundliche Gedanken werden ihn überkommen, wenn just in diesem Augenblick ein Bläsercorps zu jubilieren beginnt. Man sollte die französische Lust zum Blasen auf der Wildjagd hier nicht falsch sehen. Dort hat jedes Signal einen Sinn und gibt Kunde von dem Geschehen und – vergessen wir es nie – die Hunde hetzen ihr Wild! Wir aber sind auf einer Schleppjagd und sollten uns erfreuen am Geläut der Meute.

Das Geläut hält die Meute beieinander, und der versprengte Hund findet leichter wieder zurück. (Ich führte einmal eine Foxhound-Meute, die, an diesem Tage wenigstens, keinen Pieps herausbrachte. Mitten im Wald trafen wir den Jagd-Pächter. Er wußte nichts über Meutejagden, denn er sagte zur mir: »Herrlich diese Hunde, und kein Laut ist zu hören. Hier können Sie gern öfter jagen...«, was wir gern dann auch taten. Nur, er sah es völlig falsch. Das Geläut der Meute warnt nämlich auch alles, was im Busch kreucht und fleucht. Rehwild, Hirsch und Hasen werden rechtzeitig in Deckung gehen. Eine stumme Meute ist wie eine Katze oder ein Wolf, die sich anschleichen, um nahe genug an ihre Beute zu kommen. Die »läutende« Meute aber ruft: »Weg und Platz gemacht, jetzt kommen wir!«

Es wurde schon gesagt, daß das Geläut einer Meute auf der Schleppe anders klingt als der Hetzlaut einer Meute. Den letzteren zu hören wünscht man sich nicht. Hört man aber kein Geläut mehr, dann hat die Meute den Schleppenleger erreicht oder sie hat die Schleppe verloren, die sie dann alsbald, hoffentlich, wieder mit Geläut aufnimmt.

Die Meute wird von den schnellsten und sichersten Hunden, den Kopfhunden, angeführt. Dahinter aber sind die etwas Bedächtigeren, deren Augenblick immer dann kommt, wenn die zu stürmisch vorwärts drängenden Kopfhunde an einer Ecke überschossen haben. Sie, die Bedächtigeren, haben dann den »richtigen Riecher« und bringen die Meute wieder auf die Schleppe zurück.

Geht es sehr zügig voran, wird man im Jagdfeld das Ende einer Schleppe oft kaum bemerken. Sonst aber wird am Ende einer Schleppe die Meute von der Equipage eingesammelt, abgelegt oder in Gegenrichtung weggeführt, damit der Schleppenleger unbemerkt von der Meute weiterreiten kann. Vor allem am Anfang der Jagdsaison, oder auch an warmen Tagen, wird man den Hunden und den Pferden eine kurze Pause gönnen, eine längere vielleicht am sogenannten Hauptstop. Oft sehnt sich dann auch mancher schon nach einer Erfrischung. Bestimmt aber die Meute. Wehe dem Veranstalter, der hier das Wasser für die Hunde vergaß. Sie brauchen es dringend, spätestens nach jeder zweiten Schleppe. Am besten ist dabei immer ein natürliches Gewässer, denn es geht den Hunden weniger ums Saufen als ums Erfrischen - was sie hier deutlich von manchen Teilnehmern im Jagdfeld unterscheidet.

Zum »Großen Stop« sei hier noch einiges angemerkt. Es ist weder Zeit noch Ort für eine große Sauf- oder Freßorgie, auch wenn es vielerorts so gehalten wird. Wenn auch die Schleppjagd keine Wildjagd ist, so wollen viele doch die Illusion. Was meinen Sie, macht der Hirsch, wenn das Jagdfeld auf halbem Weg ein zweites Frühstück oder gar ein kaltes Büfett erwartet? Sicher legt er sich nicht genüßlich in die Herbstsonne, um zu warten, bis er in der Ferne wieder das Geläut der Hunde hört. So gut es gemeint ist, Essen und Trinken gehören ans Ende der Jagd. Wer zu hungrig ist, sollte sich sein »Bütterchen«, wie es in Westfalen heißt, mitnehmen und seinen »Flachmann«. Auch stellen Sie sich, bitte, Master und Equipage vor. In einer Hand Zügel vom Pferd, in der zweiten Hand die Hetzpeitsche, in der dritten Hand den Teller Erbsensuppe, in der vierten Hand den Löffel, die Flasche Bier in der Hosentasche - und die hungrige Meute liegt brav zu ihren Füßen. Doch selbst, wenn Pferdehalter da wären, ist es unbequem und nicht ohne Risiko. Und Meutehunde in guter Kondition sind nach knapp fünf Minuten wieder erholt und gierig, weiter auf die Jagd zu gehen. (Je kleiner die Hunde, um so früher). - Ich werde das nie vergessen von einer Jagd in Spelle. Der Jägermeister schmeckte. Das Maisfeld war geerntet. Vor uns kilometerlange Freiheit. Bei uns alles, Hunde, Equipage, Jagdfeld, Hunderte von Zuschauern mit ihren Autos - und ein Hase. Der lag wenige 10 Meter entfernt unter einem Auto und hatte sich gut versteckt. Was ihn gestört hatte, blieb unklar, vielleicht wollte gerade jemand aus dem Kofferraum noch eine Flasche holen. Zum Glück waren die Pferdehalter für die Equipage auch ganz nahe und die Piköre in Hochform. Glas leer, Spurt zum Pferd, im Hechtsprung drauf und einen Kilometer herrlichste Wildjagd. Es war wieder einmal gut (sehr gut) gegangen.

Also besser so: Einen Schluck gern, aber dann weiter. Ein gut trainiertes Pferd braucht auch nicht sehr viel mehr Erholung, und ein Pferd mit schlechter Kondition hat auf der Jagd nichts verloren. Welchen Grund könnte es noch geben für eine längere Pause? Mutter, Vater, Tochter, Sohn, Freundin, Freund zu sehen und in die Arme zu nehmen? Nun, wenn alle zuschauen, reichen auch hierfür 5 bis maximal 10 Minuten.

Unterstellen wir aber einmal, der Stop hat doch wieder einmal etwas länger gedauert, auch die Bläser haben sich noch rechtzeitig eingefunden, dann wäre es jetzt höchste Zeit, »Aufsitzen« zu blasen. (Wären die Bläser ganz früh da gewesen, dann hätten sie beim Eintreffen der Reiter am Stop erst »Absitzen« und dann »Zum Essen« geblasen.)

Möglicherweise wird der Master schon zu Pferde sitzen, ebenso die Equipage. Der Schleppenleger könnte schon wieder unterwegs sein, es sei denn, die Meute muß erst noch im Schritt bis zum Beginn der nächsten Schleppe geführt werden. Dies ist nach einem zu langen Stop natürlich immer zu empfehlen, damit die Pferde sich wieder aufwärmen können. (Bei Regen oder Kälte wird man übrigens gut daran tun, den Stop durch eine längere Schrittstrecke zu ersetzen, damit die Pferde nicht auskühlen.)

Mit der nächsten Schleppe geht es dann eigentlich genau so weiter wie die Jagd am Stelldichein begonnen hat, nur daß oft die Stimmung durch einen langen Stop eher gelitten hat. (»Ein voller Bauch studiert nicht gern« heißt es in dem weisen Sprichwort, oder man kann es abwandeln: »Ein voller Bauch reitet nicht gern.«)

Irgendwann dann kommt die letzte Schleppe mit dem Halali. (Laut Duden soll »Halali« arabisch-französischen Ursprungs sein. In jedem Fall ist es ein der französischen Jagdtradition entstammender Jagdruf, der dort meist »Hallali« geschrieben wird.)

Für das Jagdzeremoniell ist das Halali oft das wichtigste Ereignis, wenn man die vielen Fotos als Maßstab nimmt – bestimmt aber für Presse und Zuschauer. Das mag eine Vielzahl von Gründen haben. Vielleicht, weil zu diesem Zeitpunkt mancher sonntägliche Langschläfer endlich auch auf den Beinen ist und so die Zuschauerzahl verstärkt. Sei es, daß nun auch der nicht reitende Rest der Familie anwesend ist, um das mit vor Stolz geschwellter Brust eintreffende Mitglied der Sippe zu bewundern. Und schließlich (auf gut englisch »last, but not least«) gibt es endlich zur Stärkung und Labung Flüssiges und Festes in Fülle. Auch fällt etwa zu diesem Zeitpunkt den meisten »ein Stein vom Herzen«, da man es wieder einmal geschafft hat.

Meutehunde

Oben links: Beagles (Beagle-Meute Münsterland).
Oben rechts: Foxhounds (Niedersachsen-Meute).
Unten: Black and Tans (HWS-Meute).

GM AU220

Ganz jagdlich eingestellte Veranstalter machen es den Nicht-Reitern aber schwer. Sie suchen für das Ende der letzten Schleppe, das Halali also, eine besonders schöne Stelle in der Landschaft aus, wo man sich vielleicht vorstellen könnte: Hier würde sich der Hirsch stellen. (Er tut es bestimmt nicht auf einem Parkplatz, wo man so bequem hinkommt, ohne sich noch besonders mühen zu müssen, selbst mit Stöckelabsätzen und im »stiefen Stoat«, wie der Westfale sagen würde.

Am Halali der Schleppjagd werden vier Dinge aber mit Sicherheit benötigt, das Curée, Wasser für die Hunde, Brüche und eventuell die Bläser. Sie, die Bläser, würden beim Eintreffen der Meute am Halali das Signal »kleines Halali« blasen (»Ihr Hörner laßt klingen Halali, ihr Hörner laßt klingen Halali; Halali, Halali, Halali, Halali, Joho!«).

Der Master wird alle Ankommenden, wenigstens so das erste Dutzend, mit dem Ruf begrüßen »Halali, Halali«, die Ankommenden werden (da sie gut erzogene Jagdreiter sind und der Bräuche kundig) in gleicher Weise antworten. Sehr genau werden Master, Piköre und Jagdherr darauf achten, daß dabei der rechte Handschuh ausgezogen ist. (Eines der wenigen traditionellen Überbleibsel aus den Zeiten der Wildjagd, heute gewissermaßen Erkennungszeichen für den Kundigen. Dem Anfänger dringend empfohlen, bei einem eventuellen Jagdgericht kostet es wenigstens eine Runde für die Equipage.)

Zusätzlich sollten die Reiter hier besonders darauf achten, keinen der Meutehunde zu überreiten. Wenn genügend Platz vorhanden ist, wird die Meute zwar etwas aus der »Schußlinie« geführt, doch kommen oft einige Hunde verspätet an, die beim meist doch recht chaotischen Durcheinander am Halaliplatz sehr leicht unter die Hufe geraten können. Bald dürfte sich das aber beruhigt haben. Erfahrene Meutehunde treffen sicherheitshalber auch erst etwa zu dieser Zeit ein und gesellen sich somit recht ungefährdet zu ihren Kollegen. Musikalische Hunde warten sogar noch das Signal »Absitzen« ab. Wer als Reiter dies nicht kennt, richtet sich am besten danach, was der Jagdherr macht. Master und Equipage sind hier keine Hilfe. Sie sind schon vorher abgesessen, denn sie haben sich noch um die Meute zu kümmern. In den meisten Fällen wird der Master sein Amt vorübergehend seinen Pikören überlassen, die die Hunde zusammenhalten und nach Möglichkeit an einer Wasserstelle trinken lassen. Beim Eintreffen am Halali

Ablauf einer Schleppjagd (1)

Oben: Stelldichein – Meute verläßt den Meutewagen.
Unten: Vor der ersten Schleppe.

müssen für die Equipagenpferde Pferdehalter zur Verfügung stehen – wie bei einem längeren Stop übrigens auch. Für den Rest werden die Pferde der Equipage nicht mehr gebraucht, eventuell noch für den Heimritt zum Hundetransporter, wenn dieser nicht bis zum Halali kam oder zum Suchen eines »Spätheimkehrers«.

Sollte das mit dem Signal »Absitzen« nicht klappen, wird der Master die Jagdteilnehmer zum Absitzen einladen und bitten, sich im Halbkreis um die Hunde aufzustellen. Recht stimmungsvoll, wenn auch häufig sehr lästig qualmend, kann ein brennender Holzstoß am Halali sein.

Ist alles nun abgesessen und schön geordnet mit oder ohne Pferde um die Meute aufgebaut, dann wird »Zu den Brüchen« geblasen. Die Jagdteilnehmer werden dadurch freundlich gebeten, sich einzeln und ohne Pferd die Brüche abzuholen. Dafür überläßt man dem Nachbarn sein Pferd und revanchiert sich anschließend in gleicher Weise. Jagdherr mit Dame und Master werden sich an einem strategisch günstigen Punkt bei den Hunden aufgestellt haben. In einem Korb oder noch fest am Ast befinden sich die Brüche (Eiche bis Hubertus; am und ab 3.11. sind Kiefer, Fichte, Tanne richtig). Brüche und die Grußformeln sind dem alten Brauchtum der Grünen Jagd entnommen, was legitim erscheint, da Reiten und Jagen früher doch einmal zusammengehörten, als dieses Brauchtum entstand. Der Jagdreiter wird vom Jagdherrn mit »Waidmannsheil« gegrüßt, man bedankt sich mit »Waidmannsdank« und erhält von der Dame den Bruch (immer echt und nie, aber wirklich nie, aus Plastik). Anschließend bedankt man sich beim Master, der als Erinnerung und Anerkennung das Meuteabzeichen übergibt.

Die bei vielen Meuten heute üblichen Abzeichen gehen auf einen noch sehr jungen Brauch zurück. Sie wurden vom Verfasser erstmals 1965 zur Vereinsgründung bei der Eröffnungsjagd mit der Cappenberger Meute gestiftet. Diese Abzeichen erinnern an die früher einmal üblichen Hirschdukaten, wie man sie in Jagdmuseen bewundern kann. Mitglieder der Meuten oder der Schleppjagdvereine erhalten – meist für jeweils 10 Jagden – auch goldene Meuteknöpfe, die aber in der Regel erst beim großen Jagdball verliehen werden.

Einen sehr feierlichen Jagdabschluß erlebte ich einmal in Salzburg. Es war dies damals in Österreich die erste Schleppjagd wieder nach mehr als 50 Jahren, und sie fand am 30.10.1965 in den Gemarkungen Hellbrunn, Anif und Morzg vor den Toren Salzburgs statt. Bei Fackelschein hatten Baron und Baronin Mayr-Melnhof einen Bediensteten im Livrée mit einem Schwert ausgerüstet, auf dem der Eichenbruch befestigt war. Die Brüche wurden von dem großen Ast gebrochen.

Diese Jagd der Cappenberger Meute begann aber auch sehr feierlich mit der Einsegnung durch den Erzabt von St. Peter. Wenig übrig für die Würde dieses Augenblicks hatten allerdings zwei Rüden, die ihrerseits die Geistlichkeit auf ihre Weise segneten.

Dem Geschehen dieser sehr anspruchsvoll von Pionieren der österreichischen Bundeswehr aufgebauten Jagd gänzlich zu folgen, wurde erheblich erschwert durch die Tatsache, daß es zur Erfrischung nur Slibowitz aus Wassergläsern gab. Es wurde vom Stehvermögen fast unmenschliches verlangt, wenn man zum Jagdessen auf der Burg Glanegg noch halbwegs senkrecht eintreffen wollte.

Mit dieser Erinnerung habe ich dem Ablauf unserer Schleppjagd etwas vorgegriffen. Bleiben wir noch einen Augenblick bei der Bruchverteilung. Bei einer Jagd mit vielen Teilnehmern wird das etwas länger dauern. Bläser hätten jetzt eine gute Gelegenheit, ihr Repertoire an jagdlichen Melodien vorzutragen. Nur, bitte, keine Totsignale (es sei, denn ..., was wir ängstlich zu vermeiden wissen, nämlich ein Stück Wild »Halali« zu jagen.) Totsignale gehören zur Grünen Jagd, wenn die Strecke verblasen wird. Auf jeden Kundigen, sei er nun Jagdreiter oder Jäger, wirkt es befremdlich, bei einer Schleppjagd diese Totsignale zu hören. In der Anfangsphase der Jagdreiterei und des Jagdhornblasens gleich nach dem Kriege mag dies noch vertretbar gewesen sein. Heutzutage können jagdliche Bläser viel mehr als damals, als notfalls die Master und Piköre noch selbst ins Horn stoßen mußten. (Meist mehr laut als schön, aber immer wirkungsvoll.)

Haben auch die letzten Reiter ihren Bruch erhalten, dies sind üblicherweise die Piköre, denen - als Ausnahme - der Bruch gebracht wird, denn sie beschirmen ja immer noch die abgelegte Meute, stellt sich alles um die Meute auf zum Curée.

Man könnte jetzt den traditionellen »Hunderuf« blasen. (»Hunde ruft, Hunde ruft, alle Hunde ruft herbei, alle Hunde groß und klein. Schnell alle Hunde her, alle, alle Hunde her!«).

Der Pansen, als Belohnung für die Meute wird gebracht. Sehr fein wirkt es, wenn er nicht nur einfach auf den Boden geworfen, sondern auf einem Zweig - den Brüchen entsprechend - niedergelegt wird. Es erklingt jetzt das von Walter Schetsche eigens hierfür komponierte Signal »Curée«. Der Master zieht die Kappe mit dem Ruf »Unser Dank an die Hunde« und bläst selbst auf dem Rufhorn, beispielsweise das englische »The Rattle«, um den Hunden ihren Lohn freizugeben. Es ist selbstverständlich, daß jetzt alle männlichen Teilnehmer, den Amazonen sei dies erlassen, wenn sie meinen, ihre Haarpracht leide dadurch zu sehr, ihre Kappe ziehen. Ist es den Hunden auch vollkommen wurscht, ob man diesem Brauch folgt, so würde es aber als sehr unjagdreiterlich angesehen werden, den Hunden diese Art des Dankes zu verweigern, gar mit brennender Zigarette und einem Glas mit Trinkbarem in der Hand.

Erst die Tiere, dann die Menschen - dies ist und bleibt gerade für Jagdreiter ein ehernes Gesetz. So kann es an kalten oder regnerischen Jagdtagen angeraten sein, am Halali zuallererst die Pferde zu versorgen. Der Master wird das in aller Regel sofort ankündigen. Die Pferdehalter der Equipage, die hoffentlich sofort da sind, werden dies für die Equipagenpferde übernehmen, sonst kümmert sich jeder selbst um sein Pferd. Alsdann kommt man zurück zu den Brüchen und zum Curée. Sind die Hunde satt, wird der Master das Signal blasen lassen »Jagd vorbei« (»Ende, zu Ende, die Jagd vorbei, s'ist Ende, s'ist Ende!«). Sind Bläser mit Es-Hörnern dabei, mag vorher auch noch das »Große Halali« erklingen, weil es so wunderschön und so feierlich ist. Nach »Jagd vorbei« wird die Equipage (zu Fuß oder zu Pferde) mit der Meute abrücken. Geblasen wird jetzt nur noch die jeweilige Fanfare der Meute (die meisten deutschen Meuten haben inzwischen eine eigene Jagdfanfare), hilfsweise auch der »Ruf der Equipage«.

Was jetzt noch folgt, ist der Ausklang des Jagdtages. Der Master hat mit dem Curée seine Aufgabe beendet. Der Jagdherr hat das Kommando wieder übernommen. Er wird beispielsweise zum Essen und Trinken einladen, zum abendlichen Fest oder auch nur schlicht »Auf Wiedersehen« wünschen. Dies ist eine gute Gelegenheit für den Ältesten oder Würdigsten unter der Jagdgesellschaft, sich beim Jagdherrn, beim Master und seiner Equipage zu bedanken. Er wird dabei den traditionellen Jagdruf »Horridoh« auf den Jagdherrn, die Meute und die Jagdreiterei nicht vergessen. Ist zum Essen und Trinken eingeladen, werden die Bläser noch einmal in Aktion treten können und das sehr beliebte Signal »Zum Essen« anstimmen. Auch der Unmusikalischste erkennt es wieder, es ist schließlich mit Erbsensuppe, Klarem und Bier eng verbunden. So eng, daß ich es einmal, versehentlich, auf einer Jagd in Warendorf mit einem Pikör, W. A. v. Seidlitz, vor der Jagd statt der obligaten Begrüßung geblasen habe. Keiner der Anwesenden verzog eine Miene (ob sie's vielleicht doch nicht erkannten?), nur wir beide hatten größte Mühe, als wir es nach ein paar Takten merkten, ernst zu bleiben, um tapfer zu Ende blasen zu können. Wahrscheinlich war der damals so beliebte Jägermeister schuld?

Die Dankesrede wird - wie beschrieben - mit dem dreifachen »Horridoh« enden. Es erinnert an den uralten Brauch des »Waidgeschreys«. In einem Lied aus alter Zeit heißt es »Wer nach froh verlebter Jagd eilig aus dem Staub sich macht - der ist kein Jäger nicht!«. Da früher Jäger meist ja gleichzeitig auch Reiter waren, mag auch uns dieser Spruch daran erinnern, daß Jagd - heute Jagdreiten - auch eine gute Portion Geselligkeit bedeutet, die Gesellschaft lieber Menschen, die ohnehin viel zu früh wieder davon müssen. Zu lange wird es nie dauern können. Weit ist heutzutage für den Reitersmann zurück der Weg in den heimatlichen Stall.

Oft sind es nur die selten gewordenen Jagdwochen oder Doppeljagden, wenn es zu weit zum Heimfahren ist, daß man lange beieinander bleibt, um dann am Kaminfeuer zu sitzen und in Erinnerungen zu schwelgen.

Zurück zum »Horridoh« der Dankesrede. Es wird nur vom Redner gerufen, die Jagdgesellschaft ergänzt es mit »Joho«, das alles dreimal und ohne die berüchtigten Anhängsel wie Hussassa und sonstiger Unfug. (Nach dem Rechtschreib-Duden ist »Hussassa« österreichischen Ursprungs und bedeutet übrigens »hetzen«.) Die Dankesrede ist üblicherweise das Ende des offiziellen Teils. Wer dann, später, nach Hause will, wird sich beim Jagdherrn und seiner Dame, bei den Pikören und beim Master verabschieden. Auch in Deutschland setzt sich dabei der englische Abschiedsgruß beim Master durch (»Gute Nacht, Master« - außer wenns noch früher Morgen wäre), genau, wie man ihn begrüßen sollte »Guten Morgen, Master«.

Master - ein »besonderes« Wesen?

Master werden ist zwar nicht immer schwer, Master sein dagegen sehr (frei nach Wilhelm Busch), wenn man hierzulande nicht nur Hunde führen, sondern auch selbst halten, züchten und trainieren will. Solche Master haben dann zwangsläufig ihre Hunde ständig um sich, also eine Meute mit Familienanschluß. Sehr viel bequemer haben es die Master, meist größerer Vereine, die sich eines Huntsmans oder Kennel-Huntsmans bedienen können. Die mehr repräsentativen Aufgaben lassen sich schon leichter erfüllen. Nur ein wirklicher Hundemann wird man so wohl nicht. So ist es doch recht auffallend, daß vor allem die etwas kniffligeren Hunde, Beagles und vor allem auch die Black and Tans, bei den jeweiligen Mastern zu Hause sind.

Dann muß schon eine ganze Menge passen. Hunde zu Hause, das bedeutet eigentlich ausreichend abseits wohnen, will man nicht gezwungen sein, seine Hunde schalldicht im Keller zu verstecken. Meutehunde aber brauchen Auslauf, möglichst viel Auslauf, sollen sie wenigstens ein wenig artgerecht leben können. Nicht immer geht es ja nach draußen in die freie Landschaft. Den größeren Teil ihres Lebens verbringen auch Meutehunde schließlich im Kennel. Zeit muß der Master aber trotzdem haben. Er ist ja schließlich die vertraute Bezugsperson, gewissermaßen der Oberhund, zu dem Meutehunde auch dann mehr oder weniger gern zurückkehren sollen, wenn draußen der Urtrieb zu sehr lockt. Wer kann schon besser verloren gegangene Meutehunde wieder einsammeln als er, der Master, selbst. Seine Piköre müssen schon sehr oft bei den Hunden gewesen sein, wenn sie es ihm gleichtun wollen. Zeit für die Hunde bedeutet, morgens und abends -

vielleicht auch, wenn es der Beruf erlaubt, einmal tagsüber – so ein bis zwei Stunden füttern, spielen, spazieren gehen, Stallung versorgen oder einfach nur da sein. In Riechweite gewissermaßen. Es versteht sich von selbst, daß Urlaubstage fern vom Kennel selten oder nie möglich sind. Das muß dann auch die Familie tolerieren können.

Nicht alle Pflichten eines Masters lassen sich aufzählen. Die Jagdgesellschaft aber wird Wert darauf legen, einen gut aufgelegten und auch sprachgewandten Freund zu treffen, mit dem es sich lohnt, vor und nach der Jagd etwas fachsimpeln zu können. Während der Jagd erscheinen diese sonst meist recht freundlichen Gesellen, allerdings doch recht schwierig, mürrisch und in sich gekehrt. Man sollte sie dann auch besser in Frieden lassen, wenn sie sich ganz ihrer Aufgabe widmen.

Ein solcher Master, der ohne einen Huntsmann, und vor allem ohne einen professionellen, seinen Sport ausübt, möchte ja den Jagdreitern eine möglichst komfortable Jagd bieten. Er will unter allen Umständen ohne Pannen durch das Gelände kommen, auch wenn der Schleppenleger noch so viel gepatzt hat. Und er will vor allem eines, die ihm so vertrauten Hunde heil und vollständig wieder zum Kennel zurückbringen. Daß dies oft alles andere als einfach ist zwischen Eisenbahnlinien, Kanälen, Autobahnen, quer durch Viehherden oder reichen Wildbestand, ahnt häufig genug kaum einer im Jagdfeld.

Neben viel Können und noch mehr Erfahrung braucht es dazu ein Riesenmaß an Glück. Und man spricht oft allzu leichthin vom Glück des Tüchtigen, wenn wieder eine Meutejagd perfekt gelungen erscheint. Eher ist es aber das Glück, auf sich und seine »innere Stimme« vertraut zu haben.

Welcher Master stand nicht schon einmal allein, nur umgeben von seinen Jagdgenossen, und einsam auf weiter Flur oder im tiefen Wald. Wo ist sie nur, mag er sich bang gefragt haben, wo ist sie nur, die Meute? Vielleicht ist sogar kein Laut zu hören. Man fühlt sich immer kleiner werden unter den fragenden Blicken der anderen. Vielleicht beginnen die ersten auch schon zu feixen und zu sticheln. Und dann, ganz leise, raschelt es im Busch, und Hund um Hund findet sich wieder ein. Freudig mit der Rute wedelnd und ein bißchen verlegen nach oben schielend, so als wollte jeder fragen: »Ist er wohl böse?« Er wird, das kann ich versichern, nicht böse sein, sondern sehr, sehr glücklich – denn wieder einmal hat er erfahren, daß gute Meutehunde nicht verloren gehen, daß sie schließlich nichts mehr und lieber mögen als wieder bei ihrem Master zu sein. Für seine Hunde, wenigstens, ist er schon ein besonderes Wesen (halb Mensch, halb Hund, mag sich mancher denken). Auch von seinen Jagdgenossen wird er sich – wenigstens für die Dauer des Jagdtages – zwangsläufig deutlich abheben. Mit dem Erscheinen seiner Meute übernimmt der Master die Leitung und auch die Verantwortung. Es ist üblich und selbstverständlich, sich seinen Anforderungen unterzuordnen, will man nicht gegen die guten Sitten einer Meutejagd verstoßen.

Bei den Wildjagden ist dies wegen ihrer Besonderheiten noch viel stärker zu spüren. Dort ist der Master ja auch noch tatsächlicher oder von Tradition her geduldeter Souverän der Jagdreviere. Dies drückt sich dort auch in der viel exponierteren Stellung im gesellschaftlichen Leben aus, ist doch der Master meist auch der wirtschaftliche Träger des Jagdgeschehens. Man kann dies allerdings nicht auf die deutschen Verhältnisse übertragen.

Und noch etwas: In den englischsprachigen Ländern mit ihrer speziellen Jagdleidenschaft und ihren uralten Traditionen sind die dem Namen nachgestellten Buchstaben »MFH, MH« fast so etwas wie eine Zauberformel, die manche sonst verschlossen bleibende Tür öffnet. Wer weiß hier bei uns, außer einigen wenigen, schon etwas über die Bedeutung (MFH = Master of Foxhounds, MH = Master of Hounds), wenn diese Abkürzungen von deutschen Mastern in Anlehnung an die britischen Gebräuche benutzt werden? So verwundert es nicht, daß deutsche Master im Alltagsleben wieder das sind, was man unter ganz normalen Bürgern versteht.

Schleppenlegen – Kunst oder Handwerk?

Diese Frage wird sich nach der Jagd am besten beantworten lassen, denn ein wirkliches Erlebnis wird eine Schleppjagd erst, wenn vorn ein Künstler am Werke war. Und wie jeder Künstler zu seiner begnadeten Begabung auch sein Handwerk gelernt haben muß, will er ein ganz Großer werden, so ist es auch mit dem Schleppenleger.

Ein Jagdreiter mit sehr viel Erfahrung, erworben in langen Jahren mit den Hunden, mit sehr genauen Kenntnissen über die jeweilige Meute und ihren Stil und ihre Möglichkeiten, braucht auch noch sehr detaillierte Kenntnisse der Landschaft, in der gejagt werden soll.

Zu alledem aber gehört auch noch ein nahezu blindes Verstehen zwischen Schleppenleger und Master, wenn dieses schwierige Unternehmen, eine meutegerechte Schleppe zu legen, gelingen soll.

Eigentlich sind die grundsätzlichen Voraussetzungen für eine gute Schleppjagd bei uns in Deutschland kaum mehr gegeben. Zu viele Restriktionen durch Vorschriften und Auflagen, durch die landwirtschaftliche und verkehrstechnische Nutzung der Natur engen die freie Wahl einer Jagdstrecke ein. Viel zu wenige haben den Mut, ihre eigene Erfahrung den Veranstaltern oder den Mastern anzubieten. Ich kenne eigentlich nur einen, dem ich dieses Attribut, nämlich ein Künstler unter den Schleppenlegern zu sein, ohne Einschränkung zubilligen kann. Deshalb möchte ich ihn hier auch erwähnen, es ist Günther Herbst auf Gartow.

Jede Jagd ist letzten Endes nur so gut, bestenfalls, wie die Schleppe und der Schleppenleger. So müßte es eigentlich ganz selbstverständlich sein, daß nur der Beste mit dieser Aufgabe betraut wird. Nur, leider, die Erfahrung ist eine andere. Nur zu häufig findet man vorn als Schleppenleger oder als Begleiter zwar oft Gutwillige, aber letztenendes doch solche, für die die Schleppe ein notwendiges Übel ist. Beispielsweise, weil sie im Jagdfeld ihre Pferde nicht halten können, weil sie Angst vor dem Springen haben oder dafür zu schlecht beritten sind.

Bei vielen Meuten versucht man deshalb, aus den Reihen der Equipage einen Schleppenleger zu finden. Doch wo kann man schon, Begleiter, Master und Schleppenleger gemeinsam, sich in Ruhe und frühzeitig genug die Strecke ansehen, sie planen und in allen Details besprechen? Die Realität ist hier ganz anders. Mehr als einmal vergessen selbst die ortskundigen Begleiter, wo sie eigentlich hinreiten wollten. So sind die zahlreichen und eigentlich überflüssigen Zwischenfälle schon vorprogrammiert. Da werden Schleppen direkt vor einem Buschwerk, vor Stacheldrahtzäunen, vor Viehherden beendet. Und alles wundert sich, daß wenig erfreute Master und Piköre sich mühen müssen, die Meute wieder einzufangen und unter Kontrolle zu bringen.

Die Qualitäten von Schleppjagden werden in dem Maße steigen, wie es gelingt, vom notwendigen Übel zum gut gelernten Handwerk zu kommen. Den Künstlern unter den Schleppenlegern bleibt dann die »Jagd des Jahres«.

Es soll aber auch heute noch Meuten geben, bei denen Piköre zum Schleppenlegen abgeschoben werden, weil sie für die Meuteführung selbst weniger geeignet erscheinen. Die Master müssen schon den Mut besitzen, wenn sie nicht - im schwierigen Gelände vor allem - selbst schleppen wollen, den besten Pikör abzustellen. Das aber muß dann auch einer sein, dessen Durchsetzungskraft ausreicht, selbst den stursten Schleppenbegleiter unter Kontrolle zu bringen. Man möchte nicht glauben, wie schwer so etwas sein kann, wenn ein solcher Begleiter auf einem wildgewordenen Rennpferd sitzt und dabei vergißt, daß auch sein Pferd ausreichend Duftstoffe unter den Hufen hat, um die Meute restlos zu irritieren.

Mehr als zwei dürfen nie »bei der Schleppe« reiten. Einer allein ist immer die beste Lösung. Braucht man aber einen Ortskundigen als Begleiter, dann muß entweder dieser vor dem Schlepppferd, eine Länge voraus, reiten oder besser noch Bügel an Bügel - also nebeneinander. Und zwar vom ersten bis zum letzten Meter der Jagdstrecke, und ebenso an den Stops. Gäbe es so etwas, wäre eigentlich ein »Tandem-Pferd« mit zwei Sätteln die ideale Lösung.

Wer sich nun ganz und gar nicht als Schleppenbegleiter oder gar als Schleppenleger eignet, ist der verantwortliche Organisator der Jagd. Es sei denn, er hat sie so gut vorbereitet, daß er ungeniert vorne reiten kann. Ich hatte einmal, im bergischen Land, Schlimmes zu ertragen. Unser Begleiter glaubte nach jeder Schleppe, die Jagdfelder höchst persönlich neu formieren zu müssen, natürlich vor allem dort, wo die zuschauerträchtigen Hindernisse, parallel zur Straße, aufgetürmt waren. Als wir dann endlich doch zum großen Stop kamen, wurde es bereits duster. Den Rest der Jagd erlebte die Meute auf dem Transporter, der glücklicherweise zum Stop bestellt worden war. Eigentlich waren das damals alles nette, liebenswerte Menschen, die Jagdstrecke war schön, Geläuf und Wetter günstig, und die Meute in guter Form. Nur das Ganze war so halt keine Schleppjagd.

Nun muß man natürlich auch auf die wesenstypischen Unterschiede der Meutehunde verweisen. Vielleicht ist dabei ein Vergleich zu den Leichtathleten hilfreich. Dort gibt es Lang-, Mittel- und Kurzstreckenläufer, aber auch Geher. Bei den Meutehunden sind es die Hirsch-, Fuchs-, Hasen- und Bluthunde. Weder erwartet man von einem 100 m-Sprinter die Teilnahme an einem Marathonlauf, noch kann man von einem Beagle hoffen, daß er Freude an den Distanzen französischer Hirschhunde hat.

Folglich also müssen die Schleppenleger wissen, für welche Hunde sie die Spur zu bereiten haben. Hirschhunde, teilweise auch noch Fuchshunde, lieben die weiten Strecken in einer Richtung, dem Beagle sind sie ein Graus, ihm ist das Jagen auf die wendigen Hasen und Kaninchen angewölft und nicht das lange Verfolgen von vorwiegend geradeaus flüchtigem Wild. Schleppen für Beagles müssen zur Sucharbeit zwingen, Sucharbeit mit der Nase auf Strecken mit Haken und Ösen, wo wiederum der schwerere Fuchs- oder gar Hirschhund Probleme haben wird. Denn diese Hunde sind größer, behäbiger in der Reaktion, aber auch ausdauernder, dafür aber fast hilflos, wenn es zwei-, dreimal kurz hintereinander um die Ecke geht.

Die Meuten wären gut beraten, wenn sie einige ausgesuchte Jagdreiter für die Tätigkeit als Schleppenleger ausbilden würden. Denn, wenn man zum Künstler auch geboren sein muß, das Handwerkliche läßt sich lernen. Und wie im richtigen Handwerk, wird auch der Schleppenleger drei Stufen durchlaufen: Lernen - Können - Beherrschen. Vom Beherrschen zur Kunstfertigkeit hin ist es dann ein kleinerer Sprung.

Man sollte in jedem Fall aber einige Grundregeln kennen und sich auch mit der »Technologie« auseinandersetzen:

Das wichtigste »Instrument« des Meutehundes ist seine Nase.

Gut und sicher wird eine Meute nur sein, wenn sie mit der Nase suchen muß. Es muß also eine wahrnehmbare Duftnote (scent) vorhanden sein, und die Meute muß sie natürlich kennen. Schleppen über frisch gejauchte Felder sind ein Unding. Wenig besser wird es gehen über ausgedörrte, staubige Sandböden, womöglich noch bei großer Wärme. Dagegen liegt die Schleppe gut auf dem Tau der Wiesen in aller Morgenfrühe, doch sie »erfriert« leicht bei zu niedrigen Temperaturen an Frosttagen. Denn Duft ist das gasförmige Produkt aus der Schleppflüssigkeit. Die gasförmigen Bestandteile treten aus einer Flüssigkeit aber erst bei bestimmten Mindesttemperaturen aus, bei zu hohen aber so schnell, daß die Schleppe schon »verduftet« ist, wenn die Meute kommt. Ein »scent« aus öligen, ätherischen Ölen wiederum hält sehr viel länger vor (und hilft Versprengten zur Heimkehr) als eine nur wäßrige Lösung.

Langsam geritten liegt die Spur sicherer, weil in geringeren Abständen. Im schnellen Galopp wird sie leicht zu dünn. Und »vom Winde verweht« ist die Schleppe bei starkem Querwind vor allem, wenn mit Schleppkanistern geschleppt wird. Präziser ist da schon das Trittsiegel, d. h. der scent wird auf die Pferdehufe aufgebracht. Sogar auf die unbehandelte Spur eines Pferdes kann man die Meute jagen lassen - wenn sich sonst keine anderen Reiter in der Landschaft bewegen. Zu leicht würden diese die Meute dann verleiten können. Aber: Bloodhounds jagen »clean-boot«, was auf deutsch so viel bedeutet »sie folgen einer ganz normalen Fußspur«. Die Fettsäurespuren des Fußschweißes dringen selbst durch die Schuhsohle, sofern der Läufer nicht gerade Gummistiefel trägt. Einkalkulieren muß man aber, daß Meutehunde eine passable Geschwindigkeit erreichen müssen, wenn die Jagdgesellschaft Freude haben soll. Zu schwer sollte man es den Hunden also nicht machen, auf der Spur zu bleiben. Eine in mäßigem Tempo (Trab oder versammelter Galopp) gelegte Spur aus deutlich erkennbarer Duftnote wird sich also empfehlen.

Das gefährlichste »Instrument« der Meutehunde sind ihre Augen!

Irgendwann muß irgendwer den Unfug aufgebracht haben, Hunde könnten nicht weit sehen. Ich weiß nicht, wer das bei welchen Hunden festgestellt haben will; die Behauptung wird immer wieder neu aufgestellt. Mit Meutehunden haben die Urheber dieser Behauptung sicher nie zu tun gehabt. Meutehunde, selbst die kleinen Beagles, nehmen, wenn man schon nicht von »sehen« sprechen will, die kleinsten Bewegungen noch in Entfernungen wahr, die immer wieder überraschen. So wird es die Meute auch nicht gerade faszinieren, wenn der Schleppenleger ständig in Sichtweite vor ihnen ist. Das Ergebnis ist immer eine mehr oder weniger geräuschlos gehende Meute, die, wenn überhaupt, nur noch aus Gehorsam zum Master auf der Spur bleibt.

Warum sollten sie auch mit der Nase erschnüffeln, was sie greifbar nahe schon mit den Augen wahrnehmen. Und für wen sollen sie Laut geben und so auf die Spur verweisen, wenn die Meutegenossen doch die »Beute« ebenfalls sehen können? Für den Schleppenleger heißt das dann doch klar: Aus der Sichtweite der Meute, so schnell es geht. Und am Ende irgendwo in Deckung gehen. Was natürlich ein großes Problem auf weiten und offenen Wiesenflächen ohne Baum und Strauch sein wird. Vielleicht hilft in solchen Fällen das Absitzen, damit der Schleppenleger nicht allzu früh erkannt wird. Besser ist es natürlich noch, auf solchen Strecken so viele Bögen anzulegen, daß die Meute nicht zu früh den Kopf nach oben nehmen kann.

Erstaunlich ist auch das Gedächtnis der Meutehunde.

Spätestens beim dritten Mal auf der gleichen Schleppe kann es Probleme mit der Streckenführung geben. Wie ein Computer hat das Hundehirn die Strecken in den wichtigsten Details gespeichert, so auch zum Beispiel, wo im Vorjahr die Hasen gewesen sind. Aber auch Wegabzweige werden so sicher registriert, daß die Erinnerung oft stärker ist als die neue Schleppe, die plötzlich nach links geht, wo sie doch bisher immer nach rechts gegangen ist. Auf so etwas muß man sich einstellen und vielleicht schon einen Weg vorher abbiegen, wenn man schon an Wege gebunden ist.

Es gibt für die Meute unterwegs viele Beeinträchtigungen, die zum Abweichen von der Schleppe führen können. Immer wieder sind das weidende Tiere. Geht die Schleppe an ihnen vorbei, wird ein Teil der Meute oder auch der ganze Haufen sich erst einmal dorthin begeben. Nicht, weil diese Tiere so schrecklich interessant sind, sondern, weil deren Ausdünstung die künstliche Duftspur überlagert. Also geht man da besser im Schritt vorbei, auch schon deswegen, damit sich nicht etwa eine Bullenherde in Richtung auf die Rotröcke in Bewegung setzt. (Ich hab das Chaos schon erlebt: Weide am Waldrand, Rinderherde durch den Drahtzaun, Meute, Rinder, einige Rehe und die Jagdgesellschaft munter durcheinander im Busch. Glücklicherweise ritt der Besitzer der Rinder mit. Er hatte vergessen, sie umzutreiben.)

Aber auch der Wind kann, etwa in Waldschneisen, der Meute einen Streich spielen. Dreht der Schleppenleger in den Wind, wird die Spur für die Meute mit dem Wind genau entgegengesetzt liegen. Wehe, wenn die Meute dann von Equipage oder Jagdfeld blockiert wird und keine Gelegenheit zur Korrektur hat.

Äußerst kritisch wird der Wind aber, wenn die Spur in Richtung zu Verkehrswegen verweht werden kann. Der Schleppenleger wird an solchen Tagen gut beraten sein, einen besonders großen Abstand zu halten, soll die Meute nicht auf dem Grünstreifen einer Autobahn landen.

Und ein ganz allgemeiner Hinweis: Jede Meute, es sei denn sie wäre so erschöpft, daß man besser gleich aufhört, wird erst einmal am Schleppenleger vorbei noch eine kleine Runde drehen. Geht die Laufrichtung der Meute dabei auf einen Waldrand zu, vor allem auf Unterholz oder eine genau so wildträchtige Schonung, landet sie unweigerlich dort und wird sich oft lange bitten lassen. Der Schleppenleger muß die Schleppe von solchen gefährlichen Stellen wegführen oder weit genug vorher anhalten. Auch ist es sehr hilfreich, wenn er an solchen Stellen der Meute 50 bis 100 m entgegen reitet, um so der Equipage die Möglichkeit zu geben, die Hunde rechtzeitig zu kontrollieren.

Wichtige Hilfsmittel des Schleppenlegers

Die Grundausstattung ist natürlich erst einmal die Schleppeinrichtung. Diese besteht in der altbewährten Form aus zwei am Sattel befestigten Behältern mit der Schlepp-Flüssigkeit. Der Schleppenleger sollte informiert sein, wo er möglicherweise »nachtanken« kann. An sehr kalten Tagen kann übrigens eine wäßrige Flüssigkeit einfrieren. Es helfen dann Zugaben von Alkohol, Salz, Frostschutzmitteln.

Einfacher ist, wie schon beschrieben, die Behandlung des Pferdehufs mit einem ätherischen Öl zur Verbesserung des Trittsiegels. Meist wird man bei diesem Verfahren dem Schleppenleger ein Reservefläschchen mitgeben. Es hat sich aber gezeigt, daß eine weitere Reserve beim Master einsatzbereit sein sollte. Günstig sind kleine Behälter aus Kunststoff, Glasfläschchen können leicht zerbrechen.

Der Schleppenleger sollte aber auch eine Hetzpeitsche führen (dürfen) und damit umgehen können. Der Peitschenknall wird den Gehorsam der ankommenden Hunde spürbar verbessern. Sollte die Meute, was ja heute fast überall der Fall ist, Rufhorn-Signale gewohnt sein, kann es eine Überlegung Wert sein, ob man nach vorn nicht ein weiteres Rufhorn mitgibt. Es erleichtert - so meine eigene Erfahrung - das Problem, die ankommende Meute zu sammeln und kurze Zeit allein zu kontrollieren, ganz erheblich, wenn man das den Hunden gewohnte Signal (beispielsweise mehrere, langgezogene Töne) blasen kann.

In jedem Fall aber muß der Schleppenleger ausreichend Trockenfutter (»Taschenpikör«, eine gern gebrauchte Umschreibung) bei sich haben, um die Hunde anfüttern und auf sich ziehen zu können.

Man darf es ja nie vergessen: Außer dem Können, die rechte Spur zu bereiten, den richtigen Ort für das Schleppenende zu finden, muß der Schleppenleger in der Lage sein, mehr oder weniger lang ohne Pikörhilfe die Meute zu kontrollieren. Manchesmal können die Sekunden bis zum Eintreffen der Equipage da zu Stunden werden, ganz besonders, wenn der Schleppenleger die Hunde nicht ansprechen kann, weil er ihre Namen nicht kennt.

Lassen Sie es mich so zusammenfassen:

- Nur der beste Mann in einer Equipage ist gut genug, um als Schleppenleger eingesetzt zu werden.
- Ortskundige sollten, wenn sie nicht selbst zur Equipage gehören, als Begleiter und Ratgeber mitreiten. Aber nie darf mehr als ein Begleiter dabei sein. Beide, Begleiter und Schleppenleger, müssen auf engstem Raum zusammen reiten (= »Siamesische Zwillinge«). Und, wenn sie nicht nebeneinander reiten können, reitet der Begleiter vorweg!
- Wind, Wetter, Vieh und Wild können auch die gut gemeinte Schleppenführung problematisch werden lassen, wenn der Schleppenleger nicht notfalls improvisieren kann.
- Schleppenleger sollten nur mit vollständiger Ausrüstung losgeschickt werden. Dazu gehören: Reserve-Duftstoff, Hetzpeitsche, Rufhorn, Trokkenfutter.
- Schleppenleger sollten alle Hunde mit ihrem richtigen Namen ansprechen können.
- Nach jeder Schleppe verständigen sich Schleppenleger und Begleiter mit dem Master.

Die Equipage

Zu den auffallenden Kuriositäten der deutschen Schleppjagd hat man sicherlich und vor allem die »Amtsbezeichnungen« derjenigen zu zählen, die für die ordnungsgemäße Führung der Hunde und den Ablauf der Jagd zuständig sind.

Französische, britische und (kaum) deutsche Begriffe kommen hier zusammen, ohne daß es heute noch möglich wäre, eine vernünftige Erklärung dafür zu finden. So wird die Gesamtheit der Meuteführung bei den deutschen Schleppjagdmeuten als »Equipage« bezeichnet, während Briten hierfür das Wort »hunt staff« verwenden würden. »Equipage« ist aber ein Wort ganz eindeutig aus dem französischen Sprachgebrauch, was man im allgemeinen auch von dem Wort »Pikör« annehmen kann, insbesondere, wenn man es nach alter Art und wesentlich vornehmer »Piqueur« schreibt. Die gleiche Tätigkeit führen bei den Briten aber diejenigen aus, die man dort »whipper-in« nennt, wobei »whip« das englische Wort, auch in Norddeutschland bei den dortigen Meuten öfters zu hören, die Bezeichnung für die Hetzpeitsche ist. Wörtlich übersetzt könnte man »whipper-in« als »Dreinschlager« bezeichnen, sehr unschön und viel weniger fein als »Pikör«, was vielleicht erklärt, warum hier bei uns die whipper-ins eben Piköre sind (und auch nicht dreinschlagen sollten). Ganz anders ist es aber wieder beim »Master«. Hier dominiert eindeutig der aus dem englischen Sprachgebrauch kommende Begriff und nicht das französische »maître«, das man erst bei den noch jungen südwestdeutschen Meuten mit französischen Hunden wieder eingeführt hat. Für den, ebenfalls zur Equipage gehörenden, Schleppenleger gibt es wiederum weder eine Bezeichnung mit britischem noch mit französischem Ursprung. Was auch schon deshalb verwundert, weil es ja die Briten waren, die die Schleppjagd »erfunden« haben. Doch gibt es andererseits keinen besseren Ausdruck für die Duftnote der Schleppe als »scent«. Der Reiter, der in England diesen scent auf den Boden bringt, heißt dort übrigens »drag man« (auch »line man«). Dort »legt« man natürlich nicht die »Schleppe«, sondern sagt: »the drag man lays the line«, was dasselbe bedeutet.

Keine Übersetzung hat die Bezeichnung »huntsman« gefunden. Sie gilt bei den Wildjagd-Meuten in Großbritanien dem jagdlichen Fachmann, dem für die Jagd auf Wild eigentlich Verantwortlichen, der heute häufig gleichzeitig auch der Master ist.

Bei den britischen Schleppjagdmeuten ist der Huntsman der Assistent des Masters, wenn dieser die Hunde nicht selbst führt und dann beides gleichzeitig ist. Bei uns findet man die Bezeichnung »Huntsman« aus unterschiedlichen Gründen: Wenn, wie oft in England, der Huntsman Angestellter seines Vereins und dann meist auch »Kennel-Huntsman (K. H.)« ist, wenn man sich (noch) nicht auf einen Master hat einigen können, wenn man einen verdienten und fähigen Pikör besonders herausstellen möchte.

Über die Master, Piköre, Huntsmen gibt es neben ernsten, sachlichen auch viele recht amüsante Hinweise und Beschreibungen ihrer Eigenarten und oft genug auch Schrullen. Dem Verfasser, der selbst seit langer Zeit »Master« ist, fällt es natürlich nicht so leicht, über eigene Schrullen und besondere Eigentümlichkeiten zu schreiben. Es sei deshab erlaubt, hier den in solchen Dingen unerreichten John Tickner (zugleich ein hervorragender Karrikaturist jagdlicher Ereignisse) zu zitieren: »Den Master zu erkennen, ist nicht schwer. Nicht nur, weil er die wichtigste Persönlichkeit der ganzen Jagd ist, sondern weil er auch danach aussieht, außerdem häufig recht unwirsch wird, zumal wenn ihm ein Reiter in die Quere kommt. Er hat einen roten Rock, manchmal auch ein rotes Gesicht und reitet vor allen anderen ...«

Wenn Sie dieses Zitat lesen, werden Sie sicher verstehen, daß es einem amtierenden Master nicht gelingen kann, sich selbst noch besser zu beschreiben. Doch lassen Sie mich versuchen, so ernst und sachlich wie möglich, der Reihe nach den Master, Huntsman und Pikör zu beschreiben, wobei man zwangsweise, dem Zitat zufolge, mit dem Master beginnen muß.

Der Master

Einen Huntsman oder Kennel-Huntsman gibt es in Deutschland nur bei einigen großen Meuten. Bei kleinen oder privaten Meuten findet man bestenfalls einen Pfleger für den Kennel (die Behausung der Meutehunde). Der Master wird, bei einer ihm selbst gehörenden Meute ist das ganz selbstverständlich, verantwortlich sein für das gesamte Geschehen um die Meute herum. Er wird Menge und Art der Fütterung bestimmen, meist sogar selbst füttern, um seine besonders starke Bindung zu den Hunden zu erhalten. Er wird die Pflege der Hunde überwachen oder selbst ausführen, möglicherweise auch selbst die Anlagen reinigen und in Ordnung halten. Er wird sich so oft und so lang wie nur irgend möglich bei den Hunden aufhalten, mit ihnen sprechen und mit ihnen im Kennel spazieren gehen. Er wird dabei immer auch ein paar Leckerbissen in der Tasche haben.

Der Master allein ist verantwortlich für die Auswahl der Elterntiere und die Aufzucht des Nachwuchses. Er wird den Jungtieren Namen geben und sie an ihre Namen gewöhnen.

Der Master wird die Hunde für die Jagd auswählen und dafür sorgen, daß schwächere Hunde zusätzlich betreut und trainiert werden.

In vielen Fällen wird er nicht nur die Meute selbst verladen, sondern auch noch eigenhändig zum Stelldichein fahren, um auch sofort eingreifen zu können, wenn es während des Transports zu Schwierigkeiten kommen sollte.

Am Stelldichein beginnt dann derjenige Teil seiner Arbeit, der auch für den Außenstehenden sichtbar wird. Er wird sich darum kümmern, daß das Meutefahrzeug, aber auch die Fahrzeuge der Piköre an günstiger Stelle geparkt werden. Er wird sich mit dem Jagdherrn und dem Schleppenbegleiter noch einmal über Details der Jagdstrecke unterhalten, er wird sich mit dem Leiter des Bläsercorps abstimmen, er wird nachfragen, ob Brüche und der Pansen vorhanden und die Wasserstellen für die Meute auch richtig angelegt sind. Schließlich mag er hier und dort bei ungünstiger Witterung noch Änderungen für den Ablauf der Jagd veranlassen. Daneben wird er die ihm bekannten Jagdteilnehmer begrüßen, noch einmal nach der Meute sehen, das Pferd satteln und eventuell abreiten lassen. Er wird es meistens auch nicht vergessen, sich im Jagdbuch einzutragen und den Begrüßungsschluck mit dem Jagdherrn trinken. All dies geschieht etwa in der halben Stunde bis zum Aufbruch zur Jagd. Der Master wird, nach Rücksprache mit dem Jagdherrn, das Zeichen zum Aufsitzen geben oder als Signal blasen lassen. Damit übernimmt er auch die Verantwortung für den Ablauf der Jagd, wobei ein Master dies alles natürlich nicht ohne Unterstützung anderer selbst erledigen kann. Bei der Meuteführung hilft ihm die Equipage, die Reiter im Jagdfeld werden geleitet durch den Jagdherrn oder durch Feldführer. Das erste Feld mag gelegentlich auch durch einen besonders erfahrenen Feld-Master angeführt werden.

Alles aber, was mit und ohne Hunde, nach dem Aufbruch zur Jagd nun geschehen soll, muß der Master bestimmen und dann auch verantworten. Im unglücklichsten Falle beispielsweise auch den Abbruch einer Jagd, sei sie zu lang, zu gefährlich - vielleicht, weil man in ein Truppenmanöver

Ablauf einer Schleppjagd (2)

Oben: Foxhounds auf der Schleppe.
Unten links: Kurzer Stop im Dorf.
Unten rechts: Meute wird neu angelegt.

hineingeraten ist oder gar in die Treibjagd des Beständers - oder sei es einfach zu warm für Meute und Pferde. Meist aber wird des Masters Wille nicht spürbar sein. Bei einem gut eingespielten Team (Master, Jagdherr und Equipage) wird es praktisch immer so sein. Dann wird es vielleicht nur auffallen, daß er an einem Stop als erster zu Pferde sitzt und dadurch seinen Willen zum Weiterreiten kundtut.

Das Zeremoniell der Jagd läßt den Master aber wenigstens dreimal »laut werden«. Beim Anreiten zur ersten Schleppe wird er »Gute Jagd« wünschen, am Ende der Jagd wird er die ersten Ankömmlinge mit »Halali, Halali« begrüßen, und schließlich wird er vor dem Curée »Unseren Dank an die Hunde« sagen. Manchesmal wird ihm und seinen Helfern dann sogar vom Jagdherrn oder einem der Jagdreiter im Namen der Jagdgesellschaft gedankt. Dies kann jeder aber noch persönlich dann tun, wenn die Brüche beim Jagdherrn abgeholt werden, denn fast immer steht der Master dabei.

Mit dem Curée endet zwar die Arbeit des Masters offiziell. Nicht selten aber wird er sich außer um sein Pferd noch um verletzte oder versprengte Hunde sorgen müssen. Gelegentlich wird ihm dann ein Nachsuchen im Busch nicht erspart bleiben. Wenn dies nicht notwendig ist, wird er es sich sicher nicht nehmen lassen, beim abschließenden Umtrunk oder Imbiß dabei zu sein. Und bei einem, oft zur Freude aller, stattfindenden Jagdgericht wird er traditionell das Richteramt versehen und dann - hoffentlich - wieder in strahlender Laune sein. Ein Jagdgericht soll schließlich nicht bitterernst sein, sondern in lustiger Form die »Sünden« einzelner Teilnehmer aufs Korn nehmen.

Wenn keine treusorgende Seele ihn dann ablösen kann, wird er sich - oft noch einige Stunden lang - wieder hinter das Lenkrad klemmen, um seine Tiere sicher nach Hause zu fahren. Wohlverdiente Ruhe wird er immer erst finden, wenn auch der letzte Hund im Kennel angekommen und versorgt ist.

Am nächsten Tag geht es dann im Kennelalltag, wie gewohnt, weiter, wenigstens eine Stunde morgens und eine Stunde abends.

So oder so ähnlich dürften 8 bis 9 Monate Jagd- und Trainingssaison ablaufen. Für die restlichen Monate im Jahr wird sich der Master, um keine Langeweile aufkommen zu lassen, einiges anders ausdenken, Lehrgänge für

Ablauf einer Schleppjagd (3)

Oben: Was die Hunde nicht mögen - immer geradeaus!
Unten: Halali.

Jagdreiter abhalten, neue Piköre und neue Masterpferde ausbilden - oder Bücher schreiben. Nebenbei werden die Jagden der zurückliegenden Zeit ausgewertet, und es wird die nächste Jagdsaison vorbereitet, Jagdstrecken werden besichtigt, eigene Jagdstrecken gepflegt und mit neuen Hindernissen versehen.

Sicher werden Sie der Meinung sein, daß das für einen einzelnen zu viel ist, wenn er auch noch einen Beruf und Familie hat. Letzteres hindert aber weniger, im Gegenteil. Viele Ehefrauen unterstützen die Männer bei ihrer Arbeit mit den Hunden. (Zumindest tolerieren sie das alles, sonst ginge es wirklich nicht.) Wenn eventuell auch noch die Kinder begeisterungsfähig sind, wird das Leben eines Masters fast schon so bequem wie bei den Vereinigungen, die sich Pfleger, Kennel-Huntsman und Huntsman leisten (können), die dort dann das »Grobe« übernehmen.

Kennel-Huntsman / Huntsman

Zu deren Arbeit ist eigentlich nichts wesentliches nachzutragen. Sie machen die Arbeit, die ihnen der Master von seiner Zuständigkeit - wie oben beschrieben - überträgt. So könnte sich im Prinzip der Master dann nur noch auf das Repräsentative konzentrieren. Oft übt er dann die Position eines Feldmasters (englisch »field master«) aus, während Kennel-Huntsman und Huntsman den Rest machen, wenn sie nicht ebenso einen Teil ihrer Aufgaben an Pfleger und Helfer abtreten können.

Piköre

Ohne die Piköre gebe es keinen Master, keinen Huntsman und keine Schleppjagd. Sie sind die »tragenden Säulen«. Auf der Jagd haben sie eine Ausnahmestellung. Master oder Huntsman - der jedenfalls, der »das Horn trägt« (gemeint ist das englische Rufhorn, zur Verständigung mit den Hunden unerläßlich, aber auch als Statussymbol unersetzlich) - bleiben immer und unbedingt bei der Meute oder dort, wo sie sein sollte, während sich die Piköre dort und dorthin bewegen, wo sie gebraucht werden. Sie haben, um die Meute unter Kontrolle halten zu können, absolute »Narrenfreiheit«. Es gilt der Grundsatz »Der Zweck heiligt die Mittel«, auch, wenn einmal ein frisch bestellter Acker daran glauben muß.

Piköre pflegen, da sie mit Sicherheit gute und auch erfahrene Reiter sind, sehr gern auch über Hindernisse zu springen. Aber sie werden es gewiß nur dann tun, wenn die Hindernisse auf dem direkten Wege zu den Hunden stehen. Ein Pikör, der einen Umweg zu den Hunden reitet, um zu springen, hat seine Aufgabe nicht erfüllt und sollte schleunigst abgelöst werden.

Wie viele Piköre ein Master für erforderlich hält, ist grundsätzlich seine Sache. Bei den sehr quirrligen Beagles werden es wohl meistens 4 oder 5 sein. Foxhounds oder französische Meutehunde mag man gelegentlich auch mit nur einem Pikör halbwegs ordentlich führen können (wenn Hasen, Rehe und Hirsche einen tiefen Schlaf haben - oder man auf einer einsamen Insel jagt).

Das Hauptproblem auf der Jagd stellen aber nicht die Schleppen dar, denn meist folgen die Hunde ja der Fährte sicher und genau. Schwieriger ist das Führen der Hunde auf den Schrittstrecken, besonders im Buschwerk oder zwischen Viehherden auf den Weiden. Bei großen Hunden allerdings haben Piköre oft auch Arbeit mit Nachzüglern, die keine rechte Lust mehr haben.

Dieses Problem gibt es bei Beagle-Meuten nicht. Beagle-Piköre müssen vor dem Anlegen der Meute auf der Schleppe »bremsen« können. Die Hunde müssen ständig beobachtet werden, und man muß sie schon sehr genau kennen. Vom Senken der Nase bis zum Ausbruchsversuch auf die Schleppe oder auch in die Büsche vergehen nur Sekundenbruchteile. Aus dieser Not pflegen Beagle-Master eine Tugend zu machen. Man legt die Meute nicht ab, sondern wandert im Schritt mit der Meute entgegengesetzt zur Richtung der Schleppe weg und kehrt dann nach einiger Zeit zurück; dies kann aber auch sehr elegant wirken, wenn die Meute am Jagdfeld vorbei geführt und im Blickfeld der Reiter angelegt werden kann. Auch ist dies günstig für die Pikörpferde, wenn es kalt und windig ist; sie bleiben so in Bewegung. Allerdings muß man dafür auch den erforderlichen Platz haben. Notfalls hilft sonst nur noch der »Taschenpikör«, das ist eine Handvoll Hundefutter, die jeder Pikör - der Master hat ohnehin immer Futter dabei - in seiner Hosen- oder Rocktasche mit sich trägt. Damit kann man sich über die entscheidenden Sekunden hinweg helfen, nämlich, wenn der Schleppenleger wieder aufzubrechen hat.

Was zeichnet Piköre nun besonders aus? Für den Master sind sie unersetzliche Helfer, die ihm bedingungslos und zu jeder Zeit zur Verfügung stehen, ein eigenes Pferd haben (Transportmöglichkeit selbstverständlich auch), die weder Regen noch Hitze scheuen, auch bei Kälte und Regen noch im Roten Rock reiten und keinen Reitmantel benötigen, die trink- und sattelfest sind, ahnen können, was die Meute im Sinn hat, im Notfall noch stundenlang nach Versprengten suchen, genauso notfalls selbständig die Meute führen können, wenn der Master einmal außer Gefecht ist, und...

Ob es sich um weibliche oder männliche Piköre handelt, spielt keine Rolle. Nur sollten in der Equipage tunlichst keine Paare reiten. Praktischer ist es schon, wenn der Partner an den Stops hilfreich zur Stelle sein kann.

Ich hatte einmal eine komplette Familie in der Equipage. Das ließ sich im allgemeinen recht gut an. Doch fiel einmal einer aus, fehlten meistens auch die übrigen drei. Und so viele Reservisten hat man oft nicht zur Verfügung. Auch ist es gar nicht gut, wenn die Pferde der Piköre ständig zusammen aufgestallt sind und dann natürlich gemeinsam Weidegang haben. Bei Wallach und Stute muß man dann schon recht energisch sein, wenn jeder einen anderen Weg zu reiten hat. Ein Pas-de-deux ist auf dem Dressurviereck schön, bei der Pikörarbeit aber keinesfalls. Pikörpferde müssen sich nämlich in Sekundenbruchteilen vom übrigen Haufen lösen können. »Kleber« haben nichts bei Pikören zu suchen.

Piköre - Sie merken schon an der Summierung der Forderungen, daß es sich um Ausnahmeerscheinungen handeln muß - sollten aber auch noch alle Hunde beim Namen kennen, sie also auseinanderhalten können. Sie müssen wissen, welche Hunde sich miteinander gut vertragen und welche beim Transport nicht zusammen sein sollten. Aber auch die Meutehunde müssen ihre Piköre kennen und - was noch wichtiger ist - sie müssen sie mögen und nicht fürchten. Hetzpeitschen sind zwar ein unerläßliches Requisit der Piköre. Aber sie sollten nicht zum Treffen, sondern nur zum Knallen benutzt werden. Und, um den Hunden zu zeigen, wie lang die Arme sein können. Ein verängstigter Hund, der von Pikören verprügelt wurde (es möge nie passieren), ist kein brauchbarer Hund. Der Meutehund muß selbstbewußt sein und sich freiwillig den Pikören unterordnen. Erst dann wird Pikörarbeit zur Freude, nämlich zur Herausforderung des Menschen durch das Tier. Auch muß ein Pikör Stimme haben. Wie sonst soll der Hund seinen Namen verstehen, wenn beispielsweise seine zwanzig oder mehr Kumpane Laut geben. Aber der Pikör muß auch leise sein können. Meutehunde haben sehr sensible Ohren. Unterhaltungen der Piköre untereinander werden in aller Regel mit Ausbrechen der Meute beantwortet. Eigentlich also ist Pikördienst eine schwere oder zumindest eine schwierige Aufgabe. Aber sie wird auch mit dem »Logenplatz« auf der Jagd belohnt.

Wie man Pikör wird

Die einfachste Erklärung könne ich mit meiner eigenen jagdreiterlichen Entwicklung geben, die ganz exakt am 29. August 1964 begann. In Werne a. d. Lippe fand damals erstmals eine Schleppjagd mit der Cappenberger Meute statt. Mein neues Jagdpferd wartete schon sehr aufgeregt auf den Aufbruch zur Jagd. Als einer der Jagdherren gehörte ich natürlich an die Spitze des Jagdfeldes. Damals war mir der Sinn des »Zu-den-Hunden-Reitens« durchaus schon geläufig. Ich schloß mich deshalb sofort und ohne großen Abstand der Equipage an. Ehrlich gesagt, vor allem mein Pferd muß den Satz gekannt haben. Die Piköre hatte ich mühelos nach wenigen Metern eingeholt, und so gesellte ich mich recht bald zum Master Fr. Jandrey. Ganz gegen die häufig beschriebene Art von Mastern blieb er sehr freundlich (vieleicht muß er eine Vorahnung gehabt haben, daß ein zukünftiger Kollege neben ihm auftauchte) und meinte nur, wenn ich mein Pferd schon nicht halten könne, sollte ich in Zukunft eben gleich als Pikör bei ihm anfangen.

Um auf die Frage zurückzukommen: Ich habe den Scherz einfach ernst genommen. Vier Wochen später, bei einer Jagd in Recklinghausen, stürzte schon kurz nach dem Aufbruch das Masterpferd. Mit meinem schnellen Pferd war ich unversehens nun gleich an erster Stelle und ritt vergnüglich die ersten zwei Schleppen in Master-Position, was ich noch schöner und erstrebenswerter fand.

Nun möchte ich allerdings vor einer allzu genauen Nachahmung warnen. Master haben selten eine gute Laune, wenn irgendein Reiter plötzlich neben ihnen auftaucht. Bei Jagdherrn, die den Spaß letztlich bezahlen, mag da schon einmal eine Ausnahme gelten. Aber im Normalfall wird man schon Mühe haben, an den Pikören vorbeizukommen. Gar auf einen Sturz des Masters zu hoffen, um dann ersatzweise gleich die Hunde führen zu können, ist noch verwegener. Die Master sitzen meist sehr fest im Sattel, tatsächlich und sprichwörtlich. Meine Methode stellt also nicht unbedingt die übliche Karriere dar. Aber immerhin, auch so kann's mal gehen. Warum aber, ganz im Ernst, will überhaupt jemand Pikör werden? Sicher und hoffentlich vor allem deshalb, weil er von der Arbeit mit den Hunden begeistert ist. Und es gibt keinen Platz - außer den des Masters - auf der Jagd, wo man die Hunde besser erleben kann. Wenn man die Meute dann erst einmal bei ihrer Arbeit auf der Schleppe gesehen hat, ist es schon schwer, sich dieser Faszination zu entziehen. Und, wie schon beschrieben, Piköre haben ja absolute Narrenfreiheit. Wenn die Situation es erfordert, können und müssen sie überall reiten, um die Meute notfalls wieder unter Kontrolle bringen zu können. Für einen, der gern »vorwärts« reitet, gibt es als Pikör fast keine Grenzen. Es soll Piköre geben, die - ganz im Gegensatz zu ihrem Master - richtig glücklich sind, wenn die Meute endlich einmal einen Hasen aufstöbert und ihn dann auch noch so recht in Fahrt bringt. Da können sie dann zeigen, was für Kerle sie tatsächlich sind. Ein wenig Jagdlust als menschlichen Urtrieb läßt sich dann in ihnen erahnen.

Vielleicht kommt aber auch noch der leise Hauch des Besonderen dazu. Das eingesparte Jagdgeld ist sicher kein Grund, denn Pikör zu sein ist schon ein recht aufwendiges Vergnügen. Piköre dürfen keine Knicker sein, die eine Mark vor dem Ausgeben erst dreimal umdrehen. Schließlich hat ein Pikör fast 9 Monate im Jahr mindestens an den Wochenenden und oft auch unter der Woche zu Jagden und zum Training zur Verfügung zu stehen. Piköre tragen ihre Kosten selbst, egal, in welchem Teil Deutschlands die Meute nun gerade zur Jagd eingeladen ist. Die kostenlose Erbsensuppe und das gespendete Glas Bier gleichen diesen Aufwand sicher nicht aus.

Piköre müssen mindestens über ein sehr gut geländetaugliches Pferd verfügen, und sie müssen es natürlich auch noch reiten können. Sie pflegen ihre Pferde oft selbst zu betreuen, sie trainieren sie und transportieren sie natürlich ebenfalls selbst mit eigenem Gefährt. Sie sind wohl die reinsten Sport-Amateure, die wir heutzutage noch finden. Sie bekommen nichts, und zahlen noch kräftig aus eigener Tasche zu.

Wie wird man Pikör? Am einfachsten natürlich, wenn man einen Master kennt, ordentlich reitet und dadurch aufgefordert wird, mal »vorn« mitzureiten, beispielsweise, weil ein Stammpikör ausgefallen ist. Wenn man will, bleibt man dann dabei. Fehlt es an einem solchen schönen Zufall, muß man eben selbst aktiv werden. Man spricht bei passender Gelegenheit den Master an. Sehr häufig wird der gar nicht so traurig darüber sein, einen mehr in seiner Equipage zu haben. Es sei denn, gesellschaftliche, pekuniäre oder verwandtschaftliche Rücksichtnahmen begrenzen den Kreis der »Auserwählten«. Auf jeden Fall muß man aber schon Mitglied der Meute oder des Schleppjagdvereins sein oder werden.

Mit dem ersten Volontieren ist es dann natürlich nicht getan. Bis zum Stammpikör ist es ein weiter Weg. Es kann durchaus Jahre dauern. Ein guter Pikör muß ja vor allem auch seine Meute genau kennen. Bei 20 bis 30 Hunden und denen, die zu Hause im Kennel bleiben, ist das so einfach nicht. Wenigstens 20 Hundenamen sind auswendigzulernen, damit sie fehlerfrei genannt und den Hunden auch noch zugeordnet werden können. Die Hunde kennen ihre Namen übrigens so gut, daß sie nur selten reagieren, wenn sie falsch angesprochen werden. Ein Pikör muß aber auch die besonderen Verhaltensweisen der Hunde kennen und unterscheiden lernen zwischen leicht zu führenden und schwierigen Hunden.

Gerade als Piköranfänger sollte man deshalb den häufigen Weg zum Kennel nicht scheuen. Es gibt dort außerdem immer Arbeit, die man dem Master oder Kennel-Huntsman abnehmen könnte.

Unerläßlich ist es aber, beim Einjagen der Meute und hierbei vor allem der Junghunde dabei zu sein. Das allerdings setzt voraus, daß man als Pikör nicht unbedingt zu den Langschläfern zählen sollte. Das Meutetraining findet nämlich in der warmen Jahreszeit statt und damit ganz zwangsläufig sehr früh am Morgen. 8 Uhr kann dann unter Umständen schon die Zeit sein, zu der man die Pferde bereits wieder aufstallt.

Auch sollte man daran denken, daß in Deutschland die Jagdsaison so früh im Herbst beginnt, daß man in der Zeit der Sommerferien als Pikör zum Meutetraining zur Verfügung stehen muß. Urlaubszeit für die Equipage können eigentlich nur die Monate Januar, Februar, Juni und eventuell Juli sein, wobei man dann aber dafür sorgen muß, daß das Pferd im Juni und Juli ausreichend trainiert wird, damit es bereits für das Meutetraining fit ist.

Wenn man nun doch als Pikör anfangen will, wird man dies sinnvollerweise also anfangs des Jahres tun. Und wo, ist ja ebenfalls klar: Nur ein Master kann hier zuständig sein. Er ist der Souverän seiner Meute, der sich kaum jemanden aufschwätzen lassen wird. Hängt doch das spätere Gelingen der Jagden ganz wesentlich von seinen Pikören ab. Im übrigen ist es durchaus eine Ehre, Stammpikör bei einer gutgeführten Meute zu sein.

Die besten und zuverlässigsten Piköre wird dann der Master sicher gern und häufig bitten, die Schleppe zu legen. Auch bei weniger Eingeweihten wird es sich langsam herumgesprochen haben, daß für die Arbeit des Schleppenlegers der beste Pikör gerade gut genug ist. Nur derjenige, der über lückenlose Erfahrungen mit seiner Meute verfügt, der die Hunde und ihre Namen genau kennt und ein absolut sicheres Pferd besitzt, das er auch ganz allein voraus reiten kann und das nie nach den Hunden schlägt, ist geeignet. Er muß außerdem noch einen sehr guten Blick für die Landschaft haben, sollte eigentlich auch die Strecke kennen (sonst braucht er einen ortskundigen Begleiter) und muß geeignete Stellen für die Stops finden und sie notfalls auch durchsetzen, wenn vom Veranstalter unzweckmäßig geplant wurde. Schließlich sind auch einige weitere Grundkenntnisse erforderlich. Schleppenleger müssen nämlich nicht nur die Länge der einzelnen Schleppen schätzen können, sie müssen auch die Zahl der Hunde genau feststellen, was übrigens schwerer ist, als nur bis zwanzig oder dreißig zu zählen, vor allem, wenn die Meute geschlossen ankommt.

Wie erkennt man die Mitglieder der Equipage?

Bei Meuten, die Master und Piköre mit Armbinden ausstatten, ist das einfach: Master mit weißer Armbinde rechts, Piköre mit grüner Armbinde links.

Wer solche Armbinden als Relikt vergangener Militärepochen ablehnt, macht es den Jagdteilnehmern etwas schwerer. Es bleibt jedoch ein untrügliches Kennzeichen in Deutschland: Alle eingeteilten Piköre tragen eine Hetzpeitsche mit offenem, also einsatzbereitem Schlag. Im Feld mitreitende Piköre, auch wenn sie bei einer anderen Meute als Jagdgast mitreiten, tragen die Hetzpeitsche mit aufgerolltem Schlag. Der Master, wenn nicht ohnehin durch seinen etwas verblichenen und lädierten Jagdrock erkennbar, trägt im allgemeinen auch noch das englische Rufhorn – das als »Statussymbol« auch nur ihm zusteht.

Nicht eingeteilte Piköre, sonst wie jeder andere Jagdteilnehmer im Jagdfeld reitend, stellen sich sofort zur Verfügung, wenn sie merken, daß ihr Einsatz erforderlich wird. (Was im Zweifelsfall der Master möglicherweise anders sieht und dann schon einmal ärgerlich werden kann.) Ein Notfall wäre aber immer dann, wenn die Meute Wild hetzen sollte, ohne daß die Equipage zur Stelle wäre. Jeder Master wird dann sehr dankbar für eine Hilfe sein.

Einige Worte seien noch angefügt. Master und Piköre haben die allererste Aufgabe, im Gelände das Jagen der Hunde zu kontrollieren. Sie werden deshalb immer bemüht sein, nahe bei den Hunden zu reiten, auch dann, wenn diese sich nicht um Zuschauer und Hindernisse kümmern, weil sie beispielsweise unter Wind laufend die Strecke abkürzen. Master und Piköre werden dann keinen Umweg über die Hindernisse in Kauf nehmen, sondern zu den Hunden reiten. Es wäre ganz selbstverständlich, wenn in solchen Fällen der Jagdherr mit seinem Feld auch der Equipage und den Hunden folgt, ausgenommen natürlich über einen frisch bestellten Acker. Man sollte bei der Auswahl von Jagdstrecken dies beachten und keine Schlenker in die Strecke einbauen, die für die Meute nicht machbar sind.

Massiert auftretende Zuschauer - das sollte man nie vergessen - entwikkeln eine für die Hundenase oft genug höchst irritierende Duftwolke und können den Ablauf der Jagd ernsthaft beeinträchtigen, wenn sie zu nahe an der Schleppe stehen. Manche gut geplante Schau endet so mit einem Fiasko. Hunde reagieren nun einmal häufig anders als der Mensch es eingeplant hat. Für den meutegerechten Aufbau einer Jagd, die der Equipage die Arbeit sehr erleichtern würde, braucht man schon etwas vom Instinkt der Meutehunde und den Kenntnissen von Master und Equipage.

Ein Wort noch zur Disziplin in einer Equipage. Ich möchte es wiederholen, Pikörarbeit ist in aller Regel die von Amateuren, die sich aus eigenem, freien Willen dazu entschieden haben. Es ist ganz selbstverständlich, daß man genau so freiwillig wieder gehen kann. Innerhalb dieser kleinen Gruppe, Master, Piköre, Schleppenleger muß ein sehr herzliches Verhältnis bestehen. Profil-Neurotiker sind hier ganz fehl am Platze, sie sollten sich ein anderes Einsatzfeld suchen. Piköre sollten auch nicht die Empfindlichkeit von Mimosen haben und - während des jagdlichen Geschehens - nicht unbedingt die sonst so lobenswerten demokratischen Spielregeln als Voraussetzung einer Zusammenarbeit sehen. Beim Umgang mit einer Meute kommt es bei Entscheidungen auf Bruchteile von Sekunden an. Eine Equipage, die dann nur aus »Häuptlingen« besteht, die nicht willens sind, »Indianer« zu sein, sollte besser erst gar nicht anfangen. »Freiwillig« als Pikör heißt auch nicht, den Nachbarn loszuschicken (»Willst Du nicht endlich einmal den Hund holen«), sondern selbst zu reiten. Schlimm bestellt ist es um die Equipage gar, wenn man der Meinung ist, die Jungen müßten die Arbeit machen. Man selbst wäre ja schon lange genug dabei. Disziplin in einer Equipage heißt vor allem und anderen: **Ich** setze mich auch ohne Aufforderung sofort und bedingungslos ein! Jeder muß sich immer darüber im klaren sein, daß wir in Deutschland (fast) immer Gast in der Landschaft sind, in der andere größere Vorrechte besitzen und davon ausgehen dürfen, daß wir das Gastrecht nicht mißbrauchen. Eine disziplinierte Meute erreicht man nur mit einer disziplinierten Equipage.

Noch eine wichtige Person, der Hon. Secr., wäre zu erwähnen. Hinter diesem Wort - vollständig »Honourable Secretary« - verbirgt sich so etwas wie die Seele der ganzen Meute. Der oder die Hon. Secr. nimmt dem Master all die Verwaltungs- und Finanzierungsarbeit ab, die mit dem Meutebetrieb zusammenhängt. Und das kann eine ganze Menge sein. Bei privaten Meuten ist recht oft der Ehepartner mit diesem Amt betraut, was die Zusammenarbeit mächtig vereinfacht.

Ausrüstung von Reiter und Pferd

Nichts hat in der jüngeren Zeit so viel an Wert verloren wie die überlieferten Formen, sich zu kleiden. Auch in der Reiterei ist man zu sehr lässigen Kleidungsstücken gekommen. Jedoch meine ich, daß man doch unterscheiden sollte, ob man sich anschickt, einen Wanderritt zu unternehmen, oder ob man mit der Meute unterwegs sein will.

Diese Frage sollten sich alle stellen, vom Master angefangen bis zum bloßen Mitreiter und ganz davon unabhängig, ob Meutetraining oder Hubertusjagd.

Genauso sicher, wie es falsch wäre, zum Meutetraining den »Roten Rock« aus dem Schrank zu holen, wäre Räuberzivil bei einer Schleppjagd zu Recht unpassend.

Was empfiehlt sich also?

Die Ausrüstung für das Meutetraining

Hundetraining zu Fuß oder mit dem Fahrrad: Auch als Gast kann man sich hier in uriger Aufmachung noch wohlfühlen. Bequemes Schuhwerk und den - meist - schmutzigen Hundepfoten im Farbton etwas angepaßte Bekleidung sind hier angebracht. Auf Handschuhe und eine Kopfbedeckung wird man im Winter nur ungern verzichten, eine Reitkappe allerdings wäre eher hinderlich.

Meutetraining zu Pferde: In den meisten Fällen wird man sich hierbei in der Öffentlichkeit bewegen. Es wäre also angebracht, sich zu überlegen, wie sieht ein Unbeteiligter das Ganze. Sicher macht es einen schöneren und gewinnenderen Eindruck, wenn schon jetzt ein wenig vom Glanz der Schleppjagden zu erkennen wäre. Warum nicht wenigstens die helle Hose, die korrekten Reitstiefel und - im Sommer - ein helles Hemd? Ist es etwas kühl, dann empfiehlt sich hier zur ersten Wahl das Reitsakko und dazu auch eine Krawatte, eventuell auch ein passend farbiges Plastron. Auf dem Kopf sitzt - immer - die feste Reitkappe mit dem Kinnschutz. Was nützt denn schon die Kappe, wenn sie vor dem Kopf auf dem Boden landet - und wer schon vermag einen Sturz gänzlich auszuschließen? Ist man - hoffentlich - im Besitz von mehr als einem Paar Reitstiefel, brauchen es für diesen Zweck nicht die mit den braunen Stulpen zu sein. Einfarbige Stiefel, auch aus Gummi, passen hervorragend.

Fast scheue ich mich, es zu sagen - erstaunlicherweise wird es doch gelegentlich vergessen: Stiefel dürfen ruhig glänzen, wenn man ankommt. Schmutzig werden sie dann von allein. Den Dreck vom Tag zuvor braucht man aber nicht mitzubringen.

Die Ausrüstung für die offizelle Schleppjagd

Hier gelten seit langem schon eindeutig klare Vorstellungen. Der erfahrene Jagdreiter, Damen sind heutzutage davon nicht ausgeschlossen, zieht den Roten Rock an. Hier allerdings ist ein Wort angebracht. Ein Roter Rock für den Jagdreiter geht bis eine Handbreit übers Knie. Kürzere Röcke kauft man nicht, sie werden es im Laufe eines Jagdlebens von allein: Nach einigen Jahren ständigen Gebrauchs dürfte der untere Saum so weit verschlissen sein, daß ein Kürzen angebracht ist. Auf diese Weise kann die Rocklänge Auskunft über die Zahl der Jagden geben, vor allem, wenn auch das kräftige Rot langsam etwas blasser wird und sonstige liebevoll reparierte Stellen vom häufigen Gebrauch zeugen. Die Springreiterjacke ist für einen Jagdreiter unangebracht, da sie - fälschlich - langen Gebrauch und viel Erfahrung im Busch erwecken möchte. Zum Roten Rock gehört die sehr helle Reithose, dazu (nur) Stulpenstiefel (schwarze Reitstiefel mit braunen Stulpen).

Den Hals ziert das - normalerweise - weiße und doppelt selbstgebundene Plastron. Andere Farben des Plastrons zeugen von einer Gruppenzugehörigkeit oder besonders ausgeprägtem Individualismus. Ist das Plastron von Hand und doppelt gebunden, wozu eine gewisse Übung gehört, sollte die Plastronnadel (ohne die es nicht geht) waagerecht gesteckt werden. Wer nur ein einfaches Binden schafft oder gar fertig gebundene Plastrons liebt (ich mag sie allerdings nicht), sollte die Nadel senkrecht anstecken.

Bei der Plastronnadel wählt man - vorsichtshalber - eine, die im Ernstfall nicht in den Hals oder in die Lunge stechen kann. Ein bißchen breiter und stumpfer an den Enden sollte sie also schon sein. Das Motiv der Plastronnadel sollte keine Rolle spielen. Aber Trophäen aus der Wildjagd gehören nur dann darauf, wenn der Träger eben auch (grüner) Jäger ist.

Meine eigene Nadel ziert seit 1965 das erste silberne Jagdherrenabzeichen der Cappenberger Meute. Ich trage es seitdem, auch als ich die Lipperlandmeute führte und heute meine eigenen Beagles. Diese Nadel wurde für mich zu einem Art Maskottchen, vor allem seit ich sie einmal beim Halali im hohen Gras verlor und mein Jüngster sie damals am nächsten Tag beim Suchen wiederfand.

Die Ausstattung wird ergänzt durch weiße Handschuhe. Sie sollten - beim Abreiten - wirklich weiß sein, nicht braun oder beige oder sonstwie farbig. Und sie sollten bequem passen, damit man sie am Halali auch schnell genug auszuziehen vermag (wenigstens, nach der Tradition, den rechten).

Auf dem Kopf sitzt - wie schon beschrieben - die feste Reitkappe mit schwarzem Samtüberzug. Dringend zu empfehlen - wenn er auch wohl vorwiegend aus modischen Gründen leider noch zu selten angetroffen wird - ist der überstreifbare Kinnschutz. Seine Aufgabe besteht vor allem darin, die Kappe dort zu halten, wo sie immer und in jedem Falle (dies bitte wörtlich gemeint) hingehört, nämlich auf den Kopf. Übrigens gibt es auch schon recht praktische Jagdreiterkappen mit integriertem Ohr- und Kinnschutz.

Bei der Reitkappe zeugt die ausgeblichene Farbe, die man des öfteren sieht, meist nur davon, daß der Besitzer sie ständig hinterm Rücksitz im Auto transportiert. Bei Gebrauch auf der Schleppjagd oder beim sonstigen Reiten im Busch wird die Farbe der Reitkappe wenig leiden, um so mehr jedoch der Samtbezug. Im Gegensatz zum verblichenen Roten Rock beweist also die verblichene Reitkappe oft nur, daß der Träger begeisterter Autofahrer ist und als solcher anderen zeigen will, daß er zudem auch noch reitet.

Kleinigkeiten ergänzen die Ausstattung: Als Mitglied einer Meute oder eines Schleppjagdvereins pflegt man einen farbigen Kragen zu tragen. Bei den meisten Meuten in Deutschland gibt es »Goldene Knöpfe«, die allerdings im Normalfall nur vergoldet sind, mit dem Emblem der Meute. Sie werden am roten oder farbigen Jagdrock, üblicherweise aber nicht am schwarzen Rock getragen. Meistens bekommt man einen solchen Knopf nach 10 Jagden hinter der Meute. Ist ein Roter Rock komplett mit Goldenen Knöpfen ausgestattet, dann sind das (vorn und hinten zusammen) meist 6 Knöpfe, an den Ärmeln oft noch je 1 Knopf zusätzlich, alles in allem also 8 Knöpfe gleich 80 Jagden hinter dieser einen Meute, was durchaus respektabel zu nennen ist.

Warum keine Goldenen Knöpfe am schwarzen Rock üblich sind, wird man nun fragen. Die Antwort ist einfach. Den ersten Knopf trägt man meistens am Revers und danach - also nach 10 Jagden hinter der Meute - wird man üblicherweise eingeladen, sich einen Roten Rock anzuschaffen. Und dort kommen die Goldenen Knöpfe dann hin.

Neben den roten Jagdröcken findet man bei einigen deutschen Meuten auch grüne oder mehrfarbige Röcke. Auch diese Röcke werden lang getragen und mit Meutekragen und Meuteknöpfen versehen.

Als Gast bei einer fremden Meute wird man - dies ganz im Gegensatz zu den britischen Gepflogenheiten - den gewohnten Jagdrock anziehen.

Britische Jagdreiter in Deutschland erkennt man sehr häufig daran, daß sie mit schwarzem Rock, Damen mit nachtblauem Rock, reiten, gelegentlich aber auch im karierten Sakko, dann üblicherweise sogar mit einer Nelke im Knopfloch.

Zur weiteren jagdlichen Ausstattung können, bei Bedarf, die - stumpfen - Sporen und eine (kurze) Reitgerte gehören. Man sollte dabei darauf achten, daß die Sporen nach der Jagd abgemacht werden. Zum Umtrunk nach der Jagd, insbesondere in einem geschlossenen Raum, mit angeschnallten Sporen zu erscheinen, dürfte nach alter Gewohnheit in jeden Fall eine Runde kosten.

Hetzpeitschen trägt bei deutschen Schleppjagden nur, wer eine Pikörausbildung mitgemacht hat und einer Equipage angehört. Als nicht eingeteilter Pikör, also als normaler Jagdgast, wird der Schlag der Hetzpeitsche aufgerollt. So ist man einerseits im Notfall schnell einsatzbereit, jedoch nicht mit den aktiven Pikören zu verwechseln, die - wie schon beschrieben - auf der Schleppjagd einen Sonderstatus haben und sich durch Hetzpeitschen mit offenem Schlag ausweisen.

Als Gast bei einer Meute, die man noch nicht kennt, wird es - vor allem in Niedersachsen - zweckmäßig sein, sich umzusehen, ob den Jagdrock der Mitreiter noch etwas besonderes ziert, beispielsweise Ärmelstreifen. Ist dies der Fall, empfiehlt es sich, mehr oder weniger diskret danach zu fragen, ob man denn überhaupt in einem vorderen Feld erwünscht ist.

Für einen Neuling ist der Rote Rock auf einer Schleppjagd ein Tabu, selbst dann, wenn man meint, ein schon sehr erfolgreicher Reiter zu sein; Jagdreiter sind in diesem Punkt ziemlich eigen. Es ist dann üblich, bescheiden in der schwarzen (oder blauen) Turnierjacke mit den passenden weißen Hosen zu erscheinen. Das hat allerdings auch seinen guten Grund. Jedem, der zum ersten Mal mitmacht, wird empfohlen, sich einem erfahrenen Jagdreiter anzuschließen, der ja durch den Roten Rock, vor allem, wenn er schon etwas verschossen ist, leicht zu erkennen ist.

Nützlich ist es auch, wenn man bei Leuten, die eine Armbinde tragen, davon ausgeht, daß sie bei der Jagd eine bestimmte Aufgabe haben. Es lassen sich im Jagdfeld Armbinden in den unterschiedlichsten Farben erkennen. Am häufigsten ist eine grüne Armbinde zu sehen. Das sind die Feldführer. Gelegentlich ist, gewissermaßen als »Oberfeldführer« ein Reiter mit einer weißen Armbinde - korrekterweise am linken Oberarm getragen - dabei. Das wäre dann der Feld-Master. Nur einmal findet sich eine weiß-schwarz-weiße Armbinde. Sie wird vom Jagdherrn getragen. Selbstverständlich können Jagdherr oder Feldführer männlichen oder weiblichen Geschlechts sein. Hat der Jagdherr auch noch einen Stellvertreter, so würde dieser eine schwarz-weiß-schwarze Armbinde tragen.

Läuft einem ein Reiter mit einer weißen Armbinde am rechten Arm - korrekte Tragweise vorausgesetzt - über den Weg, dann sollte man gleichzeitig nicht zu sehr über die Hunde meckern: die weiße Armbinde rechts trägt nämlich der Master.

Schließlich sei aber auch noch eine Gruppe von Jagdreitern erwähnt, die - meistens ohne Goldene Knöpfe am Rock - eine Menge Abzeichen am Revers mit sich herumschleppen. Es sind Jagdteilnehmer, die den seit 1965 bei einigen Meuten üblichen Brauch etwas eigenwillig auslegen. Erst nur bei der Cappenberger Meute üblich, heute bei vielen anderen deutschen Meuten, wird den Teilnehmern an der Schleppjagd zusammen mit dem Bruch ein Jagdabzeichen übergeben. Das steckt man sich am Revers an. Eigentlich ging man davon aus, daß das Abzeichen dann als Erinnerung aufbewahrt wird. Doch gibt es eine ganze Reihe von Leuten, die es bevorzugen, diese Abzeichen gesammelt am Revers zu tragen. Nun ja, wem's gefällt.

Jagden - auch dies sei noch erwähnt - finden selbst dann statt, wenn man keinen Hund vor die Tür setzen würde, das heißt, sie werden, außer auf hart gefrorenem Boden, bei jeder Witterung abgehalten. Es ist aber legitim, wenn an solchen Tagen der Jagdreiter einen Reitmantel trägt. Es ist nicht jedermanns Sache, es der Equipage nachzumachen: Master, Piköre und Schleppenleger werden immer und bei jedem Wetter in Rot reiten. Sie tun dies aber nicht nur der Tradition wegen, sondern weil man im Roten Rock besser zu erkennen ist. Wie ja überhaupt die weiß-rote Jagdaufmachung einen sehr praktischen Grund hat. Verlorengegangene oder gestürzte Reiter sind im bunten Jagddreß eben leichter aufzufinden.

Die Ausrüstung des Jagdpferdes

Grundsätzlich sollte gelten: So wenig Leder und Zubehör wie möglich. Doch beginnen wir ganz unten, beim Beschlag.

Die vorderen Hufe müssen so beschlagen sein, daß die Eisen auf keinen Fall und keinen Millimeter überstehen. Bei weiten Hufen sollten die Eisen innen ausgeschliffen sein. Viele Vordereisen gehen nur deshalb verloren, weil die Hinterhufe in die Vordereisen greifen. Dies ist bei tiefem Boden sehr schnell der Fall. Die gleiche Wirkung können auch Stollen haben. Da ich seit bald 20 Jahren keine Stollen mehr verwende, frage ich mich - wie ich meine, mit Recht - wozu eigentlich Stollen? Wenn ich auf glitschigem Boden reite wie ein Jockey auf der Galopprennbahn, sind Stollen sicherlich zu empfehlen. Da Jagdreiten aber nicht mit Jagdrennen zu verwechseln ist, liegt kaum jemals ein Grund vor, Stollen zu verwenden. Auch schaden sie den Pferdebeinen weitaus mehr als sie den Reiter schützen. Am besten noch ist es, wenn das Pferd »barfuß« gehen kann. Viele Pferdehufe vertragen dies auch eine ganze Jagdsaison lang. Im Winter bei Schnee ist es ohnehin die beste Lösung. Die billigste wäre es auf jeden Fall.

Der Optik wegen sollte man am Stelldichein mit einem Pferd erscheinen, dessen Hufe sauber sind, vielleicht sogar gefettet. Dies wäre sicher wichtiger als die leider immer wieder anzutreffenden Kappen, Bandagen, Glocken, Schoner und dergleichen. All dies gehört in die Sattelkammer, ganz unten tief in die Kiste für »Überflüssiges«. Davon gibt es nur eine einzige Ausnahme: das wären Streichkappen oder ähnliches für die unglückseligen Pferde, die sich ständig wundschlagen. Wobei man sich ernsthaft fragen muß, ob man solche Pferde nun unbedingt auf Jagden reiten sollte.

Ein Jagdpferd wäre natürlich noch nicht ganz komplett, wenn man Zäumung und Sattel vergäße. Über den Sattel ist eigentlich nur zu sagen, daß er natürlich passen und so sauber wie gepflegt sein sollte. Die Satteldecke ist im Zweifelsfall aus Leder. Bei empfindlichen Pferden ist ein Schaffell sehr hilfreich. Und natürlich verwendet man die glanzvollen Schabracken in den Meute- und Vereinsfarben mit und ohne Wappen. Unerläßlich aus meiner Sicht ist ein Vorderzeug an Stelle des Martingals, das ich für absolut unsinnig erachte. Ein Vorderzeug hält auch beim Berganreiten den Sattel an der richtigen Stelle. Brustriemen wie auch der Sattelgurt sollten gepolstert sein, z. B. durch einen Stoff- oder Fellüberzug.

Wie gesagt, weg mit dem Martingal. Wer ein Pferd reitet, das mit dem Kopf nach dem Reiter schlägt, sollte noch einige Reitstunden im Gelände – am besten mit einem guten Reitlehrer zusammen – absolvieren, statt zur Jagd zu kommen. Das Pferd schlägt mit dem Kopf nur, wenn die Hand des Reiters zu hart ist. Es gibt von den zahlreichen Martingal-Reitern unendlich viele Ausreden, noch nie aber hat einer zugegeben, daß er sein Pferd vielleicht nicht korrekt im Gelände ausgebildet hat. Ob das Martingal nicht vielleicht auch oft nur deshalb genommen wird, weil der Name »Martingal« so schön klingt? Sicher wären es sehr viel weniger Reiter, die das Leder benutzen würden, wenn es so hieße wie es wirkt »Zwangsriemen« oder auch »Angstriemen«. Glauben Sie es mir ruhig: Es gibt viel mehr Reiter mit harter und unruhiger Hand als bösartige Pferde, die man daran hindern müßte, mit dem Kopf zu schlagen! Nur bitte, machen Sie das Martingal, wenn das Pferd immer so geritten wurde, nicht erst am Tag vor der Jagd ab, sondern einige Zeit vorher. Man muß schon einige Monate Geländereiten investieren, wenn man ein Jagdpferd haben möchte, das ohne Martingal und ohne Hilfszäumungen mit tiefer Nase ruhig im Pulk galoppieren kann.

Wie das Pferd nun gezäumt wird, ist eine Frage für sich. Sie wäre eigentlich überflüssig, wenn viele Reiter Zäumung nicht mit Handbremse verwechseln würden. Ich unterstelle aber hier einmal, der Jagdreiter hat irgendwann gelernt, daß Zügel und Zaum gewissermaßen nur eine Signaleinrichtung sind, mit welcher man seine Absichten zu erkennen gibt. Daß man außerdem durchaus mit seiner Stimme dem Pferd etwas helfen kann und daß es auch noch Schenkel und Kreuz gibt. Und daß man mit allem zusammen, Richtung und Tempo des Pferdes bestimmen kann. Dies alles vorausgesetzt und dazu eine »weiche« Zügelhand, dann empfehle ich eine Springkandare ohne Reithalfter, lediglich mit dem Kehlriemen - vor allem der »Schönheit« wegen. Wenn man gelernt hat »loszulassen«, dann ist eine etwas schärfere Zäumung - für die hält man üblicherweise eine Springkandare - wesentlich harmloser als Wassertrense, Gummigebiß oder ähnliches, was ständig festgehalten wird. Der Verzicht auf ein Reithalfter mit Kinnriemen erlaubt es dem Pferd darüber hinaus im Falle eines Falles, nämlich, wenn man sich vielleicht beim Sprung doch am Zügel festgehalten hat (wem passiert das nicht einmal?), das Maul zu öffnen und mit dem Unterkiefer auszuweichen. Es sieht zwar in diesem Augenblick nicht sehr schön aus, ist aber harmlos. In diesem Zusammenhang sei auch dringend empfohlen, die Pferdemähne wachsen zu lassen. Auch die Mähne kann durchaus einmal helfen, im Sattel zu bleiben, oder wenn man mal im Wasser aus dem Sattel muß, am Pferd. (Ein Pferd schwimmt nämlich wesentlich schneller als ein Roter Rock mit Inhalt und Stiefeln.)

Für den Transport und an Stops in der kalten Jahreszeit unentbehrlich sind Pferdedecken. Notfalls tut es an windigen Tagen und bei abgehärteten Reitern auch der Rote Rock, dem Pferd über die Kuppen gehängt. Noch besser allerdings ist es, bei naßkalter Witterung auf längere Pausen zu verzichten. Wie man im Münsterland sagen würde: »Es tut Reiter und Pferd besser gut.«

Reitersleute, die bei der Flüssigkeitszufuhr unabhängig sein wollen, werden sich einzurichten wissen. (Nur zweckmäßigerweise in »bruchfest«.) Recht nützlich kann ein Taschenmesser sein. Einen Hufkratzer wird man ohnehin dabei haben. Biertrinker denken sogar an Flaschenöffner. Sehr zu loben sind auch die Vorsichtigen, die sich einen Steigbügelriemen um den Bauch binden oder dem Pferd um den Hals hängen. Allerdings kann das Mitführen weiterer Ersatzteile für Sattel- und Zaumzeug beschwerlich sein. Deshalb erscheint es einfacher, nur mit einwandfreiem und gepflegtem Leder zur Jagd zu erscheinen.

Was ich nur kurz erwähnt habe, sind die Sporen. Das hat einen guten Grund. Eigentlich braucht man sie im Jagdfeld nämlich gar nicht. Bestimmt nicht zum Vorwärtsgehen. Eher schon zum Bremsen, d. h., bei einer ganzen Parade bis zum Halt, wenn man nicht den Vordermann oder einen dicken Baum dazu verwenden kann. Wenn aber schon Sporen, dann kurze und stumpfe Sporen. Alles andere ist mit Sicherheit Tierquälerei.

Historisches zur Jagdkleidung

Der Rote Rock ist keineswegs nur annähernd so alt wie die »moderne« Jagdreiterei. Erst um 1800 setzte sich die Farbe Rot durch, anfangs natürlich mit der ganzen Vielfalt der Farbnuancen. In England war beispielsweise sehr lange das Scharlach-Rot für die Angehörigen des Königshauses selbst reserviert; heute ist es die bei uns übliche Farbe.

Als Kopfbedeckung kam früher, wenn man nicht Angestellter der Meute war, nur der Reitzylinder in Frage, ein ungeheuer unpraktisches Ding, vor allem im Walde, aber auch heute noch sehr vornehm. Später entwickelte man den Bowler, früher auch »Coke« genannt, der in Deutschland als »Melone« bekannt ist. Er verleiht vor allem den Turnierrichtern die erforderliche Würde. Erst mit der weitgehenden Demokratisierung auch des Jagdgeschehens wurde die Reitkappe der Berufsrennreiter salonfähig. Heute tragen die Rennreiter diese Reitkappe jedoch nicht mehr, sondern eine feste Sturzkappe mit auswechselbaren Überzügen in den jeweiligen Stallfarben.

Das weiße Plastron dagegen gibt es schon lange, es stammt etwa aus dem 17. Jahrhundert. Schon sehr früh trug man neben dem feinen Weiß aber auch andere Farben (Pastell, Blau, Schwarz).

Ähnlich historisch sind die Stulpenstiefel, ohne die ein Roter Rock ganz unpassend aussehen würde. Ende des 18. Jahrhunderts gab es diese Stiefel bereits, meist jedoch mit deutlich längeren Stulpen, etwa wie bei den Rennstiefeln der Jockeys. Entstanden sind die Jagdstiefel aus den lang über die Knie reichenden alten Kavalleriestiefeln, wie sie - hinten ausgeschnitten, damit sie nicht ganz so unbequem sind - bei der Spanischen Hofreitschule in Wien noch heute üblich sind.

Eigentlich gehört zum historischen Jagdrock auch noch die Tattersall-Weste, die heute gelegentlich wieder in Mode kommt, wenngleich ein Pullover meistens praktischer und wärmer ist.

Die Meutehunde

Meutehunde des 16. Jahrhunderts.
Nach einer Darstellung von Conrad Gesner.

Meutehunde und ihre Abstammung

Der Ursprung der heutigen Meutehund-Rassen reicht weit zurück. Beim Studium alter Aufzeichnungen und beim Betrachten historischer Bilder und Zeichnungen fallen dabei zwei sehr unterschiedliche Hundetypen auf, die an Windhunde und an Doggen erinnern. Auch heute noch lassen sich deren ursprüngliche Einflüsse in den Meutehunden erkennen.

In seinem Buch »Beagles - Their history & breeding« hat A. Courtney Williams (1936 bis 1951 Master der Warwickshire Beagles) so ausführlich über die Abstammung britischer und französischer Meutehunde geschrieben, daß es sich lohnt, hier seine Ausführungen auszugsweise wiederzugeben: ›Alle uns bekannten Meutehunde, Beagles ausgenommen, stammen aus Frankreich. Es lohnt sich, ihre Abstammung kennenzulernen, da auch der Beagle im Laufe der Zeit Blut dieser alten Hunderassen erhalten hat.‹

Einer der ältesten Kenner der Jagd war König Karl IX. von Frankreich (1560 bis 1574). Er hat ein großartiges Buch (»La Chasse Royale«) verfaßt. Darin vertritt er die Meinung, daß alle französischen Meutehunde von den vier königlichen Rassen abstammen. Es sind dies:

- Chien blanc du Roi
- Chien de St. Hubert
- Chien fauve de Bretagne
- Chien gris de St. Louis (Gris du Roi).

Wir müssen uns natürlich nicht dieser Meinung anschließen. Doch sind die meisten Fachleute seit langer Zeit dieser Ansicht.‹

›Für englische Jagdreiter besonders bedeutungsvoll ist der »Normannenhund«, der mit den Normannen nach 1066 nach England kam. Die Abstammung des Normannenhundes geht wahrscheinlich auf den Chien de St. Hubert (Hubertus-Hund) zurück, benannt nach dem Kloster von St. Hubert in den Ardennen. Jedoch war die Hunderasse, die die Normannen mitbrachten, sehr viel kräftiger und größer. Sie bekam in England den Namen »Talbot« und war farblich heller als der Hubertushund. Im Laufe der Zeit wurde diese Rasse kleiner, leichter und schneller gezüchtet. Sie eignete sich damit besser zur Jagd auf Hirsch und Hase. Die dunklere Spielart scheint sich dagegen wenig verändert zu haben. Sir John Buchanan-Jardine stellte deshalb fest: »Unabhängig davon, daß er uns viel in der Zucht unserer modernen Foxhounds, Harriers usw. zu helfen vermag, ist er uns in aller seiner Reinheit, und ziemlich ähnlich dem Original, in unseren heutigen Bloodhounds (Bluthunden) erhalten.«

Die leichtere Linie entstammt wahrscheinlich primär dem Chien blanc du Roi, wobei dieser wiederum offenbar vom Chien de St. Hubert abzustammen scheint. Sie sind die Vorfahren der heutigen hellen West Country Harriers und wahrscheinlich auch der meisten Fellhounds in Cumberland.

Vorfahre der rauhaarigen Welshhounds war möglicherweise der Chien Fauve de Bretagne, der selbst vermutlich die alten rauhhaarigen Keltenhunde als Ahnen hat.

Anmerkung: Im »Dictionnaire de la chasse« von Pierre-Louis Duchartre finden sich hierzu die folgenden Angaben:
- Chien blanc du Roi: Kreuzung von hellen Hubertus-Hunden und normannischen Hündinnen.
- Chien de St. Hubert: Entspricht in der Farbe dem britischen Bloodhound und ist wohl keltischen Ursprungs.
- Chien fauve de Bretagne: Besonders zur Wolfsjagd geeignet. Rötlich-fahle Farbe. Als Griffon drahthaarig. Auch klein gezogen als Basset.
- Chien gris de St. Louis (Gris du Roi): Grauhaariger Hund, möglicherweise russisch-asiatischen Ursprungs.

Der Original-Talbot war etwa 68 cm hoch. Im Laufe der Zeit wurde er mit anderen Rassen gekreuzt, vor allem mit Windhunden (greyhounds). Das führte, etwa ab der Mitte des 17. Jahrhunderts, zur Entwicklung eines kleineren und schnelleren Hundes, der als der »Northern Hound« bekannt wurde. Er besaß viel mehr Spritzigkeit und Vorwärtsdrang als jede andere frühere Jagdhundrasse.

Von der Familie der St. Hubertus-Hunde stammen auch der Gascon und der Saintongeois ab, die ihrerseits die Vorfahren der im Englischen als »Southern Hounds« bekannten Rasse sind. Diese Bezeichnung (»Southern« = südlich) bekamen sie, weil sie aus dem Süden stammten, nämlich aus der französischen Gascogne.

Die Gascogne (früher auch Aquitanien genannt) liegt im Südwesten Frankreichs und gehörte von 1154 bis 1453 zu England. Während dieser 300 Jahre reisten englische Adlige häufig in diese Provinz. Es war daher ganz natürlich, daß sie sich bei ihrer Begeisterung für die Jagd aus der Gascogne Meutehunde mitbrachten. Vermutlich gab man diesen Hunden den Namen »Southern«, um sie von den bekannteren Talbots (oder Normannenhunden) zu unterscheiden.

Ein weiteres Argument für die Abstammung der Southern Hounds von den Hunden der Gascogne ist die häufig bei ihnen und ihren Abkömmlingen vorkommende blau-gesprenkelte Farbe. Obgleich viele dieser Hunde fast schwarz sind, haben sie braune Abzeichen. Vor allem aber braune Lichter über den Augen und eine braune Schnauze, wobei der ganze Kopf sonst schwarz ist. Es gibt auch immer noch Harriers und Beagles, die mit diesen Abzeichen an ihre Abstammung vom Gascon erinnern.

Ursprünglich war der Gascon ein sehr großer Hund, etwa 63 bis 76 cm hoch. Nach dem Aussterben von Wolf und Schwarzwild (in England) und dem Verschwinden des Rotwilds wurde er kleiner gezüchtet, damit er auch für die Hasenjagd zu gebrauchen war. Er wurde dann mit einer ähnlichen Rasse gekreuzt, dem Saintongeois, und war dann als Gascon-Saintongeois kleiner, leichter und schneller. Frei von jeglichem englischen Foxhound-Blut gibt es ihn heute noch in manchen Gegenden Frankreichs. Der Gascon-Saintogenois ist fast immer schwarz-weiß oder blau-gesprenkelt und weist die typischen Gascon-Abzeichen auf, die braunen Lichter über den Augen bei einem sonst dunklem Kopf.‹

Zu den »Northern« und »Southern« Hounds schreibt Williams weiter: »Bevor es den modernen (englischen) Harrier gab, wurden Hasen mit den großen ›Northern‹ und den ›Southern‹ gejagt. Diese waren zwar kleiner als ihre Vorfahren, jedoch immer noch etwa 64 cm hoch. Üblich war dies bis zum Ende des 16. Jahrhunderts, teilweise jedoch wesentlich länger. Man kann sich gut vorstellen, daß derart große Hunde kurzen Prozeß mit den

Hasen machten. Trotzdem war es nicht ungewöhnlich, wenn die Jagd bis zu 6 Stunden dauert. Viel Zeit wurde damit verschwendet, hinter dem Hasen herzuzotteln, wenn die Fährte schwach und schon Stunden alt war.

Die Southern Hounds hatten eine sehr tiefe Wamme, weit herabhängende Ohren, einen kräftigen Hals, fehlerhafte Oberschenkelknochen und Bemuskelung, häufig gebogene Vorderfüße. Sie neigten dazu, zur Unzeit Laut zu geben und ungehorsam zu sein. Trotz ihrer unvollkommenen körperlichen Veranlagung und den Schwierigkeiten auf der Jagd hat die Rasse überlebt, wofür es wichtige Gründe gab: Die Southern Hounds hatten eine weit bessere Nase als andere Hunde, große Geduld, eine wunderschöne weiche und tiefe Stimme, oft beschrieben als ein Geläut wie Glocken einer Kathedrale.

Ein anderer Autor (Daniel) beschreibt die schlimmsten Fehler dieser Hunde: ›Sie hatten eine so vorzügliche Nase, daß sie eine Fährte noch eine Stunde nach dem leichteren (Northern) Beagle finden konnten. Dies führte dazu, daß sie sehr exakt jedem Winkel und Haken der Spur folgten. Da sie in der Lage waren, einer kalten Fährte zu folgen, suchten sie oft so lange bis sie tatsächlich ›kalt‹ war. Ursachen waren ihr Eifer und ihr Drang, dem Hasen zu folgen.

Die Witterung eines Hasen schien diese Hunde bis zur Ekstase zu erregen. Es wird von einem alten Southern Harrier berichtet, der zwar exakt auf der Fährte blieb, aber es nie zu eilig hatte. Man hat oft beobachtet, wie er sich setzte, wenn ihn die Hasenwitterung besonders erregte. Er gab dann voller Freude so wundervoll Laut, daß man meinte, der ganze Himmel würde mit erklingen. Danach lief er auf der Fährte der Meute nach.

Der Northern Hound unterschied sich vom Southern Hound ganz beträchtlich. Er hatte einen schlankeren Kopf mit längerer Nase, Ohren und Lefzen waren flacher, der Rücken breit, die Bauchpartie schmal, lange Oberschenkel, schmale Rute. Insgesamt war er schlanker und ähnelte einem Windhund (Greyhound).‹

Aus den weiteren Beschreibungen kann man vor allem entnehmen, daß der Northern Hound besonders schnell war. Dafür mußte die Witterung (scent) schon sehr gut stehen.

Bereits vor etwa 200 Jahren war man der Auffassung, daß es sinnvoll sein müsse, beide Hundearten zu kreuzen. Dies ist dann auch tatsächlich mit großem Erfolg geschehen. Aber auch heute kommen typische Eigenarten der jeweiligen Art zum Vorschein. So findet man schwerere Hunde mit melodischer Stimme und hervorragender Nase. Sie erinnern an den Southern Hound und seinen Ahnen, den Talbot.

Leichtere Hunde, sehr schnell und eher im Windhundtyp stehend, haben oft sehr helle, fast schrille Stimmen. Sie erinnern an den Northern Hound.

Allgemein kann man sagen:

- Schnelle, windhundähnliche Typen mit heller Stimme und schlechter Nase - oft sogar stumm.
- Langsame, schwere Typen mit dunkel-melodischer Stimme und sehr guter Nase.

Mehr oder weniger deutlich erkennbar finden sich in jeder Meute auch heute noch diese unterschiedlichen Vertreter der beiden alten Rassen - es sei denn, eine der Richtungen wurde konsequent herausgezüchtet, was beispielsweise erklärt, daß manche Meuten zwar sehr schnell aber mehr oder weniger stumm sind.

Es ist sicher für eine Meute sehr wichtig, eine ausreichend gute Mischung zu besitzen und daß die Schleppen so gelegt werden, daß sich auch die langsameren, aber spursicher und laut jagenden Hunde immer wieder den schnelleren Hunden anschließen können. Dies gelingt am einfachsten, wenn man lange Geradeausstrecken vermeidet und immer wieder Bögen und Biegungen, Haken und sogar Widergänge vorsieht.

Zum Ursprung des Beagles vermag Williams nicht sehr viel Konkretes zu sagen. Er vermutet den eigentlichen Ursprung zwar in England, weist jedoch auf die Möglichkeit hin, daß ursprünglich auch Terrier eine Zuchtbasis waren und später dann Hunde, die die Römer aus dem Mittelmeerraum mitgebracht haben. Besonders schwierig bei der Ahnensuche für den Beagle ist die Tatsache, daß dieser Name sich erst nach 1500 durchgesetzt zu haben scheint, aber noch lange danach auch für den Harrier gebraucht wurde. Der Name selbst wird immer auch mit dem alten keltischen Wort »beg« oder »beag« in Verbindung gebracht, weil dies »klein« bedeutet haben soll. Dazu noch einmal die Bemerkung von Williams, die die Schwierigkeit erläutert, Aussagen über Rassen aus lang vergangenen Zeiten zu machen: ›Die Schriftsteller früherer Zeiten waren zwangsläufig, da sie ja keine Kenntnis aus erster Hand, also aus eigener Anschauung, haben konnten, zu offensichtlichen Plagiaten gezwungen - d. h. sie schrieben kritiklos ab, was andere vor ihnen vermutlich ebenfalls irgendwo abgeschrieben haben.‹
Für die jüngere Zeit beschreibt Williams vier Varianten des Beagle:

- Northern Beagle	leicht und windhundartig
- Southern Beagle	schwer
- Rough-coated Beagle	rauhaarig
- Pocket Beagle	sehr klein, um 20 cm

Von diesen Varianten, die schon vor etwa 300 Jahren bekannt waren, gibt es heute noch die beiden ersten. Rauhhaarige Beagle mögen vereinzelt noch in Wales zu finden sein. Der Pocket Beagle, der früher zur Kaninchenjagd und auch als Stöberhund bei der Schießjagd eingesetzt wurde, soll praktisch ausgestorben sein. Die heutigen, modernen Beagles unterscheiden sich untereinander nicht mehr so kraß wie dies wohl ursprünglich der Fall war. Der schnelle, leichte, windhundähnliche Beagle hat auch eine gute Nase und viel Stimme, wenn sie auch sehr hell ist. Die schwereren Typen sind schnell und ausdauernd genug, um mit den leichteren mithalten zu können, ohne daß sie ihre hervorragende Nase und Stimme eingebüßt hätten.

Man schätzt heute meist Beagles im Typ des »Kleinen Foxhound«, äußerlich also eine Miniaturausgabe des Foxhounds, jedoch mit dem Temperament, der Spritzigkeit und kaum zu bändigenden Jagdlust des Beagles. Im Gegensatz zu seinen großen Vettern haben alle züchterischen Maßnahmen der letzten Jahrhunderte aber dem Beagle nicht die »Sprache verschlagen«. Beaglemeuten sind berühmt geblieben für ihr Geläut, das auf der Schleppe immer mit nicht versiegender Ausdauer und Lautstärke erschallt.

In England ist es ganz allgemein bekannt, daß die Beagles immer wieder auch mit Harriers gekreuzt wurden. Auf diese Weise ist auch Foxhoundblut in die Beagles gekommen, da Harriers immer wieder auch mit Foxhounds gekreuzt wurden. Dies geschieht auch heute noch, wenn Beagles zu klein und damit zu langsam werden. Hierbei ist natürlich wichtig, sich daran zu erinnern, daß in England Beagles zu Fuß begleitet werden. Hierfür dürfen die Hunde natürlich nicht so schnell sein, als wenn man ihnen zu Pferde folgen will. Gelegentlich wurden aber auch Bassets eingekreuzt, um die Beagles langsamer zu machen.

Hunderassen der deutschen Schleppjagd

Wenn man von Hunderassen spricht, meint man im allgemeinen, daß Hunde einem bestimmten Standard entsprechen. Soweit es die Meutehunde betrifft, sind diese »Standards«, verglichen mit dem Ursprung dieser Rassen, erst sehr jugendlichen Alters. Bei den heute hierzulande bekannten Hunden sind es eben erst um die 100 Jahre. Begonnen hat man mit den Standards, wie bei so vielen Details der Meutejagd, natürlich in England. Dort schuf man 1841 erstmals ein Zuchtbuch für Foxhounds und Royal Buckhounds (Hirschhund). Die zweite Ausgabe erschien 1866. Die Abstammung vieler darin aufgeführter Hunde war wohl nicht immer über jeden Zweifel erhaben, obgleich man sich offenbar Mühe gab, die offensichtlichsten Falschangaben von einer Veröffentlichung auszuschließen. Jedoch dauerte es noch bis 1886, bis ein offizielles Stammbuch unter der Kontrolle der MFHA (Masters of Foxhound Association) erscheinen konnte. Dieses Buch wird seitdem lückenlos geführt, aber doch erst seit 1928 wurden in diesem Buch keine Hunde mehr aufgenommen, die nicht von einem anerkannten Kennel gezogen und eingejagt wurden. Es stellte sich danach bald heraus, daß man damit viele Meuten ausschloß, die hervorragend geführt wurden und über sehr wertvolles Foxhoundblut verfügten. 1955 hat man dann die Möglichkeit geschaffen, daß auch diese Meuten ihre Hunde wieder eintragen lassen konnten. Dies führte beispielsweise dazu, daß auch die in Wales üblichen Foxhounds nun anerkannt wurden.

In Deutschland fand - nach dem letzten Krieg - 1964 erstmals wieder ein Treffen der damals vorhandenen deutschen Meuten statt, die in Dorfmark (Standort der Niedersachsenmeute) ihre Junghunde vorstellten. Ein Jahr danach wurde die Fachgruppe Jagdreiter gegründet und dem Deutschen Reiter- und Fahrerverband angeschlossen. Aus heutiger Sicht ein Entschluß, der genauso ohne greifbare Erfolge blieb wie die spätere Zusammenarbeit mit dem Deutschen Jagd- und Gebrauchshundeverband. Weder hat der Anschluß an den DRFV in irgendeiner Wiese die Zusammenarbeit mit den Turniersport-Reitvereinen gefördert noch hat der DJGV dafür sorgen können, daß Meutehunde rechtlich den Jagdhunden nach den deutschen Jagdgesetzen gleichgestellt wurden. Immerhin aber finden seitdem jährlich die »Junghundeschauen« statt, seit 1972 regelmäßig am zweiten Samstag eines Jahres auf Haus Schwarzenstein bei Wesel.

Bei diesen Jundhundeschauen tauchten in den ersten Jahren nur Foxhounds und Beagles auf. Die Palette der ausgestellten Foxhounds war sehr weit gespannt, sie erstreckte sich von einem sehr leichten Hund, etwa dem modernen Harrier entsprechend, bis zu den im Hirschhundtyp stehenden und fast eher Doggen gleichenden sehr großen und schweren Hunden. Dagegen waren die Beagles im kleinsten, gerade noch vertretbaren Format. Es wurden später (ab 1986) Standards entwickelt für die Reinzucht der Rassen:

- Foxhound	Rüden 57 bis 63 cm hoch
- Beagle	Rüden 40 bis 42 cm hoch
- Français tricolore	Rüden 62 bis 72 cm hoch
- Black and Tan	(kleiner als Foxhounds)
- Bloodhound	Rüden 65 bis 72 cm hoch

Es fehlten jedoch noch die vielen anderen französischen Laufhunderassen, von denen in der Zwischenzeit einige auch in Deutschland zu sehen sind. Und genau so fehlten die

- Harrier	Rüden um 55 cm hoch
- Beagle Harrier	Rüden 43 bis 48 cm hoch,

die sich ganz besonders für anspruchsvolle Schleppjagden auf engem Gelände mit vielen Bögen, Haken und Kurven und auf schwerem Gelände eignen, wo der normal-große Beagle kein Vorwärtskommen mehr finden würde, und andererseits die großen Foxhoundrassen zu wenig »kurvengängig« sind. Harrier und Beagle-Harrier finden sich primär im Münsterland.

Für die britischen Meutehunde gilt der alte Spruch: »Ein guter Hund hat keine Farbe.« Man meint damit, daß es für einen guten Meutehund nicht auf seine Farbe und Abzeichen ankommt. Von diesem Spruch muß man natürlich absehen, wenn man ganz bestimmte Meuten und die französischen Hunde betrachtet.

Wie schon früher erwähnt, werden in Frankreich, in Großbritannien und in Irland seit Jahrhunderten Meutehunde gezüchtet. Wobei es in Frankreich nach dem letzten Krieg sehr viel Mühe kostete, die fast ausgestorbenen alten Rassen in ihrer Vielgestaltigkeit wieder nachzuzüchten. Dagegen gab es in Deutschland niemals auch nur annähernd so viele Meuten wie jeweils in diesen beiden Ländergruppen. Eine ausreichende Basis für eine eigenständige Zucht hat in Deutschland nie bestanden. So war es in Deutschland beispielsweise nie möglich, Meuten nur nach Farbe, nach Größe und Aussehen oder gar nach dem Zusammenklang ihrer Stimmen zusammenzustellen oder gar über lange Zeit nachzuzüchten.

Unter den ganz anderen Voraussetzungen auf den britischen Inseln gibt es dort Meuten mit nur zweifarbigen oder ganz oder fast weißen Hunden. Grundsätzlich aber sind Foxhounds, Staghounds, Beagles, Harriers dreifarbig, nämlich weiß, schwarz und braun. Das Braun ist jedoch in allen Schattierungen vorhanden, von fast weißlichem Orange bis zum fast schwarzen Dunkelbraun. Einfarbig sind die Hunde nur, wenn sie ganz weiß sind. Zweifarbige Hunde sind weiß und braun, dies meist in blassen Schattierungen (wobei ich Orange zu Braun zähle). Schwarz-weiß, wie in Frankreich (blanc et noir) ist sehr selten. Gesprenkelte blaue oder schwarzblaue Farbtupfer kommen vor. Schwarz-braun (black and tan) ist praktisch schon ein eigenes Rassemerkmal der Black and Tans, aber auch der Bloodhounds, bei welchem das Braun auch rötlich-braun und ganz wenig Weiß (wenn auch selten) vorkommen kann.

Sehr wesentlich unterscheiden sich die Meutehund-Rassen neben ihrem Aussehen in ihrer Eignung für bestimmte und ganz typische Jagdstrecken:

Beagle

Der kleine, standardgemäße und leichte Beagle ist nicht in der Lage, in einem Gelände mit starkem Bewuchs schnell und ausdauernd zu jagen. Beispielsweise sind Jagdstrecken mit Heidekraut oder gar ein Rübenacker für ihn praktisch unpassierbar. Kurz gehaltene Weiden, feste Waldwege sind günstig. Vor allem aber muß der Beagle (genau so wie seine etwas größeren Verwandten, die Harriers und Beagle Harriers) suchen können, also mit der Nase die Spur suchen dürfen. Er haßt nichts mehr als Geradeaus-Strecken, wo er schon nach wenigen hundert Metern jegliche Passion verliert. Man braucht sich dann nicht zu wundern, daß er jedes noch so geringe Buschwerk untersucht, ob es dort nicht etwas interessanteres zu finden gibt.

Beagle Harrier, Harrier

Für diesen etwas größeren Meutehundtyp gilt grundsätzlich dasselbe wie für den Beagle, mit der Ausnahme, daß er mit höherem Bewuchs und tiefen Böden leichter fertig wird oder eine längere Strecke durchhält. Aber auch in der Saison, also im Oktober bis Dezember, sollte die obere Grenze für die kleinen Hunderassen (Beagle, Beagle Harrier, Harrier) eine Strecke von etwa 15 km sein mit einzelnen Schleppen von etwa bis 1,5 km.

Die Anlage der Strecken muß der extremen Wendigkeit und Spritzigkeit dieser Hunde genau so entsprechen wie ihrer besonderen Eignung zur Nasenarbeit.

Foxhound

Der große Foxhound ist nicht annähernd so beweglich wie die kleinen Hunde. Er bevorzugt großzügigere Strecken und wird bei scharfen Ecken nicht geringe Schwierigkeiten haben. Aber auch ein Foxhound haßt die endlos langen Geradeausstrecken, er arbeitet am liebsten mit der Nase. Foxhoundmeuten erscheinen gelegentlich und zu Unrecht als langsam. Wenn dies der Fall ist, sind die Strecken reiterfreundlich aber nicht meutegerecht gebaut. (Nur Windhunden wird ein Warmblüter schwer folgen können.) Bei Foxhoundjagden muß es dem Reiter schwerer gemacht werden als der Meute, also auch hier müssen Kurven und Biegungen den Reiter zwingen, das Tempo zu drosseln. (Abgesehen davon, daß Meutejagd ohnehin nicht mit Rennreiten verwechselt werden sollte.) Die Länge der Jagdstrecken sollte grundsätzlich auch nicht sehr viel länger als 15 km in der Saison sein.

Bloodhound

Dieser Hund geht ein mäßiges Tempo. Sein größter Vorteil ist die absolute Spurtreue, die es ihm erlaubt, der Fußspur eines Menschen zu folgen (»clean boot«, wie es englisch heißt). Bloodhound-Jagden sind nichts für Hektiker, um so mehr für den Genießer und Kenner, der den Hund bei seiner Arbeit beobachten will.

Französische Hunde

Auf einer Beagle-typischen Jagdstrecke sind sie verloren. Ihre Stärke ist der langanhaltende Galopp ohne zu viel Sucharbeit; schließlich ist in diesen Hunden der größte Anteil an Windhundblut. (Und Windhunde jagen auf Sicht und kaum mit der Nase.) Die körperlichen Voraussetzungen sind gut genutzt, wenn man, wie in Frankreich, über lange, gerade Waldschneisen verfügt.

Und, was bei diesen Hunden besonders schön ist: Zu ihnen paßt ganz besonders das Gepränge der alten feudalen Jagd, und noch mehr paßt dazu die französische Jagdhornmusik.

Man sollte, will man einigermaßen als informiert gelten, also durchaus die Meute passend zu der vorhandenen Jagdstrecke auswählen. Oder, wenn man eine bestimmte Meute gerne haben möchte, die Strecke nach der Meutehund-Rasse. Bei der Wildjagd wäre das ganz selbstverständlich.

Ausbildung und Training

Die Ausbildung von Meutehunden ist sehr einfach, vorausgesetzt, man verfügt über einige ältere Hunde, die bereits auf der Schleppe gegangen sind. Andernfalls sollte man die Finger davon lassen. Es könnte sonst sehr mühsam werden.Erfolg stellt sich ohnehin nur mit jungen Tieren ein. Es ist ein nutzloses Unterfangen, alte, bequem gewordene Haustiere einjagen zu wollen.

Grundlage für ein meutegerechtes Laufen der Hunde ist ohnehin immer der sozial gewachsene Meuteverband, die große Familie, in die auch die Jungtiere sehr früh hineinwachsen.

Haben sich jedoch erfahrene Meutehunde beschaffen lassen und hat man den unwiderstehlichen Wunsch, eine Meute selbst aufzubauen, sollte man zuerst noch nach einem Pferd und nach einigen gleichgesinnten und ausdauernden, berittenen Leuten Ausschau halten. Bei der ersten Begegnung der Pferde mit den Hunden sollte sich zeigen, daß die Pferde ganz ruhig bleiben, ohne jedes Anzeichen einer Nervosität angesichts der Hunde.

Vor allem aber ist für die Ausbildung viel, sehr viel Platz notwendig, ein Gelände ohne Hasen, Kaninchen, Rehwild, Fußgänger, Fremdhunde, Hühner, Enten, Gänse und Schafe. Und ohne Stacheldraht und weidendes Vieh oder weidende Pferde. Und schließlich ist noch von den Landeigentümern und Jägern eine Erlaubnis einzuholen! All das vorausgesetzt, sollte man mutig den Zwinger öffnen, am besten erst einmal nur den Kennel mit den erfahrenen Hunden. Mit Zuruf und sehr viel Trockenfutter (»Taschenpikör«, wie schon einmal erwähnt) wird es gelingen, einen kleinen Ausflug zu unternehmen. Zu hoffen bleibt nur, daß Sie sich mit diesen älteren Hunden nicht nur die schlimmsten Würger und Wilddiebe der früheren Meute eingehandelt haben. Dann wäre es in jedem Fall besser, sie gleich wieder zu verschenken, als sie mit noch jungen und unerfahrenen Hunden zusammenzubringen. Denn nichts lernt ein junger Hund schneller, als nach irgend etwas zu jagen, vor allem, wenn der alte Kumpel es ihm vormacht.

Aber nehmen wir an, die alten Hunde sind vorzüglich, dann wird man beim nächsten Mal die jungen Hunde mit dazunehmen, die eigentlich »nur« zu lernen haben, bei Ihnen und brav im Schritt hinter Ihrem Pferd zu bleiben. Das Rennen auf der Schleppe machen sie später ganz von allein. Aber bis zum Anfang einer Schleppe geht's ja meist erst einmal schrittweise zwischen Menschen, fremden Hunden oder Autos durch.

Die Praxis mit Junghunden ist nun freilich ganz anders. Der erste Ausflug aus dem wohlbehüteten Kennel hinaus in die freie Landschaft gleicht meist einem mittleren Vulkanausbruch. Was soeben noch brav und niedlich hinterm Tore war, bricht nun mit Urgewalt nach draußen. Man muß etwas Mut haben, den Junghundekennel erstmals zu öffnen. Viel Selbstvertrauen gehört dazu, aber auch viel Wissen um die Zuneigung der jungen Tiere zu ihrem Herrn, der sich in den letzten neun bis zwölf Monaten sehr um sie bemüht hat. Zwar waren die jungen Hunde zuvor schon an der Leine, draußen in der freien Landschaft. Aber nun ist das ganz anders. Es ist ihr erster »jagdlicher Ausflug«. Ob es für lange Zeit der letzte war, wird sich schnell zeigen. Bei entsprechenden Vorbereitungen geht eigentlich alles ganz glatt. Die Hunde werden sich einige Zeit in der Nähe austoben, vorsichtig, aber sorgfältig bewacht von einigen strategisch günstig im Gelände verteilten, berittenen Pikören, die bereit sind, Ausbrecher zurückzuholen. Die Piköre müssen eingreifen, wenn einmal nicht die Stimme oder das Rufhorn des Masters und der Leckerbissen in seiner Hand zur Rückkehr verhelfen. Sehr viel Erfahrung gehört dazu und ein absolut hundesicheres Pferd. Ein Junghund, der jetzt geschlagen wird, sei es mit der Hetzpeitsche oder – viel schlimmer noch – durch den Huf eines Pferdes, wird vielleicht ein Jahr oder überhaupt nicht mehr mit der Meute laufen.

Wie überhaupt die Arbeit mit Hunden erfolgreicher ist mit »Zuckerbrot« als mit der Peitsche. Mit der Peitsche kann man dem Hund die Freude am Laufen immer nur nehmen, doch niemals geben. Deshalb werden die Piköre beim ersten Ausflug versuchen müssen, mit aller Vorsicht den Hund zum

Master zu drücken oder durch Vorwegreiten heranzuführen. Auch hier werden einige Brocken Hundefutter kleine Wunder vollbringen. So wird sich das Ganze sicherlich eine gewisse Zeit abspielen, hoffentlich mit dem Ergebnis, daß alle alten und jungen Hunde beim Master landen. Nun gilt es das zweite Problem zu lösen, die Meute im Schrittempo zu führen. Der Master reitet mit zwei Pikören, der eine links, der andere rechts. Dahinter kommt die Meute, ihr zur Seite zwei Piköre und nach hinten viel Freiheit. Spielt sich das alles in dem zuvor beschriebenen sehr großen, weiten und einsamen Gelände ab, wird man so weit wie möglich wandern. Einige hundert Meter vor dem Ende dieser Wanderung könnte sich der Schleppenleger bereits abgesondert haben, um den Weg zurück sehr deutlich zu schleppen. Alles dies ist natürlich genau abgesprochen, denn der Master wird dann alsbald mit seiner brav hinterhermarschierenden Meute umkehren und bis zum Anfangspunkt der Schleppe reiten. Da mit Sicherheit einer der Kopfhunde mitgenommen wurde, gibt es keine Probleme, die Meute auf die Schleppe zu bringen. Die Junghunde werden in aller Regel mit großer Begeisterung mitrennen, aus dem ihnen angeborenen Drang zum Laufen und Hetzen und nicht etwa, weil sie wissen, daß es hinten etwas zu fressen gibt, und es dauert ganz selten länger als zwei oder drei solcher Schleppen, bis die Junghunde sicher mitlaufen.

Es gehört in das Reich der Fabel, was auch gestandene Jagdreiter oft zu wissen glauben: »Vom Hunger über die Schleppe zum Futter«. Das mag durchaus für das Wildtier gelten. Beispielsweise weiß man vom Wolf, dem Vorfahren unserer Hunde, daß dessen Nase nach 5 Tagen ohne Futter die höchste Empfindlichkeit hat und er so über sehr große Entfernungen Beute zu wittern vermag. Unsere domestizierten Hunde, und dazu zählen doch auch die Meutehunde, haben lange schon gelernt, daß sie regelmäßig gefüttert werden, ob sie nun gelaufen sind oder nicht. Wie soll man es sich sonst erklären, daß die Meute sechs- bis fünfzehn mal unverdrossen und mit höchstem Elan die Schleppe neu aufnimmt, bis sie endlich am Halali ankommt und dort, doch meist mehr symbolisch, gefüttert wird? Für mich ist es dieses phantastische Laufenwollen, das selbst den kranken und verletzten Hund veranlaßt, der Schleppe zu folgen, unterstützt durch den Meutetrieb und angefeuert durch das Geläut der Meute. Würden die Hunde nur deshalb laufen, weil sie annehmen, danach gefüttert zu werden, müßten sie schon nach der ersten Schleppe sehr enttäuscht sein. Die paar Brocken Hundefutter, die man ihnen vielleicht zuwirft, sind ja keine Belohnung, sondern dienen nur der Beruhigung und Ablenkung, wenn der Schleppenleger wieder weg soll. Im übrigen laufen auch satte Hunde noch auf der Schleppe, wenn auch des vollen Magens wegen recht gemächlich. Was ihnen aber mangelt, ist dann die ganz gute Nase.

Am ersten Tag der Ausbildung wird man sich mit einer Anzahl von kurzen Schleppen, meist von wenigen hundert Metern Länge begnügen. Selten wird man insgesamt weiter als vier bis sechs Kilometer unterwegs sein.

Dem Master sei ein tiefer Seufzer der Erleichterung zugestanden, wenn alles gut gegangen ist, vor allem keiner der jungen Hunde verletzt oder verloren wurde. Das gilt selbst angesichts der bekannten Feststellung: »Ein guter Meutehund geht nicht verloren und schlechte nimmt man ohnehin nicht mit«.

Und hier noch ein Beispiel aus eigener Erfahrung, das belegt, welche erstaunlichen Leistungen Meutehunde immer wieder vollbringen können. Leichtsinnigerweise habe ich einmal einen jungen Hund, der aus Privathand zu mir gekommen war, zu seiner ersten Jagd sehr weit weg vom Kennel mitgenommen. Sancho ging dann prompt irgendwo auf den Höhen des Hunsrücks im zweiten Drittel der Jagd verloren. Im Wald und bei der Berg- und Talfahrt dieser Jagdstrecke ward er einfach nicht mehr gesehen. Nach dem Halali ging ein Unwetter mit gewaltigen Regengüssen nieder, das uns zwang, die Suche aufzugeben. Aber Sancho war etwa 3 Stunden nach dem Halali in tiefer Finsternis trotzdem am Hundewagen angekommen!

Die Ausbildung der jungen Hunde hat vor allem zum Ziel, die Meute geschlossen im Schritt führen zu können. Das Laufen auf der Schleppe können sie auf Anhieb und das Einsammeln am Ende der Schleppe ist meistens genauso unproblematisch, vorausgesetzt, die alten Hunde sind gehorsam, denn dann hilft der »Herdentrieb«, oder schöner ausgedrückt, das Meuteverhalten.

Meuteverhalten wiederum lernen die Jungtiere ganz von allein, wenn sie schon früh mit den Alttieren zusammen im Kennel leben können. (Von zwanzig einzelgehaltenen Privathunden ist kaum ein rechtes Meuteverhalten zu erwarten.)

Es ist bei meinen Tieren üblich, die Mutter so lange bei den Welpen zu lassen, bis sie mit ihrem Nachwuchs geschlossen zur Meute kann, wenigstens für einige Zeit am Tage. Lediglich nachts werden die Jungtiere noch gesondert gehalten, um sie gezielt zu füttern, pflegen und auch entwurmen zu können. Übrigens übernimmt gelegentlich auch eine alte, erfahrene Hündin die »Gouvernantenstelle« bei den Junghunden.

Die Jagdmeute selbst wird auf die neue Jagdsaison genau so vorbereitet wie man auch die Junghunde ausbildet, es werden lediglich größere Entfernungen zurückgelegt.

Immer wieder wird der Gehorsam durch Führen im Schritt, auch über kurze Strecken im Trab, verbessert. Dabei lernen Hunde und neue Equipagenpferde sich kennen. Die Hunde haben keine Scheu vor fremden Pferden, da trainierte Equipagenpferde auch im Galopp versuchen werden, Hunden auszuweichen oder sie zu überspringen. Weniger sicher ist dies bei meuteungewohnten Pferden. Sie können schreckhaft sein, vorn und hinten ausschlagen. Solche Pferde, wie sie bei jeder Jagdgesellschaft zu finden sind, haben aber in der Equipage nichts verloren. Man kann ihnen ihr Verhalten in aller Regel auch nicht endgültig abgewöhnen. Das Meutetraining mit den alten Hunden ist daher auch ein guter Test für die Equipageneignung neuer Pferde.

Viel Zeitaufwand ist erforderlich beim Training von Hunden, die lange nicht gelaufen sind, sei es ein verletzt gewesener Hund oder die Meute nach der Winterpause.

Ein sehr praktisches Hilfsmittel ist hierbei das Fahrrad. Auch geht es recht lustig zu, wenn man die Equipage dann per Fahrrad und mit ein oder mehreren Hunden an der Leine durch die Landschaft schicken kann, vielleicht sogar eine Strecke zur Konditionsverbesserung auch querbeet.

Bei diesen Ausflügen beginnt man erst mit kurzen Strecken im Schritt oder Trab (für die Hunde). Galoppieren kann für die Hundepfoten, wenn sie noch nicht wieder im Training sind, gefährlich sein, wenn der Untergrund zu hart oder scharfkantig (Schotter) sein sollte.

Wenn man über ausreichend lange Leinen verfügt, kann man ein derartiges Training auch vom Pferde aus durchführen. Mit angeleinten Hunden hat man - im Gegensatz zu frei laufenden Hunden - keinerlei Probleme mit den Jagdbesitzern. Es kann auch niemand belästigt oder gar der Verkehr gefährdet werden. Jedoch sollte man immer darauf achten, daß die so geführten Hunde, im Gegensatz zur Ausbildung von Polizei- oder Wachhunden, auf der Straße vom Verkehr abgeschirmt zum Straßenrand hin rechts gehen.

Aufzucht und Haltung

Meutehunde werden bei den Meuten selbst gezüchtet. Selten nur erfolgt ein Austausch von Zuchttieren mit anderen einheimischen Meuten, in noch geringerem Umfang mit ausländischen. Dies wäre aus züchterischen Gründen zwar erstrebenswert, funktioniert aber eigentlich nur bei französischen Hunden.

Auf den britischen Inseln gäbe es wohl einen unerschöpflichen Vorrat von Beagles, Harriers und Foxhounds zur Zucht. Jedoch verhindern die rigorosen Quarantänebestimmungen eine Rückkehr dieser Hunde auf die Inseln. Und wer gibt schon - für immer - seine besten Hunde ab. Man muß also, realistischerweise, davon ausgehen, daß es nur selten gelingen wird, an erstklassige Vererber zu kommen, es sei denn für sehr viel Geld.

Günstig ist die Lage bei den Beagles. Diese werden von vielen Züchtern auch als Einzelhunde angeboten. Man kann so auch hochwertige Hunde zu günstigen Preisen erhalten. Sehr oft sogar umsonst, wenn sich ein Besitzer durch das Temperament seines Beagles überfordert sieht.

Grundsätzlich aber stammen fast alle Meutehunde aus der eigenen Aufzucht ab. Die Zuchtauswahl trifft dann der Master, der allein zuständig und verantwortlich ist. Maßgebend ist bei der Auswahl ihr Gebrauchswert, das heißt ihr Verhalten in der laufenden Meute. So sind es primär die Kopfhunde, die als Elterntiere in Frage kommen, wenn sie nicht schwerwiegende Mängel im Körperbau haben. Damit würden sie aber als Kopfhunde auch bald ausscheiden.

Man bemüht sich zwar in Deutschland bei den alljährlichen Junghundeschauen, Junghunde auch nach ihrem Zuchtwert zu beurteilen. Doch bleibt dies immer nur auf die Beurteilung von Äußerlichkeiten beschränkt. Der Wert eines Meutehundes zeigt sich aber erst auf der Jagdstrecke. Dort wird er vom Master und seiner Equipage sehr sorgfältig beobachtet. Und schon häufig hat sich der Satz bestätigt: »Sehen Sie den Hund da hinter uns? Das ist unser Champion der letzten Hundeschau« - Und »hinter uns« heißt irgendwo beim Jagdfeld.

Junghunde werden nicht früher als mit etwa 12 Monaten eingesetzt. Da sie erst noch das Meutetraining mitmachen müssen, werden sie zum Beginn der Jagdsaison wenigstens 15 Monate alt sein. Da die Saison im September beginnt, ist ein Wurfdatum spätestens im Mai oder Juni vorteilhaft. Jedoch muß man sich zwangsläufig nach der Hitze der Hündinnen richten.

Glücklich ist man dann, wenn die Natur sinnvoll mitspielt und die Hündinnen früh im Jahr belegt werden können. Bei einem normalen Halbjahresrhythmus käme erst wieder der Spätsommer in Frage. Dann aber sollten Kopfhündinnen eigentlich wieder in der Meute mitlaufen können.

Ich habe es deshalb immer als angenehm empfunden, wenn meine Hündinnen im Januar oder Februar belegt werden konnten und dann zwei

Ablauf einer Schleppjagd (4)

Oben links: Verteilen der Brüche.
Oben rechts: Curée.
Unten: Jagd vorbei (»La Rentrée du Chenil«).

Monate später ihre Welpen hatten. Am besten ist es natürlich, wenn man die Zuchthündin nicht mehr in der Meute benötigt, weil genügend gute Hunde vorhanden sind.

Hat nun unsere »ideale« Mutter im März geworfen, werden die Welpen das Nest erstmalig verlassen, wenn die Temperaturen draußen angenehm sind. Welpen aus den ersten Wintertagen hätten es also gar nicht so gut.

Meutehündinnen pflegen meist ganz problemlos zu werfen. Da man den Wurftag sehr genau vorausbestimmen kann, wird die Hündin rechtzeitig an ihren Wurfplatz - natürlich außerhalb des Meutekennels - gewöhnt werden können. Eine besondere Vorsorge ist hier lediglich erforderlich, wenn das Wurfdatum in die sehr kalte Winterzeit fallen sollte.

Die Wurfstärke kann acht bis zehn Welpen betragen, die die Hündinnen meist gut aufziehen, wenn sie gesund und gut genährt sind. Man wird aber auch sehr früh damit beginnen, die Welpen mit Milch, später mit festem Futter beizufüttern. Dies ist meist nach etwa 14 Tagen mit Erfolg möglich, wenn die Welpen die Augen öffnen und aktiv werden. Man muß in den ersten Tagen dabei etwas nachhelfen und die Welpennase vorsichtig in die lauwarme Milch eintauchen. Nach wenigen Tagen funktioniert das Saufen aber schon selbständig.

Es versteht sich von selbst, daß man die Tiere von Parasiten frei hält und regelmäßig entwurmt, was übrigens bei der Mutter schon während ihrer Trächtigkeit regelmäßig erfolgt ist.

Geteilter Meinung kann man über die Notwendigkeit des Impfens sein. Meutehunde haben einen so geringen Kontakt mit Fremdhunden, daß die Infektionsgefahr sehr gering ist. Dies hat mich auch bewogen, nicht impfen zu lassen. Eine einzige Ausnahme in 12 Jahren waren Tollwutimpfungen, als in unserer Gegend vorübergehend Tollwutgefahr bestand. Kritisch wurde für Jungtiere jedoch die Situation, als die Parvovirose erstmalig im Ruhrgebiet auftauchte. Tierärztliche Bemühungen hatten damals noch keine Wirkung, weil diese Krankheit bis dahin noch wenig bekannt war und wirksame Gegenmittel nicht zur Verfügung standen. Ein gerade 8 Wochen alter Wurf ging innerhalb von wenigen Stunden ein. Für diese Krankheit ist es leider typisch, daß zwischen Erkennen und Tod der Tiere nur wenige Stunden liegen. Gegen eine derartige Krankheit, die heute durch Impfung vorbeu-

Ablauf einer Schleppjagd (5)

Oben: Die Meute wird nach Hause geführt.
Unten: Auch Gespanne machen gelegentlich mit.

gend bekämpft werden kann, sollte man Meutehunde schützen, sobald nur der geringste Verdacht auf ein abermaliges Auftreten besteht.

Die Aufzucht von Meutehunden ist im Regelfall völlig unproblematisch. Sie gehören zu den sehr robusten Hunderassen und werden auch entsprechend gehalten.

Ein trockenes Nachtquartier, das sie bei Bedarf auch tagsüber aufsuchen können, viel Bewegungsmöglichkeit und eine ausreichende Fütterung sind allerdings Voraussetzungen für alte wie junge Hunde. Bei uns hat die Meute einige Tausend Quadratmeter als umzäunten Auslauf zur Verfügung. Die Welpen und Junghunde können in einem großen Hofgelände herumtoben bis sie alt genug sind, um mit der Meute leben zu können. Gerade die Welpen benötigen, um sich gesund und kräftig entwickeln zu können, sehr viel Platz. Es ist auch gut, wenn sie in dieser Zeit die Bekanntschaft mit anderen Tieren machen (Katzen, Hühner und - mit aller notwendigen Vorsicht - natürlich auch Pferde). Bei mir geschieht es regelmäßig, daß Junghunde mit den Hauskatzen und umringt von Hühnern aus dem gleichen Trog fressen, ohne daß dabei ein Malheur passiert.

Die heranwachsenden Hunde werden, sobald Alter und Witterung dies erlauben, zu den alten Hunden gegeben. Lediglich bei der zweiten Fütterung sind sie für sich. Bei der Fütterung der Meute haben Jungtiere erfahrungsgemäß wenig Chancen, ausreichend Futter mitzubekommen. Deshalb erhalten Hunde etwa bis zum 12. Monat zusätzlich ausreichend Futter.

Irgendwann zwischen dem 12. und 18. Monat werden sie dann beim regelmäßigen Meutetraining dabei sein und bald auch ihre erste richtige Schleppjagd erleben.

Der »siebente Sinn« von Meutehunden

Meutehunde haben ein besonders ausgeprägtes Gespür dafür, wie sie, einmal versprengt, zurückfinden können. Ich möchte dies als siebenten Sinn bezeichnen.

Es gibt bei jeder Meute Beispiele, die belegen, wie Meutehunde versuchen, in Richtung Kennel sogar aus sehr großen Entfernungen zurückzukommen. Dies ist zwar heute durch die starke Besiedlung und durch Verkehrswege, die die Landschaft zerschneiden, praktisch unmöglich, jedoch ist es interessant, die Rückwege zu studieren.

Es geschieht ja auch bei sehr guten Hunden immer einmal, daß sie den Anschluß zur Meute nicht halten. Sei es, daß sie durch einen Pferdetritt verletzt wurden, an scharfen Abknickungen der Jagdstrecke zu weit überschossen oder eine Wildfährte aufgenommen haben.

In einem zusammenhängenden Jagdgebiet ohne durchschneidende Verkehrs- oder Wanderwege werden selbst wenig erfahrene Junghunde keine große Mühe haben, die Meute am Stop oder am Halali wiederzufinden. Es liegt, für die Hundenase deutlich genug, die Schleppe auf dem Boden. Auch sind die Hufspuren vorhanden, so daß der Hund den Anschluß, vorwärts oder die Jagdstrecke rückwärts laufend, finden kann. Alte, erfahrene Hunde werden in aller Regel zurücklaufen und sich die lange Sucherei im Gelände ersparen. Man findet sie meistens friedlich schlummernd am Meutefahrzeug wieder, wenn sie nicht sogar durch freundliche Hände gleich »hinter Gitter« verbracht wurden, also in das Fahrzeug. Es ist deshalb sehr wichtig, daß Jagdstrecken dort enden, wo man begonnen hat. Wenn nämlich das Fahrzeug zum Halali gebracht werden muß, wird am Stelldichein der Hund vergeblich suchen und kann dann leicht verloren gehen. Junghunde wiederum versuchen im allgemeinen, der Meute zu folgen. Auch dies gelingt fast immer. Insbesondere ist dies leicht, wenn die Meute lauthals in einem Waldgebiet jagt, das Geläut der Meute also sehr gut zu vernehmen ist. Der Nachzügler wird sich dann meist auf dem möglichst direkten Weg zur Meute begeben. Sonst bleibt ihm nur der längere und langsamere Weg auf der Schleppe. Im Gegensatz zur jagenden Meute läuft der nachkommende Hund aber langsam und im Trab, da er einer sehr viel schwächeren Fährte folgen muß.

Schwieriger wird es, wenn die Jagdstrecke über Straßen, Eisenbahnen oder gar Flüsse und Kanäle führt. So kann die Suche nach der Meute für den Hund leicht tödlich enden, denn Meutehunde sind normalerweise nicht verkehrstauglich. Sie achten kaum auf Kraftfahrzeuge und sind mit tiefer Nase ja auch nur bemüht, der Schleppe zu folgen. Auf solchen Strecken wird man als Meuteführer bemüht sein, ständig die Zahl der Hunde zu kontrollieren und erst gar nicht gefährliche Stellen zu kreuzen, solange die Meute nicht komplett ist. Es bleibt dann einfach nichts anderes übrig, als den Stop etwas auszudehnen und zu hoffen. Im Notfall müßte man sogar die Jagd abbrechen, wenn durch einen nachfolgenden Hund eine Gefahr für die Öffentlichkeit zu befürchten wäre, beispielsweise durch einen Verkehrsunfall. Ganz besonders kritisch sind Brücken, die Meutehunde überhaupt nicht als jagdgerecht ansehen und freiwillig kaum benutzen.

Wenig Freude kommt für die Meuteführung auch auf, wenn in einem durch Reit- oder Wanderwege stark durchzogenen Gelände in der wärmeren Jahreszeit gejagt werden soll. Die Schleppe wird durch fremde Einflüsse in alle Himmelsrichtungen verschleppt. Dem Hund wird es so sehr schwer werden, der Jagdstrecke zu folgen. Wenn dann möglicherweise noch eine heiße Hündin die Sinne eines Rüden zeitweilig vernebelt, wird er zum Abreisetermin der Meute oft noch nicht wieder aufgetaucht sein. Es können in solchen Fällen viele Stunden vergehen, bis unser Freund von allein wieder auftaucht.

Bei meinen Beagles habe ich als einen Richtwert gefunden, daß der Hund entweder nach spätestens zwei Stunden wieder da ist oder sehr viel länger ausbleibt. Allerdings habe ich in 12 Jahren auch nur einen Hund endgültig verloren, der aber mit allergrößter Wahrscheinlichkeit in einem Campingwagen sein neues Leben als Haushund begonnen hat. Alle anderen Ausreißer kamen irgendwann und irgendwie wieder zum Vorschein.

Auch in meiner Zeit als Master von Foxhound-Meuten habe ich Hunde verloren. Auch da ging nur ein einziger endgültig verloren. Wie man berichtete, wurde er das Opfer eines Jagdgewehrs. Alle übrigen Hunde tauchten wieder auf, manchesmal auf Umwegen und erst nach Tagen.

Von den Beagles möchte ich gern einige Begebenheiten erzählen, die ihre typische Verhaltensweise aufzeigen. Sie ist geprägt durch ein sehr festes Band zu den Meutegenossen und zum Standort des Kennels. Im Gegensatz zum reinen Haushund ähnelt die Haltung von Meutehunden, wenigstens im erstrebenswerten Idealfall, eher dem Zusammenleben von Wildtieren. Gibt man den Meutehunden genügend Platz in einem großen Auslauf, in dem sie sich freizügig bewegen können, werden sie diesen Platz, selbst gegenüber der freien Landschaft, immer vorziehen. Denn hier finden sie alles, was sie brauchen, an erster Stelle vor allem das regelmäßige Futter als nicht zu unterschätzender Magnet. Es ist hier aber auch die liebevolle Betreuung ihres Herrn zu erwarten wie auch die Wärme der Meutegenossen, mit denen sie nachts eng zusammenliegen.

Dies alles entbehrt der Ausbrecher, draußen in der »Freiheit« und allein auf sich gestellt. Der Reiz des Neuen ist dann schnell verflogen und früher oder später stellt sich sicher eine erbärmliche Einsamkeit ein.

Der Hund versucht sich zu erinnern und zu orientieren. Mit sehr großer Wahrscheinlichkeit wird er dann, wenn auch möglicherweise erst nach Tagen, die allgemeine Richtung nach Hause gefunden haben und sich dorthin in Bewegung setzen. Oft mag er auch nur die allgemeine Richtung des Hinwegs einschlagen, wobei man wissen muß, daß die Tiere in mehr oder weniger verschlossenen Fahrzeugen transportiert und oft weit weg von ihrem Kennel eingesetzt werden. Das Verhalten der Hunde erinnert durchaus an die Art, wie man mit Brieftauben umgeht, deren Vorteil es jedoch ist, daß sie durch die Lüfte auf direktem Kurs nach Hause kommen können. Für den Hund dagegen sind die Bedingungen in dieser Hinsicht sehr viel ungünstiger.

Lassen Sie mich aber die Heimkehr unseres Junghunds Custor schildern. Custor ging auf seiner ersten Schleppjagd gleich auf der ersten Schleppe verloren, weil er mit dem anderen Haufen einen nicht eingeplanten Hasen fangen wollte. Alle tauchten nach kurzer Zeit, natürlich ohne Hasen, aus dem Maisfeld wieder auf. Nicht aber Custor. Ich hatte dies nicht beachtet, da er sich bisher bei den Übungsjagden als mein bravster, sicherster und gehorsamster Junghund hervorragend entwickelt hatte. Und auch ich hatte wohl nicht meinen besten Tag, denn es war die erste Jagd der Herbstsaison und irgendwie fehlte es noch an dem nötigen Schwung. So registrierte ich den Verlust einfach nicht, obgleich mich meine Piköre wiederholt fragten, wo denn Custor sei. Erst beim Ausladen im Kennel fiel mir auf, daß Custor fehlte. Zur Suche war es dann aber schon zu spät. Vergeblich waren auch die Bemühungen der nächsten Tage, obgleich die Jagd nicht sehr weit vom Kennel stattgefunden hatte, nämlich nördlich von Datteln, etwa 15 km von hier entfernt. Custor wurde anschließend zwar häufig gesehen und auch seine Spuren im feuchten Boden waren gut erkennbar. Er kehrte jedoch nicht zurück. Zeitungsanzeigen hatten zuerst keinen Erfolg, bis nach vier Tagen ein genauerer Hinweis kam. Am Abend hatte ich Custor dann wieder, aber nicht etwa dort, wo er verloren ging, sondern knappe 1000 m vom Kennel entfernt am Rande eines Maisfelds, wo ihn ein Landwirt beobachtet hatte. Custor hatte in der Zwischenzeit das Stadtgebiet Datteln umgangen, zwei Hauptstraßen gekreuzt, ebenso eine Bahnlinie und den Dortmund-Ems-Kanal. Auf der Strecke lag eine große Mülldeponie, die ihm offenbar ausgiebig Nahrung geliefert hatte, denn Custor erfreute sich bester Gesundheit, als ich ihn fand.

Ein zweites Beispiel mag Zambo sein. Er verlor an einem Samstag in der Nähe von Celle den Anschluß und war zum Stelldichein zurückgelaufen. Dort fand er aber das Meutefahrzeug nicht, weil dies - ausnahmsweise - zum Stop mitgenommen worden war. Zambo wurde in einem Dorf von Kindern, beim Versuch ihn einzufangen, offenbar so vergrämt, daß er das Weite suchte und in den Wäldern verschwand. Auch die kleine Jagd am Sonntag in aller Frühe brachte ihn nicht wieder zum Vorschein. Was verständlich war, denn er war noch tags zuvor am Abend in Richtung Westen gelaufen bis zum Grünstreifen der Autobahn Hannover-Hamburg. Dort fand ihn die Autobahnpolizei, bevor er weiter nach Westfalen laufen konnte (und vermutlich nie dort angekommen wäre). Wenige Tage später bekamen wir Zambo über das Tierheim Hannover wieder.

Einige Jahre vorher war Quirin durch ein Pferd verletzt worden und in Panik in den Büschen verschwunden. Ganz nahe zur holländischen Grenze im Raum Venlo verlief die Suche nach ihm, auch in den folgenden Tagen, völlig ergebnislos. Erst einige Tage später rief der zuständige Förster bei mir an und nannte den Fundort. Quirin war in Richtung der Autobahn Venlo-Duisburg gelaufen, offenbar immer in Reichweite der Bundesstraße 221, über die wir von der Autobahnabfahrt zum Stelldichein gefahren waren. Der

Fundort in einem Waffendepot, wo sich Quirin bei den Wachhunden einstellte (er war irgendwo unter dem Zaun durchgekrochen), war in der Luftlinie etwa 20 km von der Jagdstrecke entfernt.

In jüngster Zeit ging der Junghund David nach einer Kollision mit einem Pferd erst einmal in Deckung. Diesem Hund war die Rückkehr sehr erschwert, weil die Jagdstrecke im Raum Haltern einer anderen Strecke benachbart ist, die wir eine Woche vorher besucht hatten. Zwischen beiden Strecken verläuft ein Reitweg, den einige Teilnehmer als Heimweg benutzten, da sie unweit der Jagdstrecke ihre Pferde aufgestallt haben. David lief 5 Tage lang von einem Ende der einen Jagdstrecke zum Ende der anderen Strecke. Er wurde immer wieder beobachtet, ließ sich aber nirgends durch Fremde oder Mitglieder der Equipage einfangen. Am letzten Tag überquerte er die B 58 in Richtung Heimat und hatte Pech und Glück dabei. Pech, weil er angefahren und dabei leicht verletzt wurde, Glück, weil er dadurch nicht mehr sehr weit laufen konnte und deshalb bald danach von einem Mitglied des Tierschutzvereins, der bei der Suche mitgeholfen hatte, gefunden wurde. Über das Tierheim Marl kam er dann am nächsten Freitag leicht lädiert aber doch glücklich wieder zurück.

Die fast gesetzmäßige Wiederholung dieses Verhaltens, das ich – wie schon gesagt – auch bei Foxhounds beobachtete, erleichtert die Suche nach einem verlorenen Hund. Die Suche konzentriert sich mit gutem Erfolg auf den Bereich »in Richtung Heimat« oder auch auf eventuell benachbarte, den Hunden bekannte Jagdstrecken.

Die Hündin »Anne«

Ihre Geschichte – sie mag für die vielen anderen Meutehunde stehen – begann am 9. Dezember 1976. Vater Pedro und Mutter Leika stammten aus der Vogelsbergmeute. Mit ihren zahlreichen Wurfgeschwistern wurde Anne in der völligen Freiheit außerhalb des Kennels groß. Das hat sie sicher geprägt. Denn schon früh lernte sie es, die Umgebung zu untersuchen und kennenzulernen (siehe Abbildung auf Seite 20).

Erwachsen liefen die Hunde unseres A-Wurfes unauffällig, ruhig und ganz unproblematisch, bis auf Schwester Alexa, die gern eigene Wege suchte und so bald zum Privathund wurde. Anne wurde nach einigen Jagden Zuchthündin und mit ihren Abkömmlingen so etwas wie die Stammutter des Packs. Bis vor zwei Jahren gab es hier keinen Hund, der nicht irgendwann Anne im Stammbaum hatte.

Ihr erster ganz großer Tag kam kurz nach der Übersiedlung nach Waltrop. Der frühe Winter 1978/79 ließ manches unvollendet. Unsere Haushündin, ein drahthaariger Foxhound, nutzte die Gelegenheit zu einem kurzen Ausflug in die Wälder. Mit ihr rannten 5 Welpen, gerade 12 Wochen alt. Beim Anbrechen der Dämmerung war die Alte zurück, doch es fehlten die Welpen. Sie hätten in der eisigen Nacht bis -15°C keine Chance gehabt.

Die erste Hündin, die ich zu packen kriegte, war Anne. Ohne daß ich genau gewußt hätte, wo zu suchen war, weil kein Schnee lag, ging ich aufs geradewohl los.

Anne, sie war nicht die Mutter der Gesuchten, fand alle weit verstreut liegenden Welpen in den nächsten zwei Stunden wieder, die letzten bei völliger Dunkelheit.

Später, Anne war wieder tragend mit unserem S-Wurf, wollte ein Reiterfreund den Wurf bei sich zu Hause aufziehen. Anne bezog bei Krefeld ihr neues Zuhause und schien sich sehr gut einzugewöhnen. Als nach drei Wochen der Wurftag gekommen war, war Anne durch ein offenstehendes Fenster verschwunden. Man fand sie eine Woche später weit weg in einem Gebüsch nahe einem Bauernhof. Dort hatte man sie beobachtet, als sie auf der Nahrungssuche herumstrich.

Ihr Wurf, sie war am gleichen Tag mit ihren Kindern nach hier zurückgebracht worden, gedieh trotzdem.

Aber das Erstaunlichste: Sie war in der Richtung zurückgelaufen, wenige Stunden vor dem Werfen, aus der sie damals per Auto nach Krefeld gebracht worden war.

Seitdem blieb Anne am Kennel, als Freiläufer und Haushund, Mutter zahlreicher Würfe - und als Amme und Gouvernante vieler fremder Würfe. Hatte sie selbst keinen Nachwuchs, entwickelte sich ihr Gesäuge trotzdem, sie übernahm bald einige oder alle Welpen und blieb bei ihnen bis sie groß genug waren, um im Kennel leben zu können.

Anne ist jetzt - 1990 - 14jährig.

Schleppjagden mit französischen Hunden

Französische Laufhunde, wie sie bei deutschen Schleppjagden verwendet werden, entstammen Meuten, die für die Hirschjagden gehalten werden. Diese sind ja in Frankreich immer noch üblich. Französische Hunde zeichnen sich durch ein besonders großes Laufvermögen aus. Hierzu sind sie durch ihre Größe, besonders aber durch die frühere starke Verwendung von Windhunden in der Zucht besonders gut geeignet. Sie sind keine Hunde für enge, winklige Waldstrecken - wo sich Beagles erst richtig wohlfühlen - sondern für große, weite Flächen. An die »Kurvengängigkeit« darf man dabei keine so großen Ansprüche stellen, um so mehr aber an ihre Ausdauer.

Chien blanc du roi. Holzschnitt aus dem bekannten Werk von Jacques du Fouilloux über die Hetzjagd auf Wild, das 1561 in Poitiers erschienen ist.

Von der Vielzahl französischer Meutehundrassen sind hierzulande nur die Anglo-Français Tricolore, die Billys, die Blanc et noir und die Français Tricolore zu sehen.

Tricolore (= dreifarbig). Diese Hunde ähneln am ehesten noch dem typischen englischen Foxhound. Während diese aber in den achtziger Jahren in Deutschland eher kleinen Kälbern ähneln, bestechen die Franzosen durch eine fast unglaubliche Eleganz im Aussehen und in ihren Bewegungen. Es ist viel von der Feinheit französischer Lebensart eben auch in die Zucht ihrer Hunde eingeflossen. Hat man bei den deutschen Foxhounds oft das Gefühl, hier wäre etwas zu viel an Doggenblut verwendet worden, so bestimmt die französischen Hunde eindeutig das leichte Windhundblut. Tiefer Brustkasten und eine fast katzenartige Geschmeidigkeit in den Bewegungen machen diese Hunde zu einem ästhetischen Genuß.

Der **Billy** ist eine relativ junge Spielart, die man aber auf die klassische königliche Meute der Chiens blanc du roi zurückführen kann. Es sind sehr helle Hunde, oft dominierend weiß mit orange. Die Hunde gingen mit dem zweiten Weltkrieg fast vollständig verloren und wurden seitdem nachgezüchtet. Auf Wildjagden findet man sie vorwiegend bei Meuten, die Rehwild und Sauen jagen. Im Gegensatz zum **Anglo-français**, bei dem englische Foxhounds in der Zucht verwendet wurden, sind die französischen **Tricolore** rein französisch gezogen (wobei man sich darin erinnern sollte, daß die englischen Foxhounds sehr stark von den »französischen« Normannenhunden beeinflußt wurden.

Die **Chiens blanc et noir** schließlich sind selektiv zweifarbige Meutehunde (schwarz-weiß).

Das Jagen mit den französischen Hunden hat der Vielfalt des Jagdgeschehens in unserem Land einen kräftigen Impuls gegeben. Nicht nur ist das Erscheinungsbild dieser Hunde deutlich anders, auch die Jagduniform der Equipagenmitglieder ist anders. Ganz selbstverständlich gehört aber zu diesen Hunden die französische Jagdmusik, die an Vielfalt und Melodienreichtum nicht zu übertreffen ist. Bemüht man sich mit Foxhounds, Bloodhounds und Beagles um eine mehr oder weniger gelungene deutsche Spielart englischer Jagdbräuche, so sind die im Südwesten Deutschlands stehenden Meuten mit ihren französischen Hunden ganz eindeutig bemüht, sich auch passend französisch zu geben - wobei der Verfasser aber nicht mit Sicherheit weiß, ob es an Stelle der biederen deutschen Erbsensuppe dort am Halali immer auch eine französische Bouillabaisse gibt, oder statt Sekt immer Champagner.

Das Jagdpferd

Vorbereitung auf die Jagdsaison

Es ist eigentlich ohne jegliche Bedeutung, ob man im Jagdfeld reiten möchte, als Jagdherr oder gar als Pikör oder Master der Meute. Die Pferde müssen für diese besondere Aufgabe vorbereitet werden. Lediglich der Zeitpunkt für den Beginn der Vorbereitungsarbeit wird ganz unterschiedlich sein. Schleppjagden finden - außer gelegentlich am Ende des Winters - vornehmlich ab September statt. Ein normal trainiertes Pferd wird gut und gern vier Wochen benötigen, um auf einer leichten Schleppjagd eingesetzt werden zu können. Die Vorbereitung aber auf eine ganze Jagdsaison wird erheblich länger dauern. Eine nur unzureichende Vorbereitung stellt das Reiten in der Halle oder in der Bahn dar. Es ist zwar zweifellos besser als Weidegang oder gar Aufstallen während einer »Ruhephase«, doch ersetzt es keinesfalls das Reiten im Gelände.

Seit mehr als zwei Jahrzehnten bereite ich meine Jagdpferde selbst auf die Jagden vor. Viele meiner Pferde waren, als sie zu mir kamen, schon Veteranen und hatten erhebliche Vorschäden durch den Turniersport. Mein jetziges Masterpferd, ein westfälischer Wallach - ohne besonders auffällige Abstammung, also mehr ein »Wald- und Wiesenpferd«, was er ja auch tatsächlich ist - kam, ausnahmsweise, bereits als Fünfjähriger in den Jagdstall. Seit 11 Jahren geht er nun zu Jagden mit, wenn er auch in den ersten 8 Jahren sehr schonend, meistens als Zweitpferd von meiner Frau oder meinem Ältesten geritten wurde. Erst als er dann 9 Jahre bei mir war, also mit 14 Jahren, wurde er voll für das Meutetraining und auf der Jagd eingesetzt.

Nun, wer hat schon so viel Zeit und Geduld und dazu noch ständig ein weiteres Pferd, das einsatzbereit für Schleppjagden ist? Dieses Beispiel wird also ein Ausnahmefall sein.

Warum ich dieses Pferd trotzdem erwähne? Die Vorbereitung eines Pferdes kann nie nur körperliches Training, also Bewegung allein sein. Dies ginge zur Not eben auch in der Halle oder Bahn. Wichtiger erscheint mir das mentale Training des Pferdes. Mein alter westfälischer Wallach Caesar überrascht mich noch jedes Jahr wieder beim ersten Ausflug mit fremden Pferden durch sein besonderes Temperament. Und das, obgleich dieses Pferd mit seinem Stallnachbarn, die ganze jagdfreie Zeit regelmäßig im Gelände geritten wird. Da selbst ein so erfahrenes Pferd sich immer wieder neu an eine mehr oder minder große Gruppe fremder Pferde gewöhnen muß und dabei noch den Vorzug hat, als Führpferd gehen zu können, wie ist es dann um die Pferde bestellt, die plötzlich mit der Aufgabe überfallen werden, im Pulk zu gehen. Wenn ein solches Pferd dann noch das – übliche – Pech hat, sofort im »forschen« Galopp bewegt zu werden, braucht man sich über den (angeblichen) Puller nicht zu wundern.

Man sollte sich überhaupt sehr viel mehr Zeit für die Psyche des Pferdes nehmen, die Physis ist dann kein so großes Problem. Was bedeutet as also in der Praxis? Am besten und kurz beantwortet, nutzt man den alten Bergsteigergruß »Zeit lassen« und richtet sich danach.

Wie ich es mit den Vorbereitungen halte

Die Jagdsaison ist bei uns in Deutschland üblicherweise und durch die Witterung bedingt, im November oder Dezember zu Ende. Jagdpferden, die eine ganze Saison gegangen sind, gebührt jetzt in erster Linie Ruhe und Entspannung. Mit Nichtstun darf dies jedoch nicht verwechselt werden, es sei denn, man befände sich in der glücklichen und durch das Klima gesegneten Lage, den Pferden Weidegang bieten zu können. In aller Regel ist es bei uns in Deutschland in dieser Zeit naß, kalt oder gar frostig. Die Pferde werden also aufgestallt und müssen mit kurzen Weidegängen in der Mittagszeit zufrieden sein. Da es außerdem früh dunkelt, wird in aller Regel das Ausreiten in der Woche entfallen müssen.

Diese erste Phase nach einer Jagdsaison ist natürlich immer schon der Beginn der Vorbereitung auf die nächste Saison. Sie ist deshalb von großer Bedeutung, weil das Ende einer Jagdsaison immer abrupt erfolgt. Selbst, wenn nicht die Witterung das Ende der Jagdsaison erzwingt, sondern die letzte Jagd nach Plan erfolgt, so ist doch von einem Tag auf den anderen ein Ende des Hochleistungsbetriebs erreicht. Die letzten Jagden einer Saison sind auch immer die schwersten und längsten. Ein Auspendeln durch leichtere und kürzere Jagden ist nicht oder nur selten möglich. Sollen die Pferde nicht ernsthaft erkranken, muß die Fütterung jetzt erheblich reduziert werden. Die Haferration wird weit herabgesetzt und dafür Rauhfutter angeboten. Praktisch bedeutet das eine Verminderung der Haferration um 20 bis 30 %. Man sollte sich aber hüten, etwa durch vermehrte Heugabe die Rauhfuttermenge zu erhöhen. Den Rauhfutteranteil erweitert man am besten mit Futterstroh. Notwendig ist etwas Ausgleichsfutter (z. B. Salvana-Briketts).

So oft es nur möglich ist, werden die Pferde unter dem Sattel bewegt. Für ein Jagdpferd ist das Reiten an den Wochenenden, wenn es in der Woche schon nicht geht, ein Muß. Dieses Reiten nach der Jagdsaison ist geprägt durch Schritt und immer wieder Schritt, unterbrochen durch etwas Trab und Verzicht auf Galopp.

Geduld, Ausdauer und Sitzvermögen des Jagdreiters werden jetzt und für viele Wochen einer ernsten Prüfung unterzogen. Ich hielte es für unreiterlich, rücksichtslos gegen das Pferd jetzt noch in jagdlicher Manier durch die Gegend zu jagen, nur weil einem das eigene Hinterteil schmerzt, wenn man ein paar Kilometer nur Schritt gegangen ist. Wer das nicht aushalten kann, ist ein schlechter Kamerad seines Pferdes. Der Reiter mag sich damit trösten, daß er auf diese Weise auch einmal etwas von der Landschaft sieht, daß er vielleicht Wild beobachten oder sich mit einem »Leidensgenossen« endlich ausführlich über die Heldentaten während der Saison unterhalten kann.

Diese Schrittphase als Regenerationszeit wird - je nach den Bodenverhältnissen - einige Wochen dauern. Es ist sicher kein Fehler, wenn man bis in den Februar hinein vorwiegend nur Schritt geht. Langsam verlängern wird man dann die Trabreprisen, wobei Galopp noch lange ein Fremdwort bleiben sollte. Es ist eine Trainingsphase, die man auch gut für das Distanzreiten gebrauchen kann. Wie es sich überhaupt lohnt, im Frühjahr sich und das Pferd einmal über 40 bis 50 km zu erproben. Hierzu müssen stetig die Trabstrecken in ihrer Länge bei ruhigem Tempo verlängert werden, bis es Pferd und Reiter möglich ist, 8 bis 10 km ohne Unterbrechung zu traben, Kletterstrecken natürlich ausgenommen.

Die langen Schritt-, später Trabstrecken haben eine sehr beruhigende Auswirkung auf das Pferd. Nur sehr ausgeglichene und sehr erfahrene Pferde werden eine lange Jagdsaison hindurch das ganze Jagdgeschehen in stoischer Gelassenheit ertragen. Mein Masterpferd gehört mit seiner langjährigen »Berufserfahrung« sicher dazu, vermutlich eben auch deshalb, weil über all diese Jahre hinweg immer darauf geachtet wurde, die Erholungsphasen einzuhalten.

Mit dem Frühjahr wird man sich entscheiden müssen, ob das Pferd schon jetzt für Frühjahrsjagden vorbereitet werden soll oder ob man erst im Herbst an den ersten Jagden teilnehmen will. Frühjahrsjagden sind unter Jagdreitern so etwas wie ein Geheimtip. Es handelt sich meist um Jagden in kleinem Kreise, deren Exklusivität sich jedoch nur aus der Begeisterungsfähigkeit ergibt.

Diese Frühjahrsjagden sind eine Eigentümlichkeit im deutschen Jagdreitbetrieb. Die klimatischen Bedingungen zwingen ja im Normalfall dazu, etwa im November, spätestens im Dezember aufzuhören. Dafür beginnt die Herbstsaison schon im August. Im klassischen Land der Jagdreiterei, auf den britischen Inseln, gibt es meist keine wesentliche Störung durch Schnee und Eis. Die eigentliche Jagdsaison beginnt dort Anfang November und endet dann Ende März bis Mitte April, gefolgt von den meuteinternen Querbeet-Rennen (point-to-point).

Jagden mit der Meute hängen sehr stark von der Witterung ab. Bei Temperaturen von mehr als etwa 15° C im Schatten oder bei starker Sonneneinstrahlung in der Mittagszeit ist das Jagen mit Meutehunden nichts anderes als blanker Unsinn, wenn nicht sogar Tierquälerei.

Trotzdem sind Jagden auch in der warmen Jahreszeit möglich, nur müssen sie beginnen, wenn noch der Tau auf dem Gras ist und enden, wenn man üblicherweise frühstücken würde. Dagegen ist es bei uns im März und April nur selten so warm, daß man schon kurz nach Mitternacht die Pferde putzen müßte. Jagden in dieser Zeit sind an den geringeren Leistungsstand angepaßt, d.h. höchstens 8 bis 10 km lang mit mindestens 8 bis 10 Schleppen, dennoch bieten sie optimalen Sport. Es ist natürlich ganz selbstverständlich, daß man auch hierfür ein schon gut vorbereitetes Pferd haben muß. Glücklich also der, der auch bei miesem Wetter den Ausritt nicht gescheut hat und Ende Februar in der Lage ist, längere Strecken zu traben. Er kann es ohne Risiko wagen, sich den ersten Ausritten mit einer Meute anzuschließen. Wenn nicht gerade Junghunde zum erstenmal eingejagt werden, wird man meist keine Probleme haben, mitmachen zu können.

Diese Übungsjagden sind für das Pferdetraining aus vielen Gründen nützlich. Es geht noch sehr ruhig zu, und geübt wird meist in übersichtlichem Gelände, so daß man nicht unbedingt überall mitreiten muß, wenn man die Hunde sehen will. Man kann also selbst bestimmen, wieviel man reiten möchte. Die Galoppstrecken sind kurz. Meist werden Schleppen von nur einigen hundert Metern gelegt. Vor allem geht es ja auch erst einmal darum, die Hunde wieder an Arbeit und Ordnung zu gewöhnen. Also wird auch das Führen der Meute auf Schrittstrecken geübt. Das Tempo der Hunde ist noch sehr gemäßigt, da sie noch ihren Winterspeck mit sich herumtragen. So kann der Gast jetzt schon die Gelegenheit nutzen, sein Pferd an fremde Artgenossen zu gewöhnen und natürlich auch an den Jagdbetrieb mit Hunden. Man kann ein noch jagdungewohntes Pferd erproben und auch die eigenen reiterlichen Qualitäten. Nur eines darf man nicht, Master, Equipage und Hunde bei ihrem Training stören. Und wenn man das Gefühl hat, doch nicht so ganz Herr der Situation zu sein, kann man ohne weiteres nach Hause reiten, was auf einer »richtigen« Jagd meist nur schwer möglich ist.

Ein Tip sei hier aber angebracht. Man sollte möglichst schon beim ersten Ausritt mit den Hunden dabei sein. Denn die Meutearbeit wird von Woche zu Woche verschärft und nach vier Wochen sind Hunde und Equipagenpferde in Jagdkondition.

Nun werden naturgemäß nur wenige die Möglichkeit zu einem derartigen Training haben. In aller Regel muß man ja schon mit einer der 25 deutschen Meuten »Tür an Tür« wohnen. Man kann natürlich auch herauszufinden versuchen, ob die Meuten nicht vielleicht auch früher im Jahr einen Jagdreiterlehrgang veranstalten. Solche Lehrgänge finden an Wochenenden statt oder umfassen manchmal auch einige Wochentage, meist dann, wenn sich Feiertage anschließen. Die Teilnahme an einem Lehrgang wäre für ein halbwegs vorbereitetes Pferd (Schritt und Trab im Januar und Februar) natürlich das Allerbeste. Und noch mehr für den (angehenden) Jagdreiter, weil er in kurzer Zeit sein Wissen um das Jagdreiten umfassend vertiefen kann.

Unvorbereitet sollte man sich die Teilnahme an den Frühjahrsjagden jedoch aus dem Kopf schlagen und lieber systematisch das zu spät begonnene Training weiterführen, denn die eigentliche Jagdsaison beginnt ja ohnehin schon mit den Eröffnungsjagden Mitte bis Ende August.

Unterstellen wir jetzt einmal, daß man noch gar nicht im Gelände war, aber in der Halle geritten ist, oder, daß man sich im Frühjahr ein Pferd für die Jagd gekauft hat. (Ein Jagdpferd erst im Sommer zu kaufen, kurz vor der ersten Jagd, ist - gelinde gesagt - Dummheit, selbst, wenn der Verkäufer es als jagderfahren anpreist, was übrigens sehr gern von Pferden gesagt wird, die zu nichts taugen und die draußen kein normaler Reiter halten kann.)

Das Training beginnt keinesfalls anders als schon beschrieben. Schritt, Schritt und nochmals Schritt. Am langen Zügel, ohne Gezupfe im Pferdemaul. Nach zwei, drei oder vier solchen Schritt-Ausflügen von mindestens jeweils 10 bis 15 km Länge beginnt man, die Schrittstrecken durch kurze Trabstrecken zu unterbrechen. Traben wird man nur so lange, wie man sicher fühlt, daß das Pferd sich nicht auf die Hand legt oder gar angaloppiert. Bitte, auch bergauf wird Schritt oder sehr ruhiger Trab geritten! Jedes Angaloppieren bergauf muß sofort korrigiert werden.

Gehört man nicht zu den bedauernswerten Mitmenschen, die nur nachts Freizeit haben, wird man im Frühjahr möglichst täglich reiten. Dies ist vorteilhaft, denn so läßt sich die lange Vorbereitungszeit verkürzen. Die Entfernungen dürfen jedoch nicht abgekürzt werden, denn der erste Galopp sollte erst dann stattfinden, wenn man die ersten 200 bis 250 km Schritt und Trab hinter sich hat; bei täglichem Reiten also etwa nach zwei bis drei Wochen. Bis dahin sollten tunlichst mehrere Pferde in einer Gruppe ausreiten und immer wieder die Positionen tauschen. So oft es das Gelände zuläßt, reitet man nebeneinander, auch im Trab, und achtet darauf, daß die Nasenspitzen aller Pferde gleichauf sind. (Übrigens eine sehr gute Möglichkeit zu einem fröhlichen Umtrunk, wenn jeder der nach vorn kommt oder hintenherdrömmelt eine Runde auszugeben hat.) Es ist für das spätere

Galoppieren in der Gruppe von entscheidender Bedeutung, daß die Pferde sich bereits daran gewöhnt haben, andere Pferde neben sich zu dulden oder vorbeizulassen, ohne schneller zu werden oder gar zu beißen, zu schlagen oder zu buckeln.

Ebenso empfiehlt es sich und bringt Abwechslung, wenn man, egal an welcher Position reitend, sein Pferd aus der Abteilung herausreitet, oder anhält, dann wendet und in Gegenrichtung wegreitet. (Man sollte es den Mitreitern nur vorher ankündigen!)

Alle diese Übungen haben den Zweck, das Kleben der Pferde - das ganz natürlich vorhanden ist, da es dem Herdentrieb entspricht - zu bekämpfen. Eine Art von »Kleben« ist natürlich auch das Pullen von Pferden, die wieder an die Gruppe heranwollen, wenn sie überholt werden.

Ist man sich seines Pferdes im Schritt und Trab auch bei diesen »Antikleb«-Übungen sicher geworden, ist die Zeit zum Galopp gekommen, der jedoch nicht als Konditionstraining zu verstehen ist. Das Pferd hat jetzt schon mehr als ausreichend Kondition, vor allem, wenn in einem Gelände viel bergauf und bergab geritten werden konnte.

Galopp wird als Gehorsamkeitstraining geübt. Sicher ist es ein herrliches Gefühl, auf dahinfliegendem Pferd Kilometer um Kilometer zurückzulegen, wie man es oft in Filmen sehen kann. Nur, welches Pferd hält das schon durch und wenn, in welcher Gegend kann man dies überhaupt? Was ein Jagdpferd - und sein Reiter - können muß, sind Galoppstrecken von ein bis eineinhalb Kilometern auf engstem Raum mit vielen anderen Pferden zusammen und gelegentlich quer durch den Wald. Hierfür braucht man kein »dahinfliegendes« Pferd, sondern einen sicheren und ruhigen Galoppierer, der sich dirigieren läßt. Dies ist den Pferden nicht angeboren, sondern wird ihnen anerzogen. Etwas krasser ausgedrückt, der in Panik wegstürmende Puller wäre artgemäß, das ruhig im Pulk gehende Jagdpferd ist Beweis hoher reiterlicher Leistung - auch wenn es beim Turnier nicht für eine Placierung in einer A-Dressur gereicht hat. Zwischen Dressur in der Reitbahn und Dressur im freien Gelände liegen Welten, für viele gar schmerzhaft weit auseinander.

Es wird vielleicht überraschen, von Dressurarbeit außerhalb der Reitbahn zu hören. Gemeint ist hierbei natürlich nicht das übliche Repertoire. Doch sollte man nicht vergessen, daß ursprünglich einmal Dressur nicht Selbstzweck war mit dem Ziel, sie auf dem Turnierplatz darzubieten, sondern Vorbereitung für das Reiten im Gelände.

Es ist draußen natürlich vollkommen egal, ob auf dem linken oder rechten Fuß getrabt wird. Das regelt sich schon ganz von alleine. Auch auf das Aussitzen kann man genauso verzichten wie auf die Lektionen der spanischen Hofreitschule. Aber mit einem Pferd, das nicht auf Paraden reagiert oder dem Schenkelweichen ganz unbekannt ist, möchte ich nichts zu tun haben, was übrigens schon die Auswahl und den Kauf eines Pferdes beeinflußt. Ein Pferd, das als Jagdpferd verwendet werden soll, müßte bereits einige Lektionen der A-Dressur halbwegs beherrschen, und ebenso schon über 1 m hohe Stangen wiederholt gesprungen sein. Damit läßt sich beim Ausreiten im Schritt und Trab, und später im Galopp, schon eine Menge anfangen, beispielsweise Slalomreiten im Hochwald. Umgefallenen Baumstämmen braucht man dann auch nicht unbedingt auszuweichen, und auch nicht unbedingt über das nächste Brückchen reiten, wenn man doch über den Graben springen kann! Nur, bitte, alles schön aus dem Schritt und nicht etwa mit 100 m Anlauf.

Mit derlei Einlagen werden die Schritt- und Trabübungen erst interessant. Aber auch bei der Galopparbeit sollte man die gelegentlichen Hüpfer erst einmal aus dem Schritt heraus üben und nach dem Sprung auch gleich wieder in den Schritt durchparieren.

Springen aus dem Galopp steht ganz am Ende der Vorbereitung. Zunächst werden nur sehr kurze Strecken galoppiert, immer im leichten Sitz; das Aussitzen des Galopps im Gelände ist Tierquälerei. Eigentlich ist es nur ein Angaloppieren, gefolgt von einem Durchparieren zum Trab, oder, bei noch zu heftigem Pferd, zum Schritt. Dieses Tempo (Trab oder Schritt) wird beibehalten, bis das Pferd wieder ganz ruhig dahinmarschiert. Langsam dehnt man dann die Länge der Galoppstrecken aus, immer noch im für das Pferd möglichen langsamsten Galopptempo. Beim ersten Anzeichen von erhöhtem Tempo wird sofort wieder durchpariert und abermals im Trab oder Schritt bis zur völligen Beruhigung des Pferdes geritten. So etwas kann, je nach Temperament und schlechter Ausbildung des Pferdes oder bei einem undisziplinierten Reiter, durchaus einige Ausritte lang dauern. Wenn man dies nach 2 bis 3 Wochen im Griff hat, dann ist man schon ganz gut. Diese Arbeit sollte man bei einem schwierigen Pferd allein oder höchstens zu zweit machen, wobei das zweite Pferd perfekt sein sollte. Zwei Anfänger (Pferde oder Reiter) zusammen, das wird nichts! Dann aber, eines Tages, kommt der große Augenblick im Leben eines Jagdreiters, der sein Pfred selbst ausbildet oder korrigiert. Das Pferd galoppiert ruhig und gelassen jede beliebig lange Strecke. Das etwa wäre der Augenblick, in dem man das noch

Deutsche Meuten (1)

Oben: Böhmer Beagle-Meute, Master Mönkmeyer.
Unten links: Cappenberger Meute.
Unten rechts: Lipperland-Meute, Master Rottschäfer.

sehr ruhige Galopptempo kurzzeitig etwas steigern kann, um aber schnell wieder zurückzukehren zum ruhigen Galopp (= »canter«, wenn man's englisch liebt). Im Jagdfeld später ist nur selten ein forciertes Tempo erforderlich, auch ist es wenig sinnvoll, da es zu viel Kraft kostet und kaum ein Pferd eine ganze Jagd im Rennbahntempo durchhalten würde.

Man hüte sich sehr, beim Pferd »den 4. Gang einzuschalten«, gemeint ist Rennbahngalopp wie auf der Zielgeraden. Wer aus diesem Tempo ein Pferd auf kürzestem Wege zum Stehen durchparieren kann, ist schon ein großer Meister seines Fachs. Und wer garantiert schon, daß man nicht unversehens zur Vollbremsung gezwungen ist, weil an der nächsten Waldecke ebenfalls ein flotter Reiter angefegt kommt?

Ganz besonders aber hüte man sich, ein noch nicht voll ausgebildetes und damit noch nicht voll im Gehorsam stehendes Pferd die so beliebten Rennen auf freiem Feld mitmachen zu lassen. Ganz abgesehen von der Gefahr für das eigene Gebein wird es, günstigenfalls, Wochen dauern, dem Pferd das Rennen wieder abzugewöhnen.

Noch ein Tip zur jagdgerechten Zügelhaltung beim Trab und Galopp: Es ist für das Pferd sehr angenehm, wenn man sich mit einer Hand auf dem Pferdehals abstützt. Mit der freien Hand kommen die »halben« Paraden weicher, aber wirkungsvoll durch.

Mit Pferden, deren Galopptempo sich nach Wunsch des Reiters regulieren läßt, kann man dann auch mit Anstand zu einem Jagdreiterlehrgang gehen. Bei derartigen Lehrgängen wird das Galoppieren und Springen in kleinen und großen Gruppen geübt. Dabei werden die Positionen immer wieder geändert. Es wird erwartet, daß man auch im Galopp sein Pferd wenden und in Gegenrichtung vor der Abteilung wegreiten kann. Slalomreiten im Galopp ist eine selbstverständliche Übung.

Beim Springen in der Gruppe wird es, bei Hindernishöhen um 90 cm, zuerst darum gehen, sich von der galoppierenden Gruppe zu lösen, um einzeln im ruhigen Galopp einen Sprung zu nehmen. Später wird dann in der Gruppe nebeneinander und hintereinander gesprungen.

Deutsche Meuten (2)

Oben links: Black and Tans, Master Steinmeier.
Oben rechts: Süddeutscher Hunting Club, Master Koffler.
Unten: Beagle-Meute Münsterland, Master König.

Krönung und Abschluß eines solchen Lehrgangs oder auch der Vorbereitungsphase wird ein Gruppengalopp nebeneinander auf einer ausreichend langen und weiten Fläche sein, mit wechselndem Tempo und Durchparieren auf Kommando zum Stand.

Ein Pferd richtig und mit der notwendigen Geduld auf die Jagdsaison vorzubereiten, ist - das dürfte inzwischen klar geworden sein - eine Aufgabe, die so ziemlich die jagdfreie Zeit eines Jahres ausfüllt. Wer glaubt, sein Pferd bis August lediglich turniermäßig reiten zu können, um dann mit einem »vorbereitenden « Ausritt ins Gelände umgehend jagdreif zu sein, wird wenig Freude auf der Jagd haben - und wenig Freunde.

Man sollte sich - vor allem mit einem jungen Pferd und als weniger erfahrener Reiter - sehr frühzeitig entscheiden, entweder für ordentlich Turnier- oder ordentlich Jagdreiten.

Hat man sich für das Jagdreiten entschieden, sollte man aber im Laufe der sich steigernden Ansprüche auch die Fütterung des Pferdes entsprechend ändern. Weidegang für das Pferd ist ganz hervorragend, wenn dadurch nicht die Haferration eingespart werden soll. Man wird sein Pferd deshalb erst nach dem Füttern auf die Weide lassen und es rechtzeitig vor dem Füttern wieder in den Stall holen. Ob das Pferd mit einem Zentnersack Hafer eine Woche auskommt oder etwas kürzer oder etwas länger, hängt dann vom Pferde selbst ab. Ein normaler Warmblüter wird aber durchaus seine 6 bis 7 kg Hafer am Tag brauchen, wenn er täglich geritten wird.

Dem Reiter selbst schadet etwas zusätzlicher Sport als Ausgleich ebensowenig. Erstens wird man nicht einseitig, zweitens ist es bei einem Sturz recht nützlich, auch die übigen Körperteile trainiert zu haben und schließlich weiß man nie so genau, wie weit man hinter seinem Roß herlaufen (oder gar -schwimmen) muß. Auch das gehört zur Jagd.

Springtraining im Gelände

Ausbildungshinweise, die für das Parcours-Springen oder für die Teilnahme an Geländeprüfungen nützlich sind, helfen dem angehenden Jagdreiter wenig.

Auf dem Turnierplatz wird heute praktisch nicht mehr, selbst in den niedrigen Prüfungen, im leichten Sitz geritten. Bei Geländeprüfungen kann man sich die Strecke und alle Hindernisse genau und beliebig häufig ansehen. Man reitet auch immer allein. Und im Parcours fliegen halt die Stangen, wenn sie den Pferdebeinen im Weg sind.

Das Überwinden von Jagdsprüngen, die fest sind, erfolgt in der Gruppe, meist zusammen mit unbekannten Pferden und unbekannten Reitern. Auf diese Situation muß man sich auch beim Springtraining der Jagdpferde einstellen, wobei ich einmal annehme, daß weder Pferd noch Reiter jagdgewohnt sind. Einem erfahrenen Jagdreiter sollte man nicht erzählen müssen, wie er sein neues Pferd trainieren soll, auch wenn er mit einem routinierten Jagdpferd das Jagdreiten begonnen hat, was natürlich immer der beste Weg ist. Eigentlich braucht man sich dann nur darum zu kümmern, im Sattel zu bleiben und nicht zu stören. Den Rest macht das Pferd selbst. Auf der Jagd reitet man im leichten Sitz. Diesen Stil muß man auch beim Springtraining einhalten. Auch sollte man daran denken, daß man dem Pferd auf der Jagd oft nur wenig, manches Mal besser gar nicht helfen kann.

Die Vielfalt der möglichen Jagdsprünge hält sich in engen Grenzen. So kann man mit einigen wenigen Übungshindernissen auskommen. Auch sie müssen absolut fest und stabil sein, denn man übt ja auch in der Gruppe. Nichts ist schlimmer als ein durch die Lüfte wirbelndes Hindernis, wenn der nächste gerade springen will. Als Übungssprung eignet sich am besten eine dicke Stange zwischen Bäumen und Pfosten. Es wäre durchaus nützlich, wenn sich die Höhe ohne allzu große Mühe verändern ließe, dann kann man zwischen etwa 70 und 100 cm variieren. Das Hindernis sollte nicht aus der dicken, oberen Stange allein bestehen, sondern noch eine zweite Stange, etwa auf der halben Höhe und eine Absprungstange, 50 cm vor dem Hindernis auf dem Boden liegend, haben. Dann sieht es wuchtig genug aus. Bindet man die Stangen an Bäumen an, wird – in Sprungrichtung gesehen – die obere Stange hinter den Stämmen angebunden, die mittlere Stange vor den Stämmen. Mit der am Boden liegenden Stange ähnelt das dann einer Triplebarre. Solche Sprünge sind auch für unerfahrene Pferde am leichtesten zu taxieren. Was man jetzt noch braucht, ist ein erfahrener Reiter und ein sicheres Pferd (»Führpferd«).

Ist das Pferd noch gänzlich unerfahren, sollte man ganz niedrig mit mäßig dicken Baumstämmen anfangen, die direkt auf dem Boden liegen. Den steigenden Ansprüchen ans Pferd entsprechend werden sie durch Unterklotzen langsam erhöht. Vorteilhaft ist es, alles so aufzubauen, daß man das Pferd auch an der Longe führen kann. Auf einem Zirkel sollte sich aber jeweils nur ein Hindernis befinden, um dem Pferd Zeit zum sicheren Taxieren zu lassen.

Die Übungsstunden sollten, eine Grundregel für jedes Reiten, mit Schritt und Trab beginnen. Wie sich jeder Sportler vor dem Wettkampf aufwärmt, sollte dies auch das Pferd können. Das Pferdegehirn wird es dankbar annehmen, und den Pferdebeinen wird es lange Gesundheit bescheren. Nach wenigstens 15 Minuten Aufwärmphase wird man dann im Schritt um die Hindernisse herumreiten. Man sollte dabei auch stehen bleiben, damit das Pferd sich alles gründlich besehen kann. Ganz kluge Leute stellen, wenn es irgendwie geht, solche Übungssprünge auf die gleiche Weide, auf der die Pferde sonst frei herumlaufen können. So werden die Hindernisse zu etwas Gewohntem und erregen keinen Schrecken mehr.

Wenn man sich sicher geworden ist, daß das Pferd ohne Scheu zu den Sprüngen hingeht, beginnt man mit dem niedrigsten Hindernis und in Richtung zum Stall oder Ausgang. Günstig ist es in jedem Fall, das bereits erwähnte sichere Führpferd dabei zu haben. Dieses sollte etwa eine halbe Pferdelänge vorweg reiten, beim Reiten auf dem Zirkel außen, da innen ein Helfer mit einer Longierpeitsche stehen sollte. Damit wird aber nicht eingegriffen, sondern lediglich ein möglicherweise versuchtes Ausbrechen nach innen verhindert.

Für die ersten Versuche gelten natürlich auch einige der allgemein gültigen Reitregeln:

Die wichtigste Regel ist »Zeit lassen«, jegliche Hast und Nervosität ist schädlich. Sie überträgt sich schneller auf das Pferd als man meint.

Die nächste Regel heißt »Im langsamsten Tempo, das möglich ist, anreiten«. Ziel der Ausbildung ist nicht der Steepler auf der Rennbahn, sondern das ruhige, sichere Jagdpferd. Und nur das Jagdpferd ist ruhig und sicher, daß es auch vor und nach dem Springen ist. Man muß also mit dem Pferd üben, bis es in der Lage ist, aus dem sehr versammelten Trab zu springen und danach wieder ruhig zu traben.

Die dritte Regel heißt »Aufhören können«. Hat der Sprung geklappt, sollte man nicht weiter üben, sondern einen gemütlichen Ausritt ohne Hast und Hetzen anschließen. Vielleicht springt man den geübten Sprung am Schluß bei der Heimkehr noch einmal. Dies ist natürlich riskant, denn weigert sich das Pferd, vielleicht aus Müdigkeit, steht man vor einer problematischen Entscheidung. Es ist bekanntlich nicht gut, ein Pferd aufzustallen, wenn es sich dem Willen des Reiters nicht untergeordnet hat. Auf der anderen Seite ist ein neuerliches Üben mit einem müde gewordenen Pferd selten erfolgreich. Einen Ausweg gibt es mit dem Gehorsamkeitssprung über eine sehr niedrige Stange, immer nur in Richtung Stall.

Erst, wenn das Pferd sicher hinter dem Führpferd in Richtung Stall springt, sollte man bei den nächsten Übungen »Vom Stall weg« springen und erst später ohne Führpferd. Dieses steht dabei am besten hinter dem Sprung, also auf der Landeseite in einigen Metern Entfernung. Das Reiten und Springen vom Führpferd weg wäre schon so etwas wie die »Hohe Schule des Jagdpferdes«.

Auch im weiteren Verlauf des Trainings wird man die Anzahl der Übungssprünge beschränken (»Aufhören können«) gerade, wenn das Pferd willig mitmacht. Auch später wird nach jedem Sprung in den Trab, dann in den Schritt durchpariert. Man geht wieder an die Hindernisse heran und läßt das Pferd dort sogar grasen. Oder man übt einige leichte Dressurübungen zwischen den Hindernissen, beispielsweise Schenkelweichen, Anhalten, Rückwärtsrichten, Wendungen auf der Stelle. Niemals darf gesprungen werden, wenn sich das Pferd beim Anreiten auf die Hand legt oder gar auf das Hindernis zuzurasen beginnt. Das Anreiten wird so lange wieder abgebrochen, bis das Pferd in ruhigem Tempo, tunlichst im Trab, bis an das Hindernis herangeritten werden kann. Ebenso geht es nach dem Springen weiter. Will man keinen Puller erziehen, dann sollte man sich auf dieses ruhige Anreiten und Springen ganz besonders konzentrieren. Dabei ist es natürlich zulässig und durchaus richtig, wenn das Pferd vor dem Abspringen einen oder zwei (ruhige) Galoppsprünge macht.

Der Reiter sitzt - ganz anders als beim Parcoursspringen - im leichten Sitz. Das bedeutet, daß man bei diesen leichten Sprüngen keine Hilfe »mit dem Kreuz« geben kann. Ein ausgebildetes Jagdpferd braucht das im Normalfall auch nicht. Die »Hilfen« zum Abspringen schaden in der Regel mehr als sie dem Pferd helfen. Es wird bald gelernt haben, den richtigen Zeitpunkt von selbst zu finden.

Für den Anfänger im Jagdpferdesattel ist es sehr ratsam, beim Sprung in die Pferdemähne zu greifen oder, was besser wäre, in einen Halsriemen. Als solcher, oft als »Angstriemen« verschrien, kann ein Steigbügelriemen dienen oder das Vorderzeug. (Ein Martingal gehört nicht zu einem ordentlich ausgebildeten Jagdpferd; ich warne vor »Jagd«pferden, die angeblich nur mit Martingal beherrschbar sind.) Greift man beim Sprung in die Mähne oder in besagten Riemen, kann man nicht hinter der Bewegung bleiben oder gar dem Pferd ins Maul fallen, weil man sich ersatzweise am Zügel festhält.

Den leichten Sitz behält man auch bei der Landung bei, denn dem Pferd gefällt es meist nicht sonderlich, wenn ihm plötzlich der Reiter ins Kreuz fällt. Auch im Gegensatz zu den Turnier-Cracks bleibt man beim Sprung halbwegs aufrecht im Sattel.

Weder Luftwiderstand noch Gesäßfetischismus zwingen den Jagdreiter, seinen Kopf zwischen die Ohren des Pferdes, und das eigene Hinterteil in die Luft zu stecken, wie es heute im Parcours gang und gäbe ist. Das Aufrechtsitzenbleiben dagegen ist durchaus notwendig. Der Jagdreiter will und muß schon über dem Sprung sehen, wohin es weitergeht. Und stürzt sein Pferd, kommt er nicht so leicht darunter. Geübte Jagdreiter beherrschen sogar den »Old Farmers' Style«.

Nun muß hier natürlich darauf hingewiesen werden, daß das ruhige Springen aus sehr langsamem Tempo selten sofort gelingt. Dafür braucht ein Pferd sehr viel Schub aus der Hinterhand. Weder ein junges noch ein untrainiertes Pferd verfügt über die dafür erforderliche Kraft. Die muß vor der Springerei erst einmal antrainiert werden. (Am besten schon lange

Sprung im Stil des Turnierreiters.

Stil des Jagdreiters.

Englischer Springstil des Jagdreiters.

vorher durch viel Reiten im Gelände und, wenn nur irgend möglich, durch Klettern im Schritt.) Junge oder unerfahrene Pferde springen, wenn überhaupt, nur aus dem flotten Galopp, zwar ziemlich mühelos aber leider sehr flach und meist mit hängenden Beinen. Sie springen, da wenig Zeit zum Einteilen besteht, dann auch meist noch viel zu früh ab oder entscheiden sich erst viel zu spät (»Hubschrauber-Stil«). Im ersten Fall kann das Pferd sehr leicht hängen bleiben, im zweiten Fall gibt es einen Rumpler. In beiden Fällen tut dies weh, oft so entscheidend, daß das Pferd für lange Zeit »sauer« ist. Daher ist es sehr viel besser, wenn solche Pferde erst einmal ein oder zwei Jahre im Jagdfeld mitgehen, ohne daß gesprungen wird.

Mit einem unverdorbenen Pferd, das die notwendige Kondition besitzt, wird es später ein Leichtes sein, die Hindernisse richtig zu überqueren. Bleibt es dann doch einmal stehen, gilt die altbewährte Regel: Auf keinen Fall darf das Pferd am Sprung gewendet und weggeritten werden. Auch nicht auf der Jagd, denn dann behindert man die Mitreiter noch mehr. Erst einmal bleibt man stehen, es sei denn, man stünde quer vor dem Hindernis. Kann man dann gefahrlos korrigieren, bei Übungssprüngen, oder weil alle weiter geritten sind, wird einige Schritte rückwärts gerichtet. Das Stehenlassen hat dabei auch den erwünschten Zweck, daß sich das Pferd orientieren kann. Ist man aber 6 bis 8 Pferdelängen im Rückwärtsgang vom Hindernis weggekommen, was für das Pferd recht unbequem ist, wird noch einmal, jetzt aber mit allen zur Verfügung stehenden Hilfen angeritten und durchaus im flotten Tempo. Auf dem Übungsplatz könnte dabei der Helfer mit der Longierpeitsche etwas nachhelfen. Dann aber wird das Pferd wieder ruhig geritten. Auf der Jagd allerdings wird man sich bemühen, die anderen wieder zu erreichen.

Auch Gräben sollte man seinem Pferd in der Trainingsphase zumuten. Nur finden sich naturgerechte Gräben selten auf einem Trainingsplatz, meist muß man dazu in die freie Landschaft. Vor allem dann ist das sichere Führpferd unerläßlich. Und man sollte planmäßig vorgehen und an Gräben nichts dem Zufall überlassen. Der erste Graben kann zwar für ein Pferd unproblematisch sein. Wahrscheinlich aber ist das Gegenteil der Fall. Wie bei festen Hindernissen wird man zum Üben auf die Suche nach schmalen und etwas breiteren Gräben gehen. Die Ufer auf beiden Seiten müssen fest sein. Aus dem Morast springt auch ein erfahrenes Pferd nicht sehr gern.

Man übt zuerst an trockenen, später an nassen Gräben, wobei auch ein sonst sicheres Pferd leicht Schwierigkeiten macht, wenn es an stark strömendes Wasser herankommt.

Überbaute Gräben gehören nicht in die Jagdstrecke. Als Übungssprünge sind sie für den Anfänger ungeeignet. Es kann nicht oft genug erwähnt werden, daß überbaute Gräben nicht etwa einfacher zu springen sind, sondern für das Jagdpferd sehr viel schwieriger, weil es häufig in langsamem Tempo und gänzlich unvorbereitet vor einem solchen Hindernis zu stehen kommt. Und aus dem Stand einen überbauten Graben springen zu wollen, kann man sich aus dem Kopf schlagen.

Der naturbelassene Graben, sei er noch so tief und breit, wird sich dagegen irgendwie bewältigen lassen. Zunächst wird nur zusammen mit dem Führpferd geübt. Man geht im Schritt heran, läßt dem Pferd Zeit, sich alles zu besehen, richtet einige Pferdelängen rückwärts und reitet dann mit dem Führpferd nach, das ebenfalls im Schritt oder Trab geritten wird.

Zum Grabenspringen im Pulk gehört die gleiche Besonnenheit. Gerade an Gräben ist immer damit zu rechnen, daß ein vorhergehendes Pferd stehen bleibt, meist quer zur Reitrichtung, und so alles blockiert. Gräben sollte man in der Abteilung deshalb nicht hintereinander springen.

So werden selbst Gräben mit weichen Ufern zu überwinden sein. Beim Üben sollte man sich aber vergewissern, ob alle Pferde über den Graben gekommen sind. Auch wäre bei der Planung zu überlegen, ob man die ersten Gräben nicht in Richtung Heimat springen kann, da dies die Pferde immer stärker motiviert. Erste Springübungen an Gräben sollten übrigens nur bei guter Sicht erfolgen. Gegenlicht oder Lichtreflexe auf dem Wasserspiegel können selbst erfahrene Pferde gewaltig irritieren.

Die Organisation einer Schleppjagd

Regeln für den Veranstalter

Mit Schleppjagden läßt sich kein Geld verdienen, jedoch ist es möglich, die entstehenden Kosten auf die Teilnehmer umzulegen. Dies sind vor allem die Kosten für die Meute. Daneben können weitere Aufwendungen entstehen, wenn ein gutes Bläsercorps verpflichtet wird, z. B. für die Hubertusjagd oder zur Gestaltung einer Hubertusmesse. Jedoch kann man eine Jagd auch im »Englischen Stil« veranstalten. Dann ist die einzige »musikalische« Untermalung das Geläut der Meute und das Rufhorn des Masters. Es sei hier empfohlen, dies bereits auf der Jagdeinladung zu vermerken, dann erspart man sich Erklärungen. Hält man etwas mehr Gepränge für wünschenswert, sollte man rechtzeitig dem Bläsercorps empfehlen, mit dem Master der eingeladenen Meute Kontakt aufzunehmen und auf die »Regeln für Bläser« hinweisen.

Bei vielen Meutejagden ist eine übertriebene Gastronomie zur »Un«-Sitte geworden. Denn eigentlich sollte man doch davon ausgehen können, daß ein Reitersmann nicht nur in der Lage sein wird, sein Pferd, sondern auch sich selbst zu »füttern und zu tränken«. Mir ist hier immer eine sehr vornehme Jagdgesellschaft in Holland in Erinnerung, bei der mir ein amerikanischer Botschaftsangehöriger an einem Halt unterwegs im Wald seine Taschenflasche mit vorzüglichem Whisky anbot und ein holländischer Reiter die Hälfte seiner Butterbrote, als mir der Magen zu sehr knurrte. Dort ist es immer üblich, daß jeder für sich selbst sorgt. Dafür gab es - gegen Bezahlung - abends ein vortreffliches Jagdessen. Dabei waren die Jagdgelder (50 Gulden ohne das jagdliche Abendessen) nicht gerade gering. Und teilnehmen konnte in der Regel ohnehin nur, wer für 1000 Gulden im Jahr Mitglied war.

Ein Gläschen mit oder ohne Alkohol zur Begrüßung ist nicht aufwendig und immer angemessen, eventuell natürlich auch unterwegs an einem Stop. Aber wozu, um Himmels willen, ein kaltes oder gar warmes Buffet während der Jagd? Erstens dauert es viel zu lang, zweitens reitet es sich mit vollem Magen nicht gerade gut und drittens, wozu der Aufwand, wo wir doch ohnehin fast alle mit Übergewicht zu kämpfen haben? Und auch den manchesmal sinnvollen Imbiß nach der Jagd, wenn man noch eine lange Rückfahrt vor sich hat, kann doch wirklich jeder selbst bezahlen.

Ein Wort auch zu den Einladungen. Sicher gibt es besondere Gelegenheiten, Einladungen sehr stilvoll zu verfassen, einem richtigen Jagdreiter genügt es aber, zu wissen, wann und wo es los geht und daß er willkommen ist. Hierfür reicht ein einfaches Rundschreiben vollständig aus.
Was auf einer Einladung oder in einem Rundschreiben stehen sollte:

- Stelldichein ist am ...., um ..... Uhr, in ....
- Aufbruch zur Jagd um ..... Uhr
- Jagdstrecke ..... km, Hindernisse 90 bis ..... cm
- Die Hindernisse müssen - nicht - gesprungen werden
- Jagdgeld DM ...... (Gäste sind - nicht - willkommen)
- Kontaktanschrift ...., Tel. ....
- Hinweise für die Anfahrt ....
- Wir jagen mit der .... Meute (Wir reiten zu den Hunden der .... Meute)

und gegebenenfalls noch:

- Die Teilnehmer sorgen selbst für Essen und Trinken
- Für Zuschauer geeignet / nur geeignet, wenn sie geländegängig ausgerüstet sind / ungeeignet

Der Veranstalter sollte bedenken, daß es selten möglich sein wird, einen bestimmten Termin zu vereinbaren, wenn die gewünschte Meute nicht schon sehr früh im Jahr angesprochen wird. Bei den meisten Meuten wäre dies Anfang des Jahres nicht zu früh. Bei der Verpflichtung einer Meute muß aber bereits Sicherheit bestehen, daß Grundeigentümer und Jagdberechtigte eine Genehmigung erteilen. Bei einem Rücktritt von einem Jagdtermin muß man nämlich damit rechnen, daß die vereinbarten Meutekosten trotzdem fällig werden.

Jagdstrecken sind in ihrer Länge und Führung mit der Meute abzusprechen. Generell gilt aber, daß keine Meute bereit ist, längere als die abgesprochenen Jagdstrecken zu reiten und notfalls aus Rücksichtnahme auf die Tiere die Jagd abbrechen wird. Gelegentlich hört man doch recht abwegige Ansichten über die Streckenlängen, und es werden Hinweise aus Büchern über Hirschjagden gegeben. Es trifft sicher zu, daß Hirschjagden häufig über Entfernungen von 40 bis 60 km gehen können. Man vergißt dabei aber, daß es in solchen Fällen üblich ist, im Relais zu jagen. Gemeint ist damit, daß die Meute in üblicherweise drei Teile geteilt wird, also jeder Hund nur etwa ein Drittel der Gesamtstrecke zurückzulegen hat. Auch werden die Pferde meist gewechselt, und es wird sehr viel langsamer geritten mit zum Teil sehr langen Such- und Wartepausen.

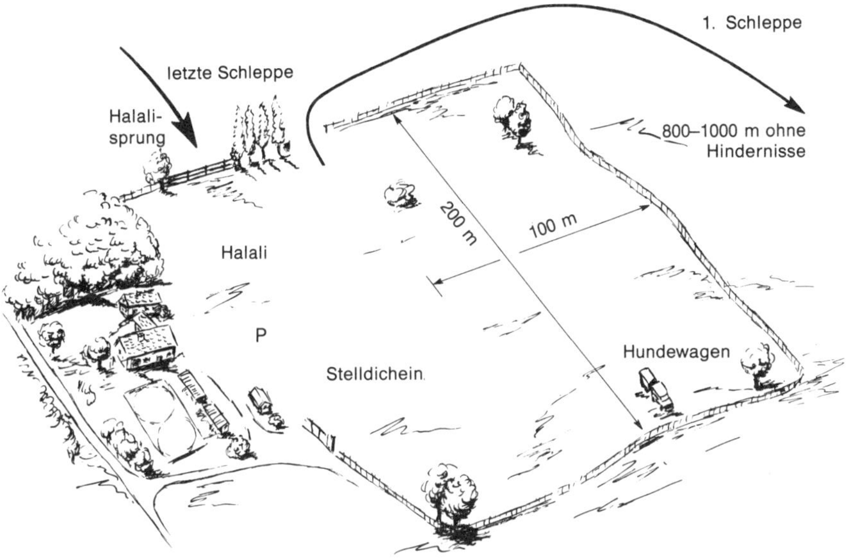

Stelldichein und Halali.

Dies alles trifft für eine Schleppjagd nicht zu. Man sollte deshalb als Richtwert davon ausgehen, daß auch am Ende der Saison nicht mehr als 15 km üblich sind:

- bis Ende September 8 km
- im Oktober 10 km
- im November 12 km.

Diese Strecken gelten zumindestens für Beaglemeuten. Foxhounds und französische Hunde mögen 2 bis 3 km mehr zulassen.

Die Länge einer Jagdstrecke zu kontrollieren ist für einen erfahrenen Jagdreiter, erst recht für einen Master, kein großes Problem, und dies auch ohne Kilometerzähler! Eine Jagdstrecke von 10 km dauert bei zügiger Jagd und einschließlich 15 Minuten Pause auf halber Strecke etwa 60 Minuten, eine Strecke von 15 km entsprechend etwa 90 Minuten. Eine Jagd, die nach dieser Zeit noch nicht zu Ende ist, geht also über mehr als 15 km und ist damit entschieden zu lang.

Das gleiche gilt für die Länge der einzelnen Schleppen. 1000 m reitet man querbeet etwa in 3 Minuten. Aufnehmen der Hunde und Wegschicken des Schleppenlegers ist in weiteren 2 Minuten möglich. Aber auch die Länge der einzelnen Schleppen ist begrenzt. Man sollte, natürlich immer auch abhängig von den jeweiligen Möglichkeiten im Gelände, so planen, daß Schleppen

- bis Ende September bis 1 km,
- im Oktober bis 1,5 km,
- im November bis 2 km

lang werden; etwas mehr bei Foxhounds und französischen Hunden.

Eine sehr wichtige Frage ist der Zeitpunkt des Stelldicheins. Hier müssen Jagdherr und Jagdgesellschaft in Abhängigkeit von der Jahreszeit sehr flexibel sein. Grundsätzlich gilt, daß Jagden in der warmen Jahreszeit so früh beginnen müssen, daß das Halali spätestens um 10 Uhr möglich ist. Es ist ohne Gefährdung von Meute und Jagdpferden nicht möglich, bei Temperaturen von mehr als etwa 15° C im Schatten zu jagen. Dagegen muß man in der kalten Jahreszeit gerade die Mittagszeit wählen, damit ein möglicherweise über Nacht gefrorener Boden wieder ausreichend aufgetaut ist.
Was ein Jagdherr noch beachten sollte:

- Krankenwagen bestellen und diskret in Bereitschaft halten (nicht unbedingt bei der Begrüßung direkt neben der Meute postieren!)
- 1 bis 3 (aufgetaute) Rinderpansen für das Curée bereithalten
- für Brüche (Laub bis 2. 11., Nadel ab 3. 11.) sorgen, beispielsweise für einen großen Ast, von dem die Brüche dann auch tatsächlich und von Hand gebrochen werden (nie Brüche aus Kunststoff!)
- Helfer für Pferde der Equipage bereitstellen (an Stops und nach der Jagd)
- Schleppenbegleiter genau einweisen
- bei schwierig zu findendem Stelldichein Hinweisschilder »Schleppjagd« anbringen
- Jagdbuch vorbereiten

Ein besonderes Problem stellen gelegentlich die Schleppenbegleiter dar. Eine noch so exzellent vorbereitete Meute wird nicht besser sein als die Schleppe. Viele Meuten stellen deshalb tunlichst ihren besten Pikör ab, um die Schleppe selbst zu legen. Allerdings ist er von einem ortskundigen Begleiter abhängig, der die Strecke ganz genau kennen muß, vor allem die Endpunkte der einzelnen Schleppen. Ein unerwünschter Zwischenfall ist geradezu vorprogrammiert, wenn die Schleppe direkt vor einem Buschwerk oder vor einer mit Stacheldraht eingefaßten Weide mit Vieh darauf endet. Oder, der Begleiter weiß nicht, wo Wasser für die Hunde zu finden ist. Meutehunde brauchen in aller Regel - vor allem in der warmen Jahreszeit oder auf staubigem Boden - Wasser zum Saufen und zum Baden. Mit einer Untertasse voll Wasser ist da nichts anzufangen, es muß schon eine Wanne sein. Besser noch ist natürlich Wasser in einem Teich oder Bach.

Eine Jagd vorzubereiten ist nicht nur eine ehrenvolle, sondern auch eine sehr verantwortungsvolle Aufgabe. Für die Mühen vor und möglicherweise

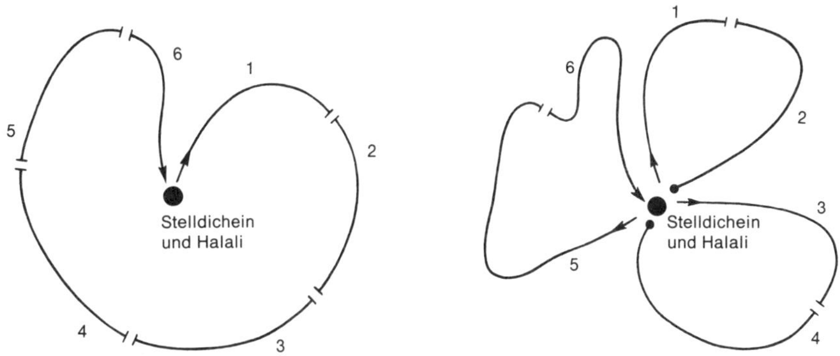

Schemata für Jagdstrecken:
Links: Sechs bis acht Schleppen ziehen sich kreisförmig um einen zentralen Ort für Stelldichein und Halali.
Rechts: Kleeblattähnliche Streckenführung mit mehrmaliger Rückkehr zum oder in die Nähe des Stelldicheins.

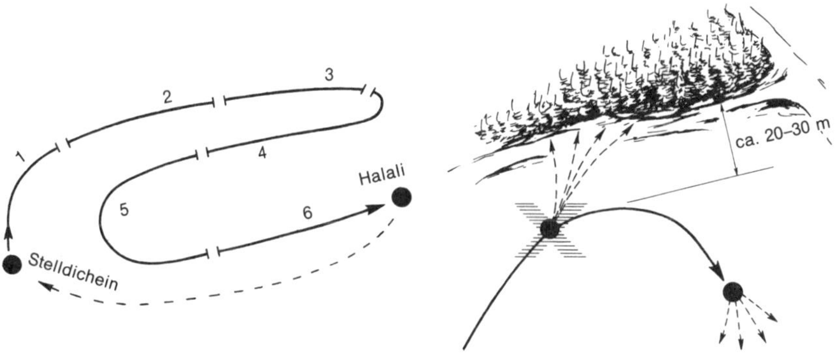

Links: Stelldichein und Halali an verschiedenen Orten.
Rechts: Ende der Schleppe: Am Waldrand = falsch (Meute läuft in den Wald!); Vom Waldrand weg = richtig

auch noch nach der Jagd wird der Jagdherr nur dadurch entschädigt, daß er an bevorzugter Stelle, also nahe bei der Meute reiten kann. Vielen Mastern ist es eine sehr angenehme Pflicht, den Jagdherrn zu sich zu bitten, damit er direkt hinter den Hunden die Jagd erlebt.

Damit auch der Jagdgast den Jagdherrn erkennen und ihm seine Bewegungsfreiheit lassen kann, wenn er an der Spitze des Feldes reiten möchte, trägt der Jagdherr am linken Oberarm eine Armbinde (weiß-schwarz-weiß). Wenn er einen Stellvertreter im Feld haben sollte, ist dessen Armbinde schwarz-weiß-schwarz.

Regeln für die Bläser

Es gibt eine grundsätzliche Bitte an alle Bläser und Bläsercorps: Es sollte nie geblasen werden, wenn die Meute auf die Bläser zuläuft oder noch nicht weit genug an ihnen vorbei ist. Es kann nämlich durchaus geschehen, daß einige Hunde das Blasen als ein Signal auffassen und beim Suchen der Schleppe unsicher werden, im schlimmsten Fall sogar den Anschluß verlieren, weil sie beim Bläsercorps ihren Master suchen.

Eine zweite Empfehlung gilt der Auswahl der Jagdsignale. Bei Schleppjagden wird kein Wild gejagt, deshalb sind auch »Totsignale« fehl am Platze. Es mag gelegentlich beim Jagdgericht oder zu später Stunde angebracht sein, einem zu derben Zecher ein »Sautod« darzubringen, doch zur Schleppjagd passen die Totsignale der Wildjagd einfach nicht. In den letzten Jahrzehnten sind eine ganze Reihe schöner Signale für die Schleppjagd geschrieben worden und auch vielerorts bekannt.

Wie es richtig wäre, außer bei französischen Hunden, wenn diese Meuten sich an französische Bräuche anlehnen wollen:

vor der Jagd	Hohes Wecken, Sammeln der Reiter, Aufsitzen
Meute kommt	Fanfare der jeweiligen Meute (notfalls Hunderuf)
Jagdherr begrüßt	Begrüßung
Aufbruch	Aufbruch zur Jagd
Master reitet an	Gute Jagd, Anjagd-Signal
Meute am Halali	Kleines Halali
absitzen	Absitzen
Bruchverteilung	Zu den Brüchen
vor dem Curée	Hunderuf
zum Curée	Curée
nach dem Curée	Jagd vorbei
Abrücken der Meute	Fanfare der Meute

Am Stop kann geblasen werden:

zum Absitzen	Absitzen
Getränke	Zum Essen
zum Aufsitzen	Aufsitzen
beim Aufbruch	Aufbruch, Gute Jagd, Anjagd-Signal

Die Noten zu den Schleppjagd-Signalen sind selbstverständlich bei den Meuten vorhanden.

Regeln für Reiter

Die Teilnahme an einer Schleppjagd verpflichtet dazu, sich selbst und sein Pferd in gepflegtem Zustand zu präsentieren. Für den Teilnehmer ist ein korrekter Jagdanzug Pflicht. In Deutschland ist das entweder der Rote Rock oder eine Reitjacke in schwarz, blau oder grün. Nach der Regel »frischer Dreck nur ziert den Reitersmann« darf reichlich von einer Kleiderbürste Gebrauch gemacht werden. Bei roten Röcken ab eines bestimmten Alters kommt es auch nach Entfernen des anhaftenden Schmutzes an manchen Stellen unvermeidlich zu Farbveränderungen, auf die man aber ebenso stolz sein kann wie auf Flick-Stellen nach Stürzen in Stacheldraht oder Dornenhecken.

Zum Rock gehören die frisch gewaschene, sehr helle oder weiße Hose und die blank geputzten Stiefel, die zum Roten Rock braune Stulpen haben müssen. Die Sporen, falls sie erforderlich sind, sollten blank geputzt sein. Die Reitkappe muß sturzfest und tunlichst mit einem Kinnriemen versehen sein. Weiße Handschuhe gehören auch im Sommer zum korrekten Jagdanzug. Um den Hals trägt der Reiter ein Plastron, zweimal gebunden und gehalten mit der Plastronnadel. Rollkragenpullover lassen einen auf der Jagd als nur halb angezogen erscheinen. Der weiße Turnierbinder ist ein manchesmal gerade noch geduldeter Behelf, bei gestandenen Jagdreitern jedoch verpönt.

Ähnlich in vollem Glanz erscheint das Pferd. Bandagen u. a. bleiben daheim. Das Lederzeug ist geputzt und sorgfältig überprüft worden. Unter dem Sattel befindet sich eine Schabracke oder eine frisch gewaschene Satteldecke.

In der Einladung wird dem Gast der Zeitpunkt des Stelldicheins genannt.

Zu diesem Zeitpunkt muß man sein Fahrzeug geparkt und unter Umständen schon das Pferd nachgeputzt haben. Es verbleiben oft gerade noch 30 Minuten bis zum Abritt oder allenfalls bis zum Versammeln der Reiter beim Jagdherrn. Davor ist aber noch einiges zu erledigen, von Unvorhergesehenem ganz abgesehen: Suche nach dem Jagdbuch und Eintragung, Jagdgeld bezahlen (man sollte die Summe abgezählt bereithalten), die Begrüßung des Jagdherrn, die mit einem »Danke schön« verbunden wird (Jugendliche vergessen dies meist), Freunde begrüßen. Zurück zum Pferd, Satteln, Aufsitzen und Pferd bewegen. »Aufsitzen« sollte man spätestens beim Signal »Aufsitzen« und dann zum Sammelplatz reiten.

Es wurde nicht erwähnt, weil es eigentlich selbstverständlich ist: Vorschriftsmäßig angezogen erscheint man schon am Jagdbuch mit Reitkappe auf dem Kopf und Handschuhen in der Hand. Auch die Sporen dürfen schon an den Stiefeln sein. Die Piköre werden außerdem ihre Hetzpeitsche bereits in der Hand halten.

Am Sammelplatz reiht man sich irgendwo ein. Bei vielen Meuten ist es üblich, beim Signal »Begrüßung« die Kappe zu ziehen. Man sollte dies aber in jedem Fall tun, wenn Master und Equipage mit der Meute eintreffen (häufig wird die Meute allerdings erst später ausgeladen). Es folgt eine meist kurze Ansprache des Jagdherrn, der Gäste und Meute begrüßt, und die Einteilung der Felder.

Mit dem Aufbruch zur Jagd übernimmt der Master das Kommando. Ihm und den Beauftragten im Jagdfeld (Feldführer) hat man zu folgen, wenn sie Anweisungen erteilen. Jagdreiten ist geprägt von Rücksichtnahme auf die Mitreiter. Man könnte es so formulieren: »Jeder hat sich so zu verhalten, daß kein anderer gefährdet oder mehr als nach den Umständen unvermeidlich belästigt wird, jedoch ist unter allen Umständen zu den Hunden zu reiten.«

Gute Feldführer werden in der Lage sein, ihr Feld so nahe wie möglich zu den Hunden zu führen. Am besten gelingt dies natürlich bei einer sehr kleinen Zahl von Teilnehmern. Es ist durchaus üblich, am Feldführer vorbei zu reiten, wenn dieser ganz offenbar nicht in der Lage ist, das Tempo der Hunde zu halten. Dies wird etwa mit den Worten: »Erlauben Sie, daß ich die Führung übernehme« angekündigt. Man kann dabei die Kappe ziehen oder, einfacher, man hebt als Hinweis an die übrigen Reiter die rechte Hand.

Jeder Mitreiter ist verpflichtet, darauf zu achten, daß keiner der Meutehunde überritten wird. Man sollte, wenn man bei der Meute ist, darauf achten, immer mit dem Pferdekopf zu der Meute zu stehen. Viele Pferde pflegen nach Hunden zu schlagen und können diese sehr schwer verletzen.

Gegen Ende der Jagd sind einige alte Bräuche zu beachten. Kommt man zum Halali, antwortet man - oder falls man spät ankommt, ruft man zweimal - »Halali«. Dabei sollte der rechte Handschuh bereits ausgezogen sein, so daß man die rechte Hand mit dem Handschuh in der Hand hochheben kann. (So sehen dann wenigstens alle, daß man sich auskennt.) Das Halali läßt sich unschwer erkennen:

- Ist ein Bläsercorps vorhanden und kennt dieses auch die Bräuche, wird es beim Eintreffen der Meute das »Kleine Halali« blasen.
- Master und Equipage haben die Meute um sich versammelt. Sie haben den rechten Handschuh ausgezogen (und meist in die Rocktasche gesteckt).
- Zuschauer sind da und kommen zur Meute.

Meist trifft man beim Halali auch wieder dort ein, wo man aufgebrochen ist.

Es wird alsbald das Signal »Absitzen« erklingen. Man begibt sich zu Fuß zur Meute. Muß man sein Pferd selbst versorgen, nimmt man das Pferd mit. Bei schlechter Wetterlage, die für die Pferde gefährlich sein könnte (Regen, Wind, Schnee) wird der Master die Reiter bitten, erst die Pferde zu versorgen und dann zu Fuß zurückzukommen.

Meist werden dann die Brüche verteilt. Es ist üblich, daß sich dazu Jagdherr und Master bei der Meute aufstellen. Die Teilnehmer holen die Brüche selbst ab, und zwar immer ohne Pferd. Man einigt sich mit dem Nachbarn, wer zuerst geht. Mit den Brüchen erhält man bei einigen Meuten auch ein Abzeichen zur Erinnerung an die Jagd. Diese Abzeichen pflegt der Master zu verteilen. Wenn man vom Jagdherrn oder der Jagdherrin den Bruch erhält, ist Gelegenheit, sich für die Jagd zu bedanken. Auch der Master ist durchaus für einen Dank empfänglich.

Wenn die Bruchverteilung zu Ende ist, wird mit dem »Hunderuf« das Curée angekündigt. Der Master wird danach mit dem Ruf »Unser Dank an die Hunde« den Pansen freigeben. Man zieht dabei die Reitkappe und beweist mit dieser Geste den Hunden Respekt und Dank. Die Zeit des Curées kann einer der älteren Jagdgäste auch nutzen, um sich im Namen der Jagdgesellschaft bei Jagdherrn und Master mit seiner Equipage zu bedanken. Ein »Horridoh« (ohne Zusätze) wäre zum Abschluß durchaus passend.

Zum Ende des Curées erklingt das Signal »Jagd vorbei«. Die Meute wird dann abrücken, wobei noch einmal die Fanfare dieser Meute geblasen wird oder aber der »Ruf der Equipage«. Erst, wenn die Meute den Platz verläßt, ist auch für den Jagdreiter alles vorbei. Er mag sich, sobald auch das Pferd versorgt ist, zum Imbiß, Umtrunk, zur Nikotinpause (nicht im Wald, bitte) zurückziehen oder einfach nur noch auf ein Plauderstündchen bleiben. Sollte man sich hierzu in ein Lokal begeben, ist es gut, sich daran zu erinnern - wie schon früher erwähnt - daß man nicht mit Sporen an den Stiefeln einen geschlossenen Raum betritt. Üblich ist es jedoch, in Reitkleidung zu erscheinen, es sei denn, sie wäre beispielsweise nach einem Sturz ins Wasser zu naß.

Noch ein weiterer Tip für den Anfänger. Bereits bei der Ankunft sollte man prüfen, aus welcher Richtung der Wind kommt. Routiniers stellen ihre Fahrzeuge, wenn es nur irgendwie geht, so, daß der Wind nicht von hinten in den offenen Pferdehänger blasen kann. Ihr Pferd wird es mit guter Gesundheit danken, auch wenn es bis zur Heimfahrt noch etwas warten muß. Nur im äußersten Notfall macht man den Hänger dicht. Es ist immer besser, gegen den Wind zu stehen, das Pferd gut einzudecken und die Plane bis zur Abfahrt geöffnet zu lassen. Andernfalls entsteht im Hänger ein »Dampfbad«. Muß man jedoch, weil der Hänger verkehrt steht, die Plane schließen, dann macht man die Vordertür auf! Vor der Abfahrt ist zu entscheiden, ob die Decken gewechselt werden müssen, weil das Pferd nachgeschwitzt hat, und ob man den Hänger mit der Plane verschließt. (Ich mache es schon deshalb nie, weil neben meinem Pferd die Hunde stehen und frische Luft brauchen).

Ist man im heimatlichen Stall angekommen, wird man spätestens jetzt noch einmal genau prüfen, ob das Pferd ohne Verletzungen geblieben und trocken ist.

Und noch ein Hinweis: Nie sofort nach der Jagd ein Pferd tränken, aber später beim Füttern darauf achten, ob das Pferd säuft. Sonst ist Vorsicht am Platz beim Füttern, vor allem bei Pellets und Ballastfutter (Heu und Stroh).

Regeln für die Equipage

Die Mitglieder der Equipage sind Amateure (ganz seltene Ausnahmen bei sehr vermögenden Meuten einmal ausgenommen), die ihre Aufgabe freiwillig übernommen haben und auch für ihre gesamten Kosten selbst aufkommen. Sie sind aber die tragenden Säulen bei einer Schleppjagd. Ohne sie geht gar nichts, denn selbst der beste Master wird es auch mit den bravsten Hunden seiner Meute nicht riskieren, allein zu einer Jagd zu kommen. Er wäre bei dem ersten Zwischenfall, sei es Wild oder ein frei laufender fremder Hund, machtlos. Und was noch viel schlimmer ist, die Hunde wären das nächstemal kaum noch führbar.

Der hohen Verantwortung sind sich sicher alle Mitglieder einer Equipage immer bewußt. Sie werden bemüht sein, sich das Gastrecht in der freien Landschaft nicht zu verscherzen. Denn Gast in der Landschaft ist eine Meute und die gesamte Jagdgesellschaft immer. Es gibt höhere Vorrechte der Landbesitzer und der Jagdausübenden. Mit deren Einverständnis wird man auch später nur rechnen können, wenn die Meuteführung nicht zu beanstanden war.

Die Equipage muß deshalb aktionsfähig sein, das heißt aus genügend vielen ausgebildeten Pikören bestehen. Die Schleppe sollte nur von einem Pikör gelegt werden oder einem gleichwertig sehr erfahrenen Jagdreiter. Wie viele Piköre ein Master benötigt, hängt auch von der Hunderasse ab. Beispielsweise werden es bei einer Beagle-Meute 4 Piköre sein, die dem Master helfen. Möglicherweise auch ein Fünfter, der eventuell »in der Lehre« ist.

Die Equipage wird immer sehr pünktlich am Stelldichein sein, im Regelfall 15 bis 30 Minuten vorher. Oft genug sind die Anfahrtszeiten so lang, daß es erforderlich ist, die Pferde vorher noch zu bewegen oder zu versorgen. Ein Jagdherr sollte dies wissen. Und sehr unangenehm ist es, bei der Ankunft am Stelldichein niemanden zu finden, der Auskunft geben kann. Wichtig ist es nämlich zu wissen, wie das Meutefahrzeug und die Fahrzeuge der Equipage zusammenstehen können, so daß sie beim Ausladen der Meute nicht von anderen Jagdteilnehmern behindert werden. Nur wenn dies geregelt ist und die Meute nach dem Ausladen Platz genug zum Lösen hat, kann der Jagdherr damit rechnen, daß die Meute rechtzeitig zur Begrüßung erscheint.

Mit dem Ausladen der Meute beginnt für die Piköre dann auch schon die Jagd. Die Meute muß zusammengehalten werden. Das bedingt oft schon dem ersten Galopp oder gar schon den ersten Sprung. Equipagenpferde werden deshalb, um Zeit zu sparen, sehr häufig schon gesattelt verladen.

Es bedarf keines Hinweises, daß Equipagenpferde und deren Ausrüstung auch dann auf Hochglanz sein sollten, wenn man tags davor bereits in Regen und Schlamm jagte. Ein zweiter Sattel und das Reservezaumzeug, ebenso das zweite Paar Stiefel, ersparen dann zusätzlich nächtliche Arbeit.

Ebenfalls sollte der Pikör den Zustand seiner Hetzpeitsche überprüfen. Es ist unschön und hindert bei der Arbeit, wenn sie gerade im entscheidenden Augenblick keinen Ton von sich gibt. Hetzpeitschen braucht man nur selten zum Schlagen, aber gelegentlich zum Knallen. Mit dem Peitschenknall, dem Anruf mit dem Hundenamen und mit dem Rufhorn-Signal werden die Hunde »gelenkt«. Doch ist es ein Irrglauben, daß viel Knallen mit der Hetzpeitsche ein Zeichen besonderer Qualität der Piköre sei.

Das Ende einer Hetzpeitsche, das den Knall erzeugt, besteht aus einem geflochtenen Band, das man zwar kaufen kann, aber am besten doch aus Strohband und vor allem in der zweckmäßigen Länge selbst herstellt. Es ist kein Kunststück, diesen Schlag zu flechten, wenn man ein wenig übt, damit er ordentlich aussieht. Der von Hand aus Strohband geflochtene fertige Schlag wird übrigens am Schluß noch »abgebrannt«, das heißt die abstehenden Enden und Fasern werden mit Feuerzeug oder Kerze weggebrannt.

Nach und am Morgen vor jeder Jagd sollte das Leder der Hetzpeitsche mit Lederöl getränkt werden, vor allem dann, wenn sie im Regen oder beim Wasserdurchgang naß wurde.

Die Kleiderordnung wird für eine Equipage meist durch den Master geregelt. Es sollte ein möglichst einheitliches Bild entstehen. Also wird man sich auf gleiche Schabracken einigen, meist in den Farben und mit dem Abzeichen der Meute. Piköre werden in aller Regel, auch die Damen-Piköre, in Rot reiten. Der Rock hat dann einen einheitlichen Kragen in den Farben der Meute. Natürlich steht neben Rot für den Rock auch die jeweils übliche Meutefarbe (grün und auch zweifarbig, wie dies vor allem bei französischen Meuten üblich ist).

Auch das Plastron wird einheitlich sein, wobei man voraussetzen sollte, daß Piköre irgendwann in der Lage sind, es korrekt zweifach zu binden. (Es soll aber Fälle geben, wo der Master auch noch nach Jahren den Pikören das Plastron binden muß!)

Es ist von großem Vorteil, wenn wenigstens einige der Piköre das Jagdhorn blasen können. In solchen Fällen übernimmt dann die Equipage die Jagdmusik allerdings, mit der Einschränkung, daß man keinesfalls das große Parforce-Horn zu Pferde mitnehmen sollte. Das nicht gerade billige Horn und die eigenen Knochen werden es einem danken.

Auch Piköre tragen sich in das Jagdbuch ein. Nur zahlen sie kein Jagdgeld und sind beim Essen und Trinken bevorzugte Gäste mit freier Kost (manchesmal auch freier Logis, wenn dies nötig ist).

Was Piköre während der Jagd zu tun haben, wurde bereits beschrieben. Doch nach dem Verladen der Meute, wenn die Jagd vorbei ist, kann es gelegentlich auch heißen: Noch einmal zurück, zu Fuß, per Auto oder auch zu Pferde, wenn noch einer der kleinen Helden fehlen sollte. Der gemütliche Teil beginnt für die Equipage immer erst, wenn alles vollständig und ordnungsgemäß versorgt ist. Die Jagdgesellschaft möge hier Nachsicht üben und nötigenfalls ein paar Teller Erbsensuppe in Reserve halten. (Im Linksrheinischen fand ich es einmal sehr schön, daß mir der Imbiß in den Wald nachgebracht wurde, als ich dort auf eine Versprengten wartete.)

Und selbstverständlich ist dies niemals Unhöflichkeit der Equipage dem Jagdherrn und seinem Feld gegenüber. Auch Piköre feiern ja gern, wenn sie ihre Pflichten erfüllt haben.

Regeln für die Zuschauer

Eigentlich sind Zuschauer bei einer Meutejagd ein Widerspruch in sich, denn es muß schon ein besonders günstiges Gelände vorliegen, wenn Zuschauer auch nur Bruchstücke der Jagd miterleben, und man muß dazu auch schon sehr gut zu Fuß sein.

Für diesen meist seltenen Fall sollten Zuschauer folgendes bedenken: Meutehunde riechen zwar nicht immer sehr gut, aber sie haben eine hervorragende Nase. Liegt die künstliche Spur nur schwach, können die Hunde daher von einer Besuchergruppe, die zu nahe steht, erheblich gestört werden. Die Hunde werden dann unsicher und müssen die richtige Spur erst wieder »erschnüffeln«. Und meist stehen die »Gucker« gerade bei den Hindernissen, die von den Hunden schwierig zu überwinden sind. Das Ergebnis ist in schöner Regelmäßigkeit, daß Master und Equipage ihre Pferde durchparieren müssen und genauso das Jagdfeld, wenn es ordnungsgemäß sofort dahinter reitet. Statt einer flotten Jagd sehen die Zuschauer dann herumdrömmelnde Hunde, stehende und daher oftmals den Sprung verweigernde Pferde.

Zu nahe stehende Zuschauer bringen sich aber auch selbst in Gefahr, wenn ein Pferd ausbrechen sollte und nicht mehr rechtzeitig gebremst werden kann. Zuschauer, die näher als 20 bis 30 m an Sprüngen oder an der Schleppe stehen, gefährden den Ablauf der Jagd - und sich selbst.

Dies gilt ganz besonders für die Fotografen. Wer kein Teleobjektiv hat, sollte seine Ausrüstung zu Hause lassen, da aus zu großer Entfernung das Foto nichts wird. Sitzt der Fotograf hinter dem Sprung, wird er zum mindesten ein paar unfreundliche Worte zu hören bekommen. (Ich erlebte einmal einen Unfall mit einer vorwitzigen Fernsehkamera: Pferd verletzt, Reiter im Krankenhaus, Kamera und die Aufnahmen des Tages zerstört.)

Zu den »Todsünden« eines Zuschauers aber gehört das Laufen auf der bereits gelegten Schleppe. Es gibt nichts, was schlimmere Folgen haben kann, vor allem wenn dies auch noch an einer unglücklichen Stelle an einer Biegung geschieht, beispielsweise kurz vor einer stark befahrenen Straße. Bis die Meute den Irrtum bemerkt, kann das Unheil schon passiert sein. daher die dringende Bitte, wie angewurzelt stehen zu bleiben oder von der Schleppe wegzutreten, sobald der Schleppenleger vorbei ist! Es dauert ohnehin nur ganz kurze Zeit, bis Meute und Equipage kommen. Man sollte - als Kundiger - auch andere, die dort zufällig unterwegs sind, entsprechend aufklären.

Ganz schlimm wird es - und es kommt jedes Jahr immer wieder vor - wenn gar noch Autos über die Schleppe fahren oder ihr sogar folgen. (Ich kann jeden Master verstehen, wenn er dann überlegt, die Jagd sofort zu beenden.) Es gibt ohnehin keinen halbwegs vernünftigen Grund, im Gelände mit Fahrzeugen herumzufahren, allein die Rote-Kreuz-Wagen hätten im Notfall Vorfahrt vor der Meute, wenn es schon gar nicht anders ginge.

Und noch ein Wort zu den Privathunden. Es gibt Meuten, denen Fremdhunde, die brav an der Leine sind, nichts ausmachen. Doch ist dies nicht vorherzusagen, wenn man die Meute nicht genau kennt. Manche Meuten werden von Privathunden geradezu magisch angezogen.

Als ich mit der Lipperlandmeute einmal unterwegs war - ich glaube, es war im ersten Jahr ihres Bestehens - passierten wir im Abstand von etwa 150 m ein Gehöft. Die Meute war schon vorbei, da stürzte eine Pudelhündin mit lautem Gekläff aus dem Haus. Die halbe Meute machte kehrt, angeführt vom »Hamburger Würger«. Bis wir Vorgärten, Zäune und die etwa 200 m Abstand zum Ort des Geschehens überwunden hatten, war der Versicherungsfall bereits eingetreten.

Ein anderes Mal trafen wir mit meinen absolut harmlosen Beagles auf einem ganz schmalen Steg im Wald einen Wanderer mit einem Mischling. Der Mann rannte in Panik über den parallel verlaufenden Bahndamm, um sich dahinter zu verstecken. Dabei hielt er seinen kleinen Hund über den Kopf. Wer täte es nicht ebenso? Weder Hund noch Mann nahmen Schaden, doch der Wintermantel war reif für die Kleidersammlung. Einen Kilometer weiter passierte die gleiche Meute eine Anzahl von Fußgängern mit ihren Hunden an der Leine und es geschah gar nichts.

Man sollte daher, im Wald ist dies ja ohnehin Pflicht, seinen Hund an der Leine haben. Kommt die Meute, dann hilft nur stehenbleiben und ruhig Blut. Fast immer werden die Meutehunde freundlich wedelnd vorbeirennen. Wenn Sie aber der Jagd zusehen wollen, ist es in jedem Fall besser, den eigenen Hund im Auto zu lassen. Schlimm wird es für alle Beteiligten, wenn so ein »Privater« frei herumläuft. Meist stellt er sich in Positur, gibt mächtig Laut und verkrümelt sich im letzten Augenblick, fast immer mit der Meute auf den Fersen.

Ähnliches - das Bellen natürlich ausgenommen - kann sich jedoch auch mit einem Stück Rehwild ereignen, wenn auch nur ganz selten. Zum Glück ist Wild gut berechenbar, und die Meute daher von den erfahrenen Pikören sofort wieder zu korrigieren. Die Reaktion von Hunden ist jedoch nur so weit zu kalkulieren, als daß sie meist versuchen, die nächste Siedlung zu erreichen, vor allem, wenn dort ihr Zuhause ist. In Vorgärten aber sind weder Meute noch Equipage sehr willkommen. Und auf befahrene Verkehrswege gehören sie hierzulande noch weniger als in England, wo so etwas bei Wildjagden durchaus zum Erfahrungsbereich von Verkehrsteilnehmern gehören sollen.

Sonst aber sind Meutehunde durchaus liebenswert. Man wird es, vor allem den Kindern unter den Zuschauern, sicher nie verwehren, sie an Stops zu streicheln. Nur, bitte, lassen Sie Butterbrote und ähnliches in der Tasche. Der Master mag es nicht, denn schließlich geht die Jagd ja gleich weiter. Dafür brauchen die Hunde wieder ihre Nase, was problematisch wird, wenn dort noch ein Rest von Leberpastete klebt. Vor allem aber: Seien Sie im Wald still! Sie wollen ja schon von Ferne das Geläut der Meute hören und dürfen auf keinen Fall die Hunde irritieren, die über ein entsprechend vorzügliches Gehör verfügen.

Und daß Sie im Wald nicht rauchen und im Gelände weder Papier noch sonstigen Abfall liegen lassen, das versteht sich doch von selbst? Schließlich sind Sie ja ein Freund der Natur!

Wenn es der Zufall will, daß einmal ein Nachzügler der Meute sich zu Ihnen gesellt, dann versuchen Sie Ihr Gück und stellen unter Beweis, daß Sie mit Tieren umgehen können. Wohl jeder Master wird sich freuen, wenn Sie ihm den vermißten Nachzügler am Stop oder am Halali zuführen. Meistens hat sich ein solcher Hund verletzt und konnte das Tempo nicht mehr halten. Vielleicht noch ein Tip: Da Sie wohl kaum eine Hundeleine dabei haben, könnten Sie auch den Gürtel Ihrer Hose benutzen, um den Findling sicher zu führen. Jedoch brauchen Sie sich keine Gedanken zu machen, falls der Bursche doch eigene Wege geht. Ein guter Meutehund findet immer zurück (und die schlechten bringt der Master schon nicht mit).

Die Ausrüstung der Zuschauer sollte der Situation und vor allem dem Gelände angepaßt sein. Nylons und Stöckelschuhe sind genau so unpassend wie der Abendanzug von der Fete nachts zuvor. Einem Zuschauer, der Hunde und Reiter sehen möchte, ist die Ausrüstung eines Waldläufers mit sehr bequemem Schuhwerk anzuraten, und er sollte gefeit sein, gegen Wasser von unten und oben, gefeit gegen schmutzige Hundepfoten genau so wie gegen verschwitztes Pferdefell (Sie können ohne weiteres am Stop einen Zügel in die Hand gedrückt bekommen mit der freundlichen, aber bestimmt klingenden Aufforderung: »Können Sie mal eben mein Pferd halten?«).

Wie man sieht, hat man es als Zuschauer bei einer Schleppjagd keineswegs einfach. Denjenigen, die sich mühen mußten, sei aber zum Trost gesagt, daß sie als Zuschauer wenigstens nicht gezwungen waren mit der Meute mitlaufen zu müssen wie beim foot-beaglining in England, das es auch heute noch, und nicht nur für Jugendliche und Olympiaverdächtige, gibt. Doch sollten die Zuschauer zumindest sportlich sein und nur zu Fuß zur Schleppe wandern.

Deshalb noch - zur Abschreckung - ein Beispiel einer »Jagd«, wie man sie immer wieder erleben kann:

Die Zuschauer werden zu Hauf in Bussen über die Landstraßen gekarrt, und damit sich auch wirklich niemand dabei verausgabt oder gar schmutziges Schuhwerk bekommt, führt man die Jagdstrecke dann zu den Bussen. Dort stehen auch die Hindernisse, selbstverständlich völlig sinnlos auf freiem Acker. Und, immer rechtzeitig vor den Bussen, werden die Felder gewechselt, damit sich auch alle vor ihren Bewunderern hinter den Busscheiben produzieren können.

Termine und Zeitplan für den Veranstalter

Der **Jagdtermin** ist sehr frühzeitig im Jahr mit der gewünschten Meute festzulegen. (Meist sind die Termine im Oktober und um Hubertus schon im Januar eines Jahres vergeben.) Terminabsprachen mit Nachbar-Vereinigungen treffen.

Auswahl einer Jagdstrecke, etwa mit den Längen
- bis 8 km im September
- bis 10 km im Oktober
- bis 12 km im November

(wobei manche Meuten leicht abweichende Vereinbarungen treffen).

Genehmigung der Landeigentümer, vor allem aber der Jagdberechtigten, muß eingeholt werden.

Einladung zur Jagd wenigstens 4 Wochen vorher. Einladungen, Rundschreiben und Presseinformationen unter Angabe von
- Datum der Jagd
- Ort und Zeitpunkt des Stelldicheins
- Länge der Jagdstrecke
- Höhe der Hindernisse
- Jagdgeld
- Anfahrweg
- Kontaktanschrift mit Telefonnummer.

Zur gleichen Zeit Vereinbarung mit Arzt und Tierarzt treffen, Krankenwagen bestellen, Rücksprache mit dem Ordnungsamt und der Polizeidienststelle (evtl. Reiterstaffel einladen).

Falls vorgesehen, in der Jagdeinladung darauf hinweisen, daß, wann und wo die Hubertusmesse (immer ohne Pferde!) stattfindet.

Bis 2 Wochen vor der Jagd:
- Meuteleitung zur Besichtigung der Strecke einladen und Ausladeplatz für Meute und Equipagenpferde, abseits von den Teilnehmern, festlegen.
- Strecke mit dem Schleppenbegleiter mehrmals abreiten und die Endpunkte der einzelnen Strecken genau festlegen.

Am Tag vor der Jagd:
- Hindernisse noch einmal überprüfen
- Wasser für die Meute am Ende jeder Schleppe
- Pansen für das Curée beschaffen, notfalls auftauen
- Brüche (nur Naturbrüche) vorbereiten
- Hinweisschilder »Zur Jagd« anbringen
- Hilfskräfte einweisen (Pferdehalter für die Equipage, Ordner am Parkplatz und am Sonderparkplatz für die zur Meute gehörendenden Fahrzeuge).

Am Jagdtag:
- Zur Sicherheit empfiehlt es sich, sehr früh vor der Jagd noch einmal die Hindernisse kontrollieren zu lassen. Wenn nicht schon am Vorabend erledigt, Wasser an die Wasserstellen am Ende der Schleppen bringen. Die Versorgung mit Getränken und Essen, soweit vorgesehen, überprüfen
- Jagdbuch, Teilnehmerschleifen, Brüche, Wechselgeld bereithalten
- Die Liste der besonders zu begrüßenden Gäste anlegen
- Die Zuschauerführung organisieren.

Vor und während der Jagd:
- Die Meute sollte 30 Minuten zuvor am Stelldichein eintreffen
- Ordner für den Meute- und den Teilnehmerparkplatz einteilen
- Krankenwagen im Hintergrund abstellen
- Zum Zeitpunkt des Stelldicheins Jagdbuch auslegen und Begrüßungsschluck vorbereiten
- 10 Minuten vor dem Aufbruch »Aufsitzen« blasen lassen
- 5 Minuten vor dem Aufbruch Signal »Begrüßung« und kurze Ansprache durch den Jagdherrn
- 30 Minuten nach dem Stelldichein ist üblicherweise Aufbruch zur Jagd
- Etwa 30 Minuten vor dem Eintreffen am Halali Zuschauer und Bläser durch Ordner einweisen: Umtrunk, Imbiß, Pansen und Brüche vorbereiten
- Zum Halali (evtl. auch vorher bei einem doch etwas längeren Stop) Pferdehalter für die Equipagenpferde bereitstellen.

Besondere Hinweise:
- Auch Bläsercorps frühzeitig ansprechen. Wenigstens 6 Monate vorher klären, ob Schleppjagdsignale bekannt sind. Evtl. bei der Meuteleitung Noten, insbesondere der Meutefanfare, beschaffen.
- Presseinformationen mit Fotos der Meute vorbereiten.
- Wenn eine Hubertusmesse vorgesehen ist, Platz - möglichst im Freien- festlegen. Sollen Meutehunde, Jäger, Falkner bei der Messe dabeisein? Mit dem Geistlichen die Ansprache abklären (kein Hochamt, sondern die Liturgie passend zur Musik der Messe und auf das Ereignis abstimmen).

Schleppjagd und Wetter

Schleppjagden sind zu jeder Jahreszeit, aber nicht bei jedem Wetter möglich. Mit Rücksicht auf die Pferde werden auf gefrorenem Boden oder nach lang anhaltendem Regen, wenn die Strecken zu tief geworden sind, keine Schleppjagden abgehalten. Auch wenn die geplante Jagdstrecke auf durchaus noch vertretbarem Untergrund liegen sollte, ist immer daran zu denken, daß die Pferde der Equipage auch querbeet gehen müssen, wenn die Hunde sich einmal nicht an die vorgesehene Strecke halten. So kann kritisches Wetter durchaus dazu führen, daß eine Schleppjagd abgesagt werden muß.

Vorausehbarer sind die Jagdbedingungen für die Meute. Als Faustregel kann gelten, daß Schleppjagden nur bei Temperaturen unter etwa 15°C (im Schatten und tunlichst am Boden gemessen) möglich sind. Auch können die Hunde eine Schleppe nicht im Staub jagdgerecht finden und verfolgen.

Man sollte sich darüber im Klaren sein, daß Hunde nur über die Zunge schwitzen können. Das Hecheln der Hunde dient also dem Temperaturausgleich. Treffen nun Hitze und Staub, etwa auf sommerlich erwärmten Sandwegen, zusammen, kann sich der Hund weder genügend Kühlung verschaffen und ebenso ist sein Geruchsempfinden herabgesetzt. Über die Riechzellen in den Nasenschleimhäuten nimmt der Hund die Duftstoffe der Schleppe auf. Sind die Schleimhäute jedoch durch Staub verklebt, sinkt das Riechvermögen entsprechend ab. Wärme und Staub haben aber noch eine weitere, sehr unangenehme Auswirkung auf die Schleppe. Was der Hund zu riechen vermag, ist nicht die Flüssigkeit der Schleppe, sondern der aus der Flüssigkeit als Gas austretende Duftstoff. Stärke und Geschwindigkeit dieses »Verduftens« hängt wesentlich von der Temperatur ab. So »liegt die Schleppe«, wie man sagt, weder bei großer Kälte (der Duft bleibt gewissermaßen eingefroren) noch bei zu hohen Temperaturen. Bei großer Wärme ist der Gehalt an Duftstoffen meist so schnell verbraucht, daß für die Meute schon kurze Zeit nach dem Legen der Schleppe ein sicheres Wiederfinden unmöglich wird. Dies um so weniger, wenn die Flüssigkeitspartikel auch noch von warmem Sand oder Staub eingehüllt sind.

Eine Abhandlung über die physikalischen Grundlagen würden den Rahmen dieses Buches sicher sprengen. Trotzdem sei hier daran erinnert, daß der Austritt eines Gases aus einer Flüssigkeit von der Geschwindigkeit der Moleküle abhängig ist, die wiederum durch die Temperatur bestimmt wird. Zum Durchbrechen der Flüssigkeitsoberfläche ist eine – temperaturabhängige – Mindestgeschwindigkeit erforderlich. Wenn man die Duftstoffe mit den Wassermolekülen gedanklich gleichsetzt, wird man verstehen, daß um so mehr Duftstoffe austreten, je wärmer die Flüssigkeit ist.

Man sollte aber auch noch daran denken, daß eine ausreichende Anzahl von Duftstoff-Molekülen nur direkt über der Austrittsstelle, das ist der auf dem Boden liegende Tropfen, zu finden ist. Schon in wenigen Zentimetern Höhe vermischt sich der Duft mit der umgebenden Luft, ganz extrem natürlich, wenn der Wind weht.

Die Meutehund-Nasen reagieren entsprechend. Sie suchen, schnüffeln mit tiefer Nase, direkt über dem Boden. Dabei ziehen sie natürlich sehr feinen Staub vom Boden mit in die Nase.

Eine vernünftige Schleppe liegt deshalb nur auf feuchtem Untergrund, beispielsweise auf einer Wiese. Auf den Sandwegen der Lüneburger Heide liegt dagegen eine Schleppe nur nach ausreichend langem Regen, dann aber gut.

In der Praxis bedeutet dies, wenn man in der warmen Jahreszeit, also auch im Sommer, jagen will - wie es übrigens unsere Altvorderen ebenfalls taten -, daß man schon früh aufstehen muß. Will man in dieser Jahreszeit fair gegenüber den Pferden und den Meutehunden sein, muß man mit dem Tau reiten und mit den ersten Sonnenstrahlen Halali machen.

Es gelingen dann herrliche Jagden. Aber selbstverständlich sind gerade in dieser Jahreszeit die staubigen Sandwege genauso zu meiden wie sandige Ackerböden.

Ein guter Zeitpunkt für das Stelldichein wäre etwa um 6 Uhr morgens, in manchen Gegenden mit vielen Wiesen vielleicht auch noch etwas später. In jedem Fall ist aber ein Halali nach 10 Uhr zu spät. Und ganz verkehrt wäre es, am späten Nachmittag zu reiten. Für die Hunde zählt nicht die Lufttemperatur, sondern die Wärme des Bodens, der bis am späten Abend viel zu warm für eine Meutejagd bleibt, es sei denn, man kann unter dem schützenden Laubdach alter Buchen und Eichen jagen. Andererseits reitet man dort wegen des Wildes besser nicht am Abend.

Sinngemäß trifft das alles natürlich auch noch für die oft sehr warmen Herbst- und Vorwintertage zu, aber auch für das Frühjahr.

Die Briten sind auf ihren Inseln mit dem sehr ausgeglichenen Klima sehr viel besser dran. Doch auch dort beginnt die eigentliche Jagdsaison erst im November. Sie dauert dann aber bis in den April oder gar Mai hinein, während davor die Zeit des Cub-hunting, also den Trainingsjagden, liegt. Die jagderfahrenen Briten wissen sehr genau, wann der »scent« richtig liegen könnte und wann die Meute voll einsatzfähig ist.

Hier in Deutschland hindern frühe Winter, aber auch die Bestellung der Felder, die meutebegünstigten Monate zu nutzen. Will man also auch die ungünstigeren, zu warmen Monate nutzen, muß man früher aus den Betten. Jagdreiter können nicht gleichzeitig auch Langschläfer sein. Die Ritterlichkeit der Kreatur gegenüber muß Vorrang haben!

Hindernisse auf der Jagdstrecke

Müssen die Jagdstrecken überhaupt Hindernisse aufweisen? Gemeint sind künstlich gebaute und nicht die natürlich vorhandenen Hindernisse, wie beispielsweise Gräben und Hecken oder umgefallene Bäume. Es gibt gute Gründe, diese Frage zu verneinen.

Bereits in dem Abschnitt »Das Reiten zu den Hunden« habe ich darauf hingewiesen, daß Hindernisse oft nur deshalb üblich sind, weil die Jagdreiter von der Meute nicht viel mitbekommen und damit das Springen ersatzweise zum Erfolgserlebnis wird. Gerade dann, wenn man sich darauf beruft, die Schleppjagd der Wildjagd anzupassen, sind künstliche Hindernisse sinnlos.

Jagdstrecken mit Hindernissen können natürlich einen herrlichen Sport bieten, wenn es gelingt, die Natur sinnvoll zu ergänzen. Allerdings ist es schon eine große Kunst, Hindernisse für eine Jagdstrecke so zu bauen, daß sie nicht gekünstelt aussehen. Aber lohnt sich diese Kunstfertigkeit überhaupt? Wie oft müssen Hindernisse am Tag nach der Jagd wieder abgebaut werden, vielleicht nur, weil der Grundeigentümer befürchten muß, dann ständig übende Reiter in seinem Gelände zu haben. Aber selbst wenn man die Bauwerke stehen lassen darf, verlieren sie nicht bald den Reiz des Neuen, wenn die Jagd immer wieder über die gleichen »Knüppel« geht?

Wann haben aber Hindernisse dann überhaupt einen Sinn, wo also gehören sie wirklich hin? Unerläßlich sind sie, sobald die Jagdstrecke über eingezäuntes Weideland geht. Leider baut man bei uns ja keine massiven Zäune mehr, sondern man spannt Draht, meist sogar Stacheldraht. Will man in das Weideland hinein oder wieder hinaus, müssen an den entsprechenden Stellen massive Hölzer den Drahtzaun ersetzen, denn wer springt schon über nackten Draht? Fast schon als natürliche Jagdhindernisse könnten Gatter oder Ricks am Beginn von Waldschneisen gelten, wenn sie auch nur den Zweck haben, das Befahren von Waldwegen zu verhindern.

Umgefallene Bäume muß man nicht beseitigen. Sie lassen sich leicht zu Jagdhindernissen umfunktionieren, vor allem, wenn die Stämme einen achtbaren Durchmesser aufweisen.

Doch damit hört es mit künstlichen Hindernissen auch schon beinahe auf. Futterkrippen, Schilderhäuschen im Wald, Langholzwagen, möglichst einsam auf freiem Feld, sind ein Krampf. Das gleiche gilt für überbaute Gräben, die berüchtigten Pseudo-Trakehner. Noch schlimmer steht es mit den Oxern, die zu einer bösen Falle für Reiter und Pferd werden können.

Man sollte sehr fein unterscheiden lernen zwischen Hindernissen für einen Geländeritt, wo man bekanntlich nicht nur einzeln reitet, sondern sich die Strecke auch vorher genau ansehen kann, und Jagdhindernissen. Diese sollen die Jagd nicht erschweren, sondern erst ermöglichen.

Im Jagdfeld wird bekanntlich in Gruppen, oft Pferd an Pferd geritten. Zögert an einem Hindernis eines der Pferde nur ganz wenig, hat dies leicht fatale Folgen für die anderen. Hindernisse müssen also in breiter Front, nicht im Gänsemarsch, angeritten werden können. Der berühmte Original-Trakehner war ein Rick, das in einem, meist trockenen, Graben stand und so lang war wie die ganz Weide. Eine ganze Schwadron hätte dort gleichzeitig darüber springen können. Nur, Hand aufs Herz, haben Sie so etwas auf unseren Jagdstrecken schon einmal erlebt?

Nun leben wir heute als Jagdreiter zwangsläufig mit Kompromissen. Dazu gehört sicherlich die Tatsache, daß Hindernisse als Ersatz dafür herhalten müssen, daß man nicht immer zu den Hunden reiten kann, selbst wenn man es möchte. Vom Jagdveranstalter ist dann allerdings zu erwarten, daß er die Jagdhindernisse nicht für potentielle Selbstmörder baut, sondern für Leute in den besseren Jahren, die tunlichst am Montag wieder zum Geldverdienen unterwegs sein müssen. Vorbei sind nun einmal die Zeiten, als die Teilnahme an einer Schleppjagd eine Pflichtveranstaltung für angehende Kavallerieoffiziere war! »Diesseits ewige Schande, drüben der sichere Tod« soll damals die Devise der Jagdreiter gewesen sein.

Es gab aber auch damals schon vernünftigere Leute. Einer der bekanntesten war der Rittmeister von Eben (Master bei der Foxhoundmeute der Kavallerieschule Hannover). Von ihm stammt der Satz, er habe »immer den Standpunkt vertreten, daß das Gelände und die Hindernisse so ausgesucht und angelegt sein müssen, daß das im Jagdfelde befindliche am wenigsten begabte Pferd imstande ist, alles glatt zu überwinden«.

Ein weiterer seiner 1925 zu Papier gebrachten Kernsätze lautet: »Die Schleppjagd soll begeistern, aber nicht abschrecken«. Leider aber gibt es auch heute noch genügend Jagdveranstalter, aber auch Master, die die Qualität einer Schleppjagd eher nach der Anzahl der Stürze einstufen.

Rittmeister von Eben hatte aber auch erkannt und dies offen zugegeben, »daß es kein besonderes Kunststück ist, als Master auf einem besonders gut ausgebildeten Pferd und ganz vorn und unbehindert reitend über klobige Hindernisse zu gehen«. Vielleicht sollten Verantwortliche für den Aufbau einer Jagdstrecke öfter einmal ihre erfahrenen Cracks gegen ein junges Nachwuchspferd tauschen und mit diesem im Pulk mitreiten.

Die notwendigen Hindernisse müssen - man kann dies nicht oft genug wiederholen - klobig, fest und so lang sein, daß möglichst viele Reiter ihre Pferde gleichzeitig springen lassen können, aber auch mit Durchlässen für die Meute versehen sein. Für Stangen und Pfosten verwendet man das stabilste Holz. Die Stangen werden nie genagelt oder geschraubt. Immer werden sie mit Draht oder besser noch mit Stricken befestigt, und zwar so, daß man sie notfalls ohne Werkzeug schnell demontieren kann.

Lose Stangen, beispielsweise auf ein paar Strohballen gelegt, erfüllen bei einem Unfall den Tatbestand der vorsätzlichen Körperverletzung.

Die oberste Stange braucht im Prinzip nicht besonders dick zu sein, Hauptsache, sie federt nicht, wenn ein Pferdebein anschlägt. Notfalls müssen ein oder zwei Pfosten mehr vorgesehen werden. Am besten eignen sich ausgediente Leitungsmasten. Wenn sie nicht zu bekommen sind, bringt man zwei oder drei dünnere Stangen direkt übereinander an, die dann ebenso dick wie ein Telegrafenmast aussehen.

Bei der Art der Hindernisse muß man immer davon ausgehen, daß sie im Jagdfeld nicht zügig gesprungen werden können. Es geht anders zu als beim Einzelreiten einer Geländeprüfung. Jagdsprünge müssen aus dem Trab, notfalls sogar aus dem Schritt, gesprungen werden können. So verbieten sich oben offene Hoch-Weit-Sprünge wie die schon erwähnten Oxer eindeutig.

Jeder Sprung ist ungeeignet, in dem ein zu spät oder zu früh abspringendes Pferd mit den Beinen hängen bleiben und sich überschlagen kann. (Auf dem Turnierplatz fallen die Stangen beim Anklotzen und Hineinreiten.)

Gräben gehören nicht überbaut. Genauso wenig haben dort »Absprunghilfen« etwas zu suchen. Einen Graben, und mag er noch so breit sein, muß man aus dem langsamsten Tempo noch sicher springen und notfalls mit dem Pferd auch durchkriechen können. Was an Gräben erlaubt und sogar wünschenswert ist, wäre das Ausmähen, damit man die Grabenränder gut erkennen kann. Aber, bitte, auf einer Breite, daß sehr viele Pferde gleichzeitig springen können!

Überflüssig ist es – trotzdem sieht man es häufig –, daß Gräben oder die Stellen, wo nach Ansicht des Veranstalters gesprungen werden sollte, durch Strohballen oder Zeichen »ausgeflaggt« werden.

Für die Reiter, die einen Graben oder ein anderes Hindernis übersehen, hätte ich einige Ratschläge: 1.) Ein paar Gläschen weniger vor dem Aufsitzen, 2.) einen baldigen Gang zum Optiker, 3.) ein ruhiger gehendes Pferd oder ein paar zusätzliche Reitstunden, 4.) vielleicht eine andere Freizeitbeschäftigung. (Dies etwa in der angegebenen Reihenfolge.)

Gut ist es, wenn man Hindernisse von beiden Seiten gefahrlos springen kann, vor allem, wenn ein Ausweichen nicht möglich ist. Es könnte erforderlich sein, die Jagdstrecke ein Stück rückwärts zu reiten, etwa für einen Pikör, um nach einem verlorenen Hund zu suchen.

Und noch einen Ratschlag zu diesem Thema: Wenige gute Hindernisse sind allemal besser als viele schlechte.

Was schlecht ist, läßt sich insgesamt kaum aufzählen. Ganz besonders schlechte Hindernisse sind aber immer diejenigen, die den Fluß des Reitens unterbrechen. Ein Beispiel sei der einzelne Sprung, wäre er auch noch so gut erbaut, auf einem einsamen, großen Feld. Hundert Pferde könnten gleichzeitig nebeneinander galoppieren. Aber dann taucht diese einsame Stange auf. Wissen Sie, was dann passiert? Sicher, denn Sie haben es selbst schon erlebt. Ein falsch verstandener Ehrenkodex unter den Jagdreitern zwingt sie zu springen. Wie in einen Trichter hinein zieht sich das Jagdfeld vor dem Sprung zusammen. Parieren die Vernünftigen nicht durch, geht nichts mehr. Die Erfahrung mit solchen leidigen Jagdstrecken zwingt deshalb das Jagdfeld von vornherein auch dort im Gänsemarsch zu reiten, wo man eigenlich in breiter Front bei den Hunden sein könnte.

Beispiele für einfache Jagdhindernisse:

Rick (im Verlauf eines Weidezauns aus Draht)

Geht die Linienführung einer Jagdstrecke über eingezäunte Weiden, müssen Vorkehrungen getroffen werden, die die Jagd trotzdem möglichst flüssig machen. Kann man, was am bequemsten wäre, den Draht für den Jagdtag nicht beseitigen, wird in den Verlauf des Drahtzauns eine möglichst lange Strecke in Holz gebaut. Man sollte versuchen, die Hindernisse dort stehenlassen zu dürfen. Es ist nämlich aus Sicherheitsgründen unerläßlich, den Drahtzaun aufzuschneiden. Innerhalb des Holzhindernisses darf sich kein Draht befinden! Zu niedrig hängende Drähte gefährden die Hunde, die sich erheblich im Rücken oder auch an den Läufen verletzen können. Aber auch Pferde sind stark gefährdet, wenn sie in das Hindernis rutschen sollten oder gar eine Stange bricht. In jedem Fall aber sind wie bei allen künstlich gebauten Hindernissen dicke, und damit auch sehr schwere, Stangen erforderlich, für die dann natürlich auch entsprechend schwere und tief eingegrabene Pfosten notwendig sind.

Der Aufwand für Weidezaun-Hindernisse ist also so groß, daß man sie nur dort bauen sollte, wo sie auch jahrelang stehen bleiben und immer wieder genutzt werden können. Ihre Länge muß immer für mehrere gleichzeitig springende Pferde reichen. Ist der Drahtzaun bis an das Hindernis herangeführt, ist es üblich, das erste, rechts und links anschließende Drahtfeld durch schräg angebrachte Bretter oder durch ein übergehängtes Tuch (oder Stroh) zu sichern. Die Stangen, am besten 3 Stangen übereinander, sind - wie immer mit Draht oder Stricken - angebunden; die unteren Stangen in Sprungrichtung vor, die obere hinter den Pfosten. Die Höhe der oberen Stange liegt bei 90 cm. Der Abstand zwischen den Pfosten darf nicht über 4 m sein, um ein Durchfedern zu vermeiden. Sollen derartige Hindernisse von beiden Seiten zu springen sein, werden die Stangen auf beiden Seiten, jeweils in etwa gleicher Höhe angebracht, oder man baut V-förmige Hindernisse.

Baumstamm

Ist zufällig ein etwa bis 90 cm dicker Baumstamm vorhanden, kann man diesen an Stelle eines Ricks gebrauchen, wenn im Verlauf des Zauns Bäume vorhanden sind. Baumstämme - auch im Wald natürlich - müssen gegen Wegrollen gesichert sein.

Zauntore

Zaun- oder Hoftore können gute Hindernisse abgeben, wenn die Besitzer damit einverstanden und die Tore einschließlich ihrer Pfosten stabil genug und bis 90 cm hoch sind. Hoftore müssen dabei natürlich so gesichert sein, daß sie nicht von allein aufgehen, wenn ein Pferd anstößt. Besser wird es meistens sein, die Tore auszuhängen oder aufzumachen, wobei die Flügel als Fänge benutzt werden können. Man ersetzt dann die Torflügel durch Stangen, wie sie auch im Verlauf eines Zauns gebaut werden (Rick, Gatter). Gelegentlich kann man aber auch mit Brennholz-Scheiten einen Holzstoß bauen. Ein ausreichend groß bemessener Durchlaß für die Hunde darf dabei aber nicht vergessen werden.

Hoch-Weit-Sprünge

Es wird sich gelegentlich nicht vermeiden lassen, Hoch-Weit-Sprünge zu bauen, etwa um eine tiefe, schmale Rinne zu sichern. Die in Sprungrichtung gesehen vordere Stange muß dann etwa auf halber Höhe befestigt werden. Vordere und hintere Stange sollten nicht weiter als etwa 1 m auseinander sein. Eine Absprungstange am Boden vor dem vorderen Pfosten erleichtert den Pferden das Springen. Auch diese Stange muß an den Pfosten befestigt sein.

Noch zwei Hinweise:

Das Abrutschen der Drähte oder Seile verhindert man am besten durch Einkerbungen in den Pfosten, notfalls durch sehr stabile Krampen.

Die Pfosten sollten die Stangen nicht zu sehr überragen. Mehr als 10 cm sieht nicht nur unschön aus, man kann auch leicht hängen bleiben.

Auf den folgenden Seiten sind einfache Jagdhindernisse abgebildet.

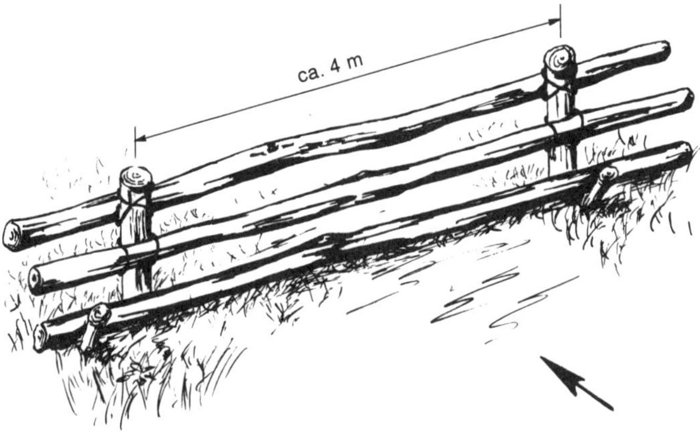

Rick (hoch - weit) - Abstand der Pfosten maximal 4 m.

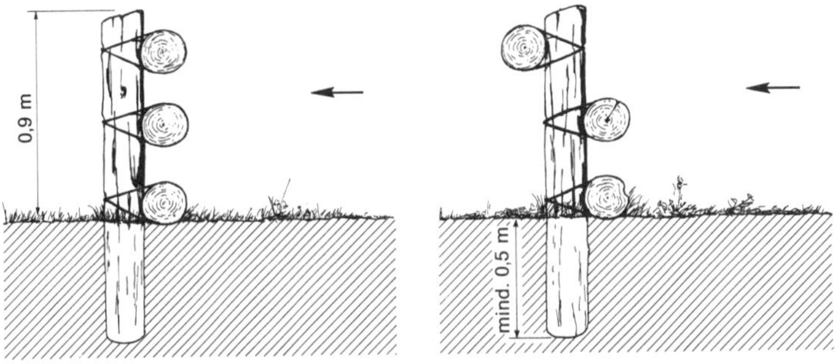

Links: Seitenansicht eines hoch gebauten Ricks.
Rechts: Seitenansicht eines hoch-weit gebauten Ricks.

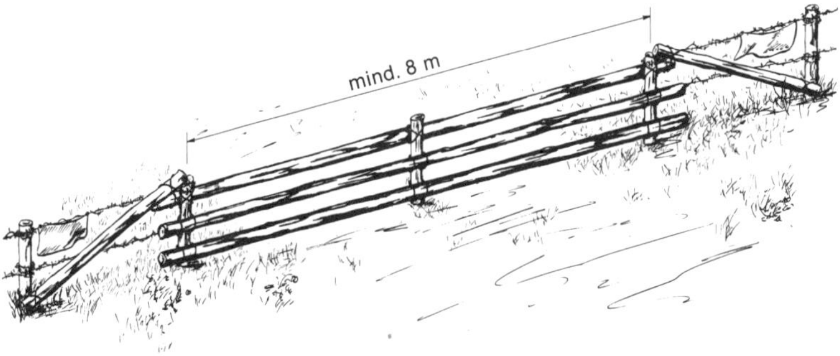

Rick im Verlauf eines Drahtzauns.

Baumstamm (gegen Wegrollen gesichert).

Oxer (hoch-weit) mit tiefer Vorderstange.

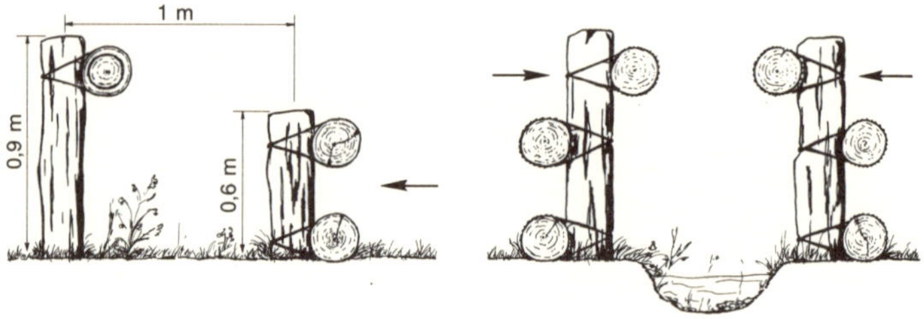

Oxer am sumpfigen Graben.

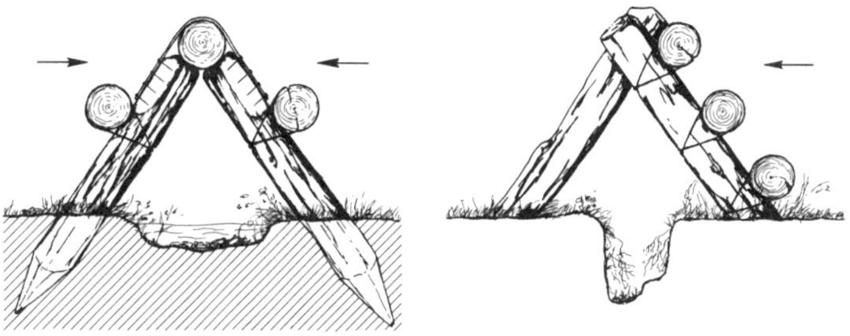

Links: Bock über einen Bach.
Rechts: Triple-Barre über einen schmalen Graben.

Oben: Hoftor (Halali-Sprung).
Rechts: Heckensprung.
Unten: Wegesperre.

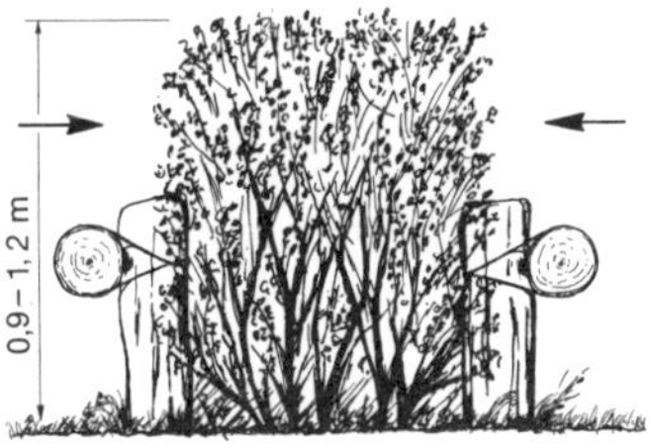

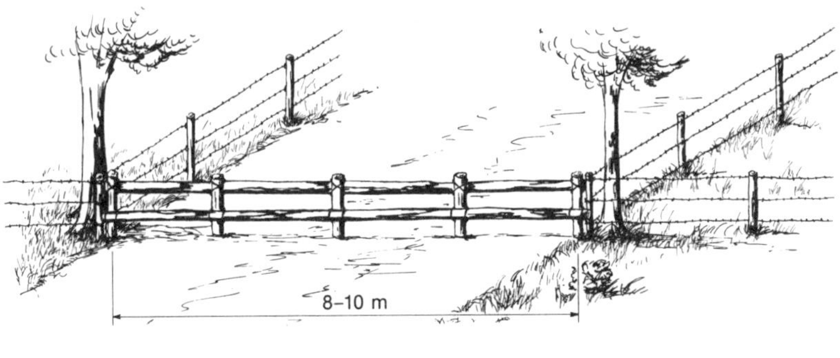

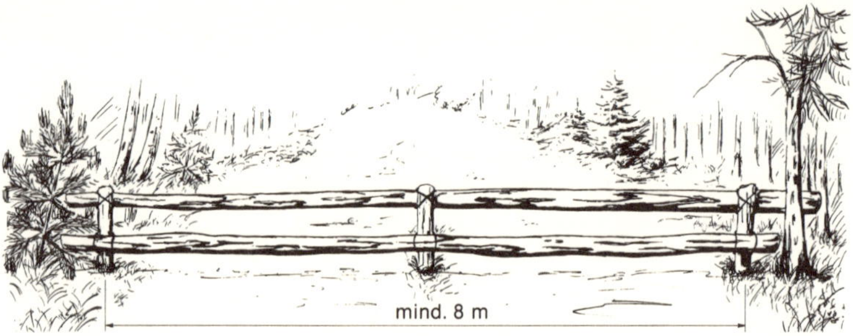

Rick als Wegeabsperrung im Wald.

Wegesperre im Wald.

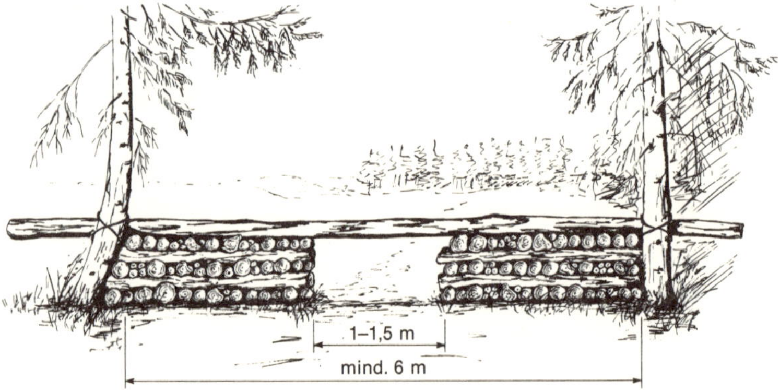

Holzstoß mit Hunde-Durchlaß.

Springen im Jagdfeld

Die Einladung zur Jagd wird (wenigstens sollte sie es) Auskunft geben, ob Hindernisse vorhanden sind und in welcher Höhe sie gebaut sind. Es heißt darin etwa »nur natürliche Hindernisse«. Gemeint ist eine Jagdstrecke, bei der es wildjagdähnlich quer durch die Landschaft geht. Man muß sich darauf einstellen, daß die Jagdstrecke nicht auf den Meter genau festliegt und man durchaus auch einmal in Kaninchenbauen landen kann, so daß man gut daran tut, die Verantwortung für einen guten Ritt bei sich selbst zu suchen. Meist jedoch findet sich eine Angabe »Hindernisse bis 90 cm Höhe«. Dabei sollte man sich darauf verlassen können, daß die Verantwortlichen wenigstens den Bereich der Absprung- und Landestelle an den Hindernissen sorgfältig geprüft haben, und beispielsweise bei der Landung nicht die Gefahr besteht, im Morast zu versinken. Ist die Jagdstrecke für »Experten« gebaut, müßte man in der Einladung lesen »Hindernisse über 90 cm Höhe« oder »im ersten Feld nur für geübte Jagdreiter'. Anhand dieser Hinweise kann man sich ernsthaft fragen, ob die eigene Leistungsfähigkeit und die Qualität des Pferdes ausreichen.

In den meisten Fällen werden auch Jagdfelder gebildet, die an den Hindernissen vorbei oder auf einer anderen Strecke - hoffentlich zu den Hunden - geführt werden. Diese Felder erfreuen sich einer zunehmenden Beliebtheit. Bei erstaunlich vielen Jagden findet man mehr als 75 % der Teilnehmer bei den Nicht-Springern.

Mag das nun an zu geringer Vorbereitung liegen, an dem Alter der Reiter oder der Pferde, an dem mangelnden Vertrauen in die Kunstfertigkeit der Aufbauer oder einfach an der Tatsache, daß Jagdreiten vielen auch Spaß zu machen scheint, wenn sie nicht über die Sprünge gehen. Und auch bei den Springern nimmt die Vorsicht zu.

Der Springstil erfahrener Jagdreiter hat sich meist aus der mehr oder minder häufigen Bekanntschaft mit den harten Tatsachen einer unfreiwilligen Bodenberührung entwickelt. Nicht nur der rote Rock, den heutzutage ja nun schon fast jeder trägt oder wenigstens tragen könnte, läßt die Erfahrung erkennen, es ist vielmehr der Sitz, vor allem beim Springen. Den »Auch«-Jagdreiter wird man gewissermaßen mit dem Kopf zwischen den Pferdeohren springen sehen, als gelte es einen Sb-Parcours zu überwinden. Der Routinier der Jagd neigt zu einer recht entgegengesetzten Haltung. Die Engländer umschreiben dies etwa mit dem Ausdruck »Old Farmer's Style« (hier sagt man sinngemäß auch gern »gut-englisch«). Gemeint ist dabei ein Sitz im Galopp im Gelände und in der Sprung-Phase in einer mehr aufgerichteten Haltung. Ausgeprägt ist dieser Sitz bei den Mastern und vielen Pikören (wenn diese ihre Arbeit bei der Meuteführung ernst nehmen). Für sie ist das Pferd ja das Hilfsmittel, um bei den Hunden bleiben zu können, verbunden mit dem Vorteil (dem Fußgänger gegenüber), daß man alles aus erhöhter Sicht betrachten kann. Und diese Sicht ist vorne auch erforderlich, um sehen zu können, wohin die Hunde laufen oder ob nicht einer gar in dem zu überwindenden Hindernis hängen geblieben ist. Auch ohne Armbinden und Hetzpeitsche erkennt man deshalb die Master auf jedem Foto sofort. Ihr Blick ist spähend in die Ferne gerichtet. Von Vorteil ist, wenn sie so im Sattel sitzen, daß dieser Sitz sehr sicher ist. Bei einem Rumpler zum Beispiel, oder wenn das Pferd beim Landen im weichen Boden oder im Wasser die Beine verlieren sollte. Kommt man dabei aus dem Sattel, dann sicher kaum vor dem Pferd, sondern mit hoher Wahrscheinlichkeit dahinter. Beim Springreiterstil liegt man dagegen recht unbequem vor oder gar unterm Pferd. Jagdreiter können einiges vom Reitstil der Hindernis-Jockeys lernen. Auch die sind, bei dem allerdings wesentlich höheren Tempo, keine Kamikaze-Reiter, sondern bemüht, das nächste Rennen wieder im Sattel und nicht im Krankenhaus zu erleben. Gehen Sie doch einmal zu einem Renntag hin und studieren Sie dort die Reiter. Sie werden dann schnell finden, wo die sichere Sitzweise liegt, nämlich eher näher an der Kruppe des Pferdes als an dessen Kopfende. Dieses »Sich-über-den-Sprung-Ziehenlassen« sieht vielleicht nicht immer sehr elegant aus - gelegentlich bleibt man sogar einmal am Zügel hängen, um das Gleichgewicht wieder zu finden - aber es ist sehr, sehr sicher! Und man sollte beim Vergleich mit dem Steepler der Rennbahn zusätzlich noch daran denken, daß beim Hindernisrennen die Pferde nicht über, sondern durch die Büsche springen. Die Jagdhindernisse aber sind nun einmal fest.

Eine besondere Technik sollte man bei Grabensprüngen anwenden, wenn einem auch hier die Sicherheit wichtiger als die Eleganz ist. Der elegante Reiter - gerade noch hat er mit seinem Pferd eine Geländeprüfung gewonnen - wird das Tempo in Sichtweite eines Grabens massiv verschärfen, um dann in weitem Sprung darüber zu fliegen. Wohl ihm, wenn seine Landung auf festem Boden erfolgt.

Bei Jagden im Herbst oder Winter sind leider die Grabenränder oft weicher als man es vom Sommer her gewohnt ist. Auch könnte der Acker dahinter gerade frisch bearbeitet sein. Dann ist es dort weich und tief. Der sichere Reiter wird das Tempo deshalb sehr stark zurücknehmen und sich daran erinnern, daß man wenigstens zwei Meter weit mit dem Pferd noch aus dem Stand hüpfen kann. Also nur ruhig Blut und vorsichtig an den Graben heran. Meist hat man ja noch Jagdgenossen dabei und einer wird es schon schaffen, über den Graben zu kommen! Ist das erste Pferd erst einmal drüben, kommen die anderen leichter nach. Master und Piköre sollten den Graben ja auf jeden Fall schon gemeistert haben. Bleibt man schön nahe an der Equipage, ist auch der Graben kein Problem, vorausgesetzt, der Graben ist naturbelassen. Überbaute Gräben, sie gehören eben nicht auf eine Jagdstrecke, meidet man nach Möglichkeit. Sie sind ein hohes Risiko, weil man sie nur mit Tempo fliegend überwinden kann.

Sehr tiefe Gräben sind natürlich an der Krone auch sehr breit. Nur sehr leistungsfähige Springpferde werden daher den Sprung sicher im Flug schaffen. Der normale Reiter mit seinem Durchschnittspferd wird erst einmal etwas in die Tiefe reiten und dann gegen die Böschung der anderen Seite springen. Ein solcher Sprung ist letztlich dann aus dem Stand zu nehmen. Das Pferd dürfte meist erst einmal vorsichtig das Ganze in Augenschein nehmen, bevor es abdrückt. Eine Menge Pferde könnten aber auch leise und bedächtig den Kopf schütteln. Dann heißt es halt Ausschau nehmen nach einer Brücke oder Überfahrt.

Sollte es aber gar nicht anders als durch statt über den Graben gehen, dann, bitte, erst recht sehr langsam, wenn Wasser im Graben ist. Wasser bremst stärker als man annimmt.

Was es sonst noch im Gelände zu reiten gibt

Jagdreiten bedeutet, wenigstens für den Meutegewohnten, Geländereiten mit einer Hundemeute. Wie ich meine, wird der Begriff »Jagdreiten« leider ungerechtfertigt auch für andere Arten des Reitens im Gelände benützt. Oft genug hätte der Begriff dann allerdings seinen – auch so auslegbaren – Sinn vorwiegend deshalb, weil man nicht durch das Gelände reitet, sondern jagt. Hier in Westfalen kennt man das Motto dafür: »Was haste, was kannste«. Bei manchen derartigen Unternehmungen kommt dann leider das Jagdreiten (nämlich zu den Hunden) in kaum wieder gutzumachenden Mißkredit.

Zu den beliebten Herbstveranstaltungen gehören die vorwiegend im ländlichen Bereich stark vertretenen »Fuchs«jagden. Ursprünglich waren sie wohl als Gegengewicht zu den städtischen, für zu vornehm gehaltenen, Meutejagden gedacht. Wie ja auch der dabei getragene Schwarze Rock bei bewußt ländlichen Reitern meist eine absichtliche Abgrenzung zum Roten Rock darstellte.

Fuchsjagden können, wenn sie von erfahrenen Geländereitern organisiert werden, aber durchaus eine Alternative sein. Nicht überall stehen Meuten zu den gewünschten Terminen zur Verfügung. Auch lassen zu häufig landschaftliche Probleme, aber auch Vorrechte der »Grünen Jagd«, Meutejagden überhaupt nicht zu. Dann ist eine gut gemachte Fuchsjagd immer noch sehr viel besser als überhaupt nichts. Gut gemacht, das heißt auf die gute Vorbereitung kommt es entscheidend an. Und gut trainiert, planmäßig für dieses Ziel vorbereitet sollten auch Pferde und Reiter sein. Alles, was für die Schleppjagd gilt, ist deshalb auch für die Fuchsjagd gültig. Denn eigentlich ersetzt man ja die »richtigen« Hunde und den Schleppenleger nur durch Reiter. Wie der Schleppenleger bei der Meutejagd führt bei der Fuchsjagd der »Fuchs« das Ganze an. Den Schleppenleger suchen die Hunde, den »Fuchs« einige Reiter, die man gelegentlich sinngemäß auch »Hunde« nennt. Es folgen »Master« und Jagdfeld, woran man sieht, daß es fast genau wie mit einer richtigen Meute zugeht. Nur, daß mit Hunden nicht immer alles genau nach Plan abläuft, was doch vielleicht gerade der besondere Reiz einer Schleppjagd sein kann.

Bedenken werden, auch in den offiziellen Kreisen der Reiterei, oft gegen zwei Teilbereiche vorgebracht, die häufig zu den Fuchsjagden gehören. Es sind dies der »Auslauf« und das »Fuchsschwanzgreifen«. Tatsächlich lassen sich eine Menge vernünftiger Gründe dagegen aufführen. Der »Auslauf«, meist ein abschließendes Flachrennen über eine mehr oder minder kurze Distanz, ist natürlich nichts für untrainierte Pferde - aber eigentlich sollte es die ja doch nicht geben, oder?

Auch das Fuchsschwanzgreifen wird häufig mehr oder weniger hämisch betrachtet. Natürlich kann man erhebliche Bedenken haben, denn häufig genug werden die Spielregeln nicht eingehalten. So kommt es immer wieder durch falschen Ehrgeiz und Unkenntnis zu schlimmen Folgen.

Nur die wenigsten kennen heute den vermutlichen Ursprung dieser Bräuche. Die Altvorderen der ländlichen Reiterei mögen dabei vermutlich besser informiert gewesen sein. Sehr ausführlich hat es Professor Carl Diem 1941 in einem Buch über »Asiatische Reiterspiele« beschrieben. Wolfsmädchen-Spiel, Schleier-Raub, Korbhatz, Fähnchen-Reiten, Band-Reiten beschreiben Reiterspiele, die sich in manchen Details durchaus mit unserer heutigen Fuchsjagd vergleichen lassen. Auch bei den alten Reitervölkern des Ostens, beispielsweise den Turkmenen und Kirkisen, gab es Pferderennen nach langen und schweren Wildjagden, dort meist auf Wölfe. Das beste und ausdauerndste Pferd sollte gefunden werden. Das Aufheben eines toten Schafs vom Boden im vollen Galopp, in der Reitergruppe sollte andererseits die Geschicklichkeit der Reiter beweisen. Aber können wir uns heute mit diesen alten Reitersleuten vergleichen, und unsere Pferde mit deren Pferden?

Wenn man, und dies geschieht leider sehr häufig, das Augenmaß für das heute noch Machbare verliert, sind alle Sportarten ein Problem. Sowohl die Schleppjagd wie die Fuchsjagd, der Ausritt mit Freunden genauso wie der Auslauf und das Fuchsschwanzgreifen.

Sobald das Training von Pferden und Reitern intensiv genug betrieben wird und die Spielregeln - also das Theorie-Training - genau beachtet werden, ist (fast) alles gut und schön, auch die »Fuchs«jagd oder die Schnitzeljagd, die eigentlich dasselbe ist. Bei der Schnitzeljagd wird jedoch eine halbwegs sichtbare Fährte angelegt, und es fehlen am Ende Auslauf und Fuchsschwanzgreifen.

Übrigens: Fuchsjagd oder Schnitzeljagd nur auf allen Reitern bekannten Reitwegen abzuhalten ist meist wenig reizvoll; quer durch die Büsche sollte es schon gehen.

Nun gibt es, wie in jeder offiziellen Sportart, natürlich auch genaue Regeln für die Freunde des Geländereitens. Wer es also genau nach Vorschrift haben mächte, dem sei das Studium der »Leistungs-Prüfungs-Ordnung« der FN (Deutschen Reiterlichen Vereinigung) empfohlen. Er wird dort Angaben finden über Geländeritte, Vielseitigkeitsprüfungen, Jagdpferdeprüfungen, sogar über die in Deutschland praktisch unbekannten point-to-point-Rennen, über Gruppen-Geländeritte und Jagdreiter-Wettbewerbe. Jeweils unterteilt in verschiedene Leistungsstufen, für Pferde, für Ponys - in jedem Fall aber nur für Mitglieder der anerkannten Reitervereine.

Dem ambitionierten Jagdreiter, der die Hunde hoch schätzt, wird das bestenfalls Erinnerungen zurückrufen. An eine meist recht lang zurückliegende Zeit der Turnierreiterei. Die große Zahl der Jagdreiter setzt sich aller Erfahrung nach nämlich aus den mehr oder minder stark Turniergeschädigten zusammen.

Dem Jagdreiter bringt das offizielle Geländereiten auch schon deswegen nicht mehr so viel, weil turniermäßiges Geländereiten auch schon wieder eine Sache der Spezialisierung wurde, wenn man mit nur etwas Ehrgeiz mitreitet.

Ein gutes Jagdpferd wird sicher auch noch über einen L-Geländeritt gehen können, wenn dieser von einem Jagdreiter aufgebaut wurde. Die Klippen einer M- oder S-Strecke haben jedoch mit jagdlichem Reiten nichts mehr zu tun.

Auch die Jagdpferdeprüfungen, zu denen in den höheren Klassen, gelegentlich als Attraktion sogar Meuten eingeladen werden, ergeben alles andere als einen Markt für gute Jagdpferde. Wie in der Turnierreiterei üblich, werden auch bei den Jagdpferdeprüfungen mehr die Äußerlichkeiten bewertet. Selten genug steigt dabei mal ein jagderfahrener Richter selbst in den Sattel. Was herauskommt bei den Prüfungen, sind sicher gut brauchbare Geländeprüfungs-Pferde. Leider aber sind dies meistens für den Normal-Jagdreiter zu teure Pferde. Jagdpferde findet man sehr viel eher, wenn man mit einem guten Auge und etwas Glück im Herbst bei einem Pferdeschlachter vorbeischaut. So mancher angebliche Puller wurde schon ein erstklassiges Jagdpferd und kein Sauerbraten-Lieferant.

Die Jagdreiterei in Deutschland nach den beiden Weltkriegen

Die »Reit-Erinnerungen« (Whyte-Melville / Fr. Ritter, Ausgabe 1928) enthalten umfangreiche Angaben über den Jagdbetrieb nach dem ersten Weltkrieg. Damals waren - wie auch nach dem zweiten Weltkrieg - nur ganz wenige Meutehunde in Privathand übrig geblieben. Die Meuten sind im Kriege und durch die sich anschließenden Hungerjahre an Krankheiten oder meist an Unterernährung eingegangen. Die Vereinigungen hatten sich aufgelöst. Die meisten Kavallerieeinheiten, die Meuten gehalten hatten, bestanden nicht mehr. Die Pferdezucht lag darnieder. Der Krieg hatte riesige Mengen an Pferden verschlungen (Ritter schreibt von 36.000 Pferden, die 1918 allein an der damaligen Westfront in jedem Monat benötigt wurden). Mit ganz seltenen Ausnahmen dauerte es mehrere Jahre bis zur Neu- und Wiedergründung von Schleppjagdvereinen und dem Aufbau neuer Meuten. Es entstanden aber, ganz im Gegensatz zu der noch feudalistischen Zeit vor dem 1. Weltkrieg, die ländlichen Reitervereine. In der ersten Phase des Wiederaufstiegs der Reiterei ersetzten sie die Vereine der Herren- und Offiziersreiter.

Beim Neuaufbau hoffte man (übrigens genauso vergeblich wie nach dem 2. Weltkrieg) auf ein hohes Interesse junger Reiter des ländlichen Raums an der Jagdreiterei. Doch war deren Interesse am Geländereiten mit der Beteiligung an Schnitzel- oder »Fuchs«-Jagden bereits befriedigt. Sie stellten sich in aller Regel auch ganz bewußt (das entspricht teilweise auch wieder der heutigen Situation) in einen Gegensatz zu der als zu feudal empfundenen Jagd mit einer Meute. So blieb diese damals, wie auch heute bis zum Ende der 70er Jahre, weitgehend beschränkt auf die als mehr vermögend angesehenen, städtischen Reiter. Es ist für die damalige Situation bezeichnend, daß sehr bald wieder in den meutehaltenden Vereinen aktive und ehemalige Militärs das Sagen hatten. Dies erscheint jedoch verständlich, weil eben zu einem Meutebetrieb ein großes Maß an Erfahrung, aber auch an Traditionsbewußtsein gehört. Über Meuteerfahrungen aber konnten ländliche Vereine nicht verfügen, da Meuten vorher ausschließlich bei den »höheren« Gesellschaftsschichten zu finden waren.

»Gesellschaftspolitisch« betrachtet ist es so ein Kuriosum, daß ausgerechnet ein ehemaliger Rittmeister (Franz Jandrey) es dann noch 1961 geschafft hat, die Schleppjagd auch »Normalsterblichen« zu öffnen, wenngleich er den von ihm erhofften Durchbruch, auch die ländlichen Reiter von der Fuchs- zur Schleppjagd zu bringen, nicht schaffte.

Schon 1928 aber hatte der Oberstleutnant a. D. Friedrich Ritter geschrieben: »der deutsche Bauer auf deutschem Pferde hinter der jagenden Meute«.

Leider hat die Praxis damals (wie heute) gezeigt, daß die Zucht eines »Deutschen Jagdpferdes« nicht durchsetzbar war. Mit einem schleifendekorierten Turnierpferd lassen sich nun einmal deutlich bessere Preise erzielen. Als deutsches Jagdpferd wurden damals und werden auch heute oft nur diejenigen Inländer angeboten, die turnierunbrauchbar sind.

Ritter schrieb damals, als er noch auf das deutsche Jagdpferd hoffen konnte (und in Trakehnen waren sie dann sogar auch zu finden):
»... und ein Züchter, der sich davor scheut, seine Pferde selbst im Jagdfelde zu prüfen, bringt sich um den schönsten Lohn seiner Arbeit. Im Züchterland ist daher der Züchter der wichtigste Mann im Jagdfelde und Jagdreiten ist ein Teil seiner Arbeit.

Das sind Wahrheiten, deren Befolgung dem irischen Pferde seinen Weltruf als Jagdpferd geschaffen haben...«

Die ländlichen Reiter hatten, wenn sie damals teilnehmen wollten, aber auch mit Schwierigkeiten zu rechnen. Sie wurden allzu häufig gebeten, im zweiten Feld, also weitab von den Hunden zu reiten. Ritter berichtete 1928 darüber: »Gleich möchte ich auf einen Punkt kommen, der beim Lesen der vielen mir zugegangenen Berichte ein gewisses Bedenken erregt. Es heißt in den Berichten häufig: Die Reitervereine reiten im zweiten Feld.«

Nun braucht man sich über eine kritische Distanz nicht zu wundern, wenn man Gruppen von Reitern, beispielsweise nicht rot, sondern schwarz gewandet, von dem eigentlichen Jagderlebnis ausschließt und damit gar noch überdeutlich macht, daß man zwar gern über die Äcker reitet, aber den Besitzer der Äcker als nicht ausreichend qualifiziert für das erste Feld ansieht. (Eine Auffassung, die erstaunlicherweise auch heute wieder anzutreffen ist. Gibt es doch Jagden, wo man schnöde von vorn vertrieben wird, wenn man nicht zum meutetragenden Verein gehört - selbst als ein von ferne angereister (und rotberockter) Jagdgast.

Vergleicht man die Situationen der deutschen Jagdreiterei jeweils nach den beiden Weltkriegen, so finden sich viele positive, aber auch durchaus einige negative Parallelen. Zu den Negativen ist zu zählen, daß bis heute der allergrößte Teil der ländlichen Reiter nicht den Weg zur Jagdreiterei gefunden hat und der deutsche Pferdezüchter kein Interesse an Jagdpferden zeigt, was der deutsche Vielseitigkeitssport ebenfalls schmerzhaft spürt.

Mein »sehr persönlicher« Weg zum Jagdreiten

Ich muß bekennen, daß mein Weg zum Jagdreiten ungewöhnlich erscheint, wenn nicht sogar untypisch. Nichts deutete in meiner Ahnengalerie darauf hin. Ganz im Gegenteil. Eigentlich sogar taten meine Eltern alles, das im Jugendalter erstmals aufkeimende Interesse am Reiten zu unterbinden. Neben den bis 1945 üblichen jung-staatsbürgerlichen Pflichten beanspruchten mich andere sportliche Ambitionen sehr viel stärker, ebenso wie das angepeilte Abitur, das ich im Frühjahr 1945 hätte machen sollen. Zum Glück half mir der sehr verständnisvolle Direktor meines Gymnasiums damals sehr. Sehr früh war ich nämlich dem Leistungssport Schwimmen verfallen. Ich hatte schon in früher Jugend schwimmen gelernt und vertrat bereits in der Sexta, in die ich mit 8½ Jahren, also reichlich früh, gelangte, die Schule bei einem Schulvergleichskampf und erhielt als Ehrenpreis eine Zehnerkarte fürs Hallenbad. So war mein weiterer sportlicher Weg vorbestimmt. Erstaunlicherweise hat dann die besondere Neigung zum Wasser schon zeitig meinen Blick für das »Busch«reiten geweckt. 1928 in Beuthen, im damaligen Oberschlesien geboren, verlebte ich als Kind meine Ferien regelmäßig an der See, meist auf der Ostseeinsel Wollin an der Odermündung.

Warum aber, wird man nun fragen, bildet der Aufenthalt an der Ostsee eine Brücke zum Jagdreiter? Zugegeben, die Verbindung ist kühn - aber sie ist dennoch vorhanden. Ich erinnere mich immer wieder, auch jetzt noch im reiferen Alter, wenn die Meute vor mir auf recht steilem Abhang talwärts saust, an ein Ferienerlebnis damals auf Wollin. Ich weiß nicht mehr sicher, wie alt ich war, höchstens jedoch 10. Wir wanderten damals, es war fürs Schwimmen wohl zu kalt gewesen, am Strand entlang. Plötzlich erschien oberhalb von uns, am Rande der Steilküste ein Reiter in Heeresuniform. Er kam den Steilhang heruntergerutscht, sprang am Strand über ein Hindernis und verschwand wieder, durch das Wasser galoppierend. Kurz darauf folgte der nächste Reiter und dann immer wieder neue Reiter. Es handelte sich ganz offenbar um einen Wettkampf oder ein Trainingsreiten einer Kavallerieeinheit aus der Nähe.

Die Bilder dieses Tages haben sich mir sehr tief eingeprägt. Dieser herrliche Sommertag, der klare Himmel mit dem blau erscheinenden Meer, die weiße, steile Kreideküste, oben Wald bis fast an die Kante heran. Und Reiter um Reiter von oben herab zum Strand.

Damals ahnte ich natürlich nicht, daß dieses Bild - wenn auch in anderer Form und in anderer Landschaft - für mich einmal Realität werden könnte. Jahre später, es war wohl 1943, hatte ich einen guten Freund, der ein Pferdenarr und ein schon sehr guter Reiter war. Seine Berichte weckten erneut den Wunsch in mir, auch selbst einmal zu Pferde zu sitzen. Dies schüchtern vorgetragen, erregte jedoch stärksten Unwillen des Vaters. Und er hatte natürlich recht. Viermal in der Woche Schwimmtraining, einmal Turnhalle oder Sportplatz, am Wochenende Wettkämpfe, zwischendurch der obligatorische Dienst fürs Vaterland und dazu noch auf dem Wege zum Abitur. Wo, um Himmelswillen, hätte da die Zeit für die Reitausbildung herkommen können, gar noch für ein eigenes Pferd! Nun, den ohnehin und zwangsläufig nicht zu starken Einsatz in der Schule hätte ich mir allerdings sparen können. Als der Krieg aus war, hatte mein Not-Abitur genau so viel Wert wie der Zettel, auf dem es vermerkt stand.

Nach der Kriegsgefangenschaft lebte ich dann vom Frühjahr 1946 in der Heimat meiner Mutter auf dem niederbayerischen Lande in der Nähe von Regensburg.

Dort schlug das Schicksal, oder St. Georg, erstmals ganz hart zu. Ein nettes Mädchen, die einzige Tochter auf einem großen Hofe, lud mich ein zum Reitausflug. Bei ihr standen nämlich, als Überbleibsel des Krieges, ein paar schneidige Offizierspferde im Stall. Wer an meiner Stelle hätte da schon zugegeben, er könne gar nicht reiten! Es muß mir dann ganz passabel gelungen sein, Zaumzeug und sogar den Sattel halbwegs richtig aufzulegen und selbst auch noch aufzusitzen. Möglicherweise versetzte mich dies in eine gewisse Euphorie. Auch die folgenden Minuten vergingen ganz erfolgreich, denn erst einmal ging es im Schritt durch das Dorf. Doch ich will es kurz machen. Ich habe mich als geborener Preuße an diesem Tage in Bayern nicht berühmt gemacht. Leider wußte ich damals noch nicht warum: Daß es nämlich Pferde gibt, die sich ganz schrecklich »aufblasen«, wenn man sie sattelt. Einige Galoppsprünge lang war der Sattel zwar noch an der rechten Stelle, dann aber sah ich als Reiter eher wie ein Kosake aus, wenn er ein Taschentuch vom Boden heben will! Als ich wieder hoch wollte, war der Sattel leider um 180° verdreht und dort, wo eigentlich der Sattelgurt hingehört. Zwar schaute ich immer noch nach vorn, aber in ungewöhnlicher Reithaltung. Und bei der unvermeidlichen Bodenberührung hatte ich sehr viel Glück. So fand mein erster Ausflug in den Reitsport ein jähes Ende. Dazu war es eine meiner größten Niederlagen, als mir das Mädchen mein Pferd wiederbrachte. Sie konnte ja reiten, und wie!

Nach diesem Ereignis zog es mich wieder zum altvertrauten Schwimmsport zurück, dem ich auch nach dem Umzug ins Ruhrgebiet verschrieben blieb, bis mich in meinem dreißigsten Jahr die Folgen des Krieges noch einmal einholten. Nach einer einjährigen Zwangspause war dann auf Anraten meines Hausarztes endgültig Schluß mit der Schwimmerei. Beruflich zog es mich damals ins benachbarte Münsterland. Dort hatten wohl die Reitergötter auf mich als leichte Beute bereits gewartet. Ein reiner Zufall verschlug mich in die Nähe von Cappenberg und verschaffte mir so einen Wohnsitz unweit der gerade im Aufbau begriffenen Cappenberger Meute. Ich meldete mich als hoffnungsfroher Reitanfänger bei Herrn Jandrey, der wohl alsbald den - noch rohen - Edelstein in mir entdeckte. Typisch für die Jandreysche Reitausbildung war: Wer nicht beim Aufsitzen sofort wieder vom Pferd fiel, durfte bei nächster Gelegenheit mit in die Büsche. Nach dem uralten Motto »Reiten lernt man durch Reiten« galt für Jandrey, obgleich er Reitlehrer war, daß Reiten primär eben Reiten im Gelände ist. Und turniermäßiges Reiten lerne man, so man es wünsche, dann schon noch in der Bahn. Alle, die damals bei ihm anfingen, haben das Reiten irgendwann und mit irgendwelchem Erfolg auch begriffen und beherrscht. Bald ließ auch das eigene Pferd nicht länger mehr auf sich warten. Im Frühjahr 1964 erwarb ich mit sanfter Nachhilfe von Herrn Jandrey und seinem alten Reiterfreund Trettin das einzige der vielen besichtigten Pferde, das ich selbst nie gekauft hätte. Ich nannte es Schut - ein Name, der allen Karl-May-Lesern sicher bekannt ist -, weil es ein so schöner schwarzer Kerl war und zahlte 3.000,- DM und 50,- DM Handgeld. Es war ein braver Hannoveraner, der in Uffeln hauptsächlich Ibbenbürener Kohle bei den Bauern verteilt hatte. Das Roß soff, wie so viele in dieser Gegend, schrecklich gerne, am liebsten Bier, wie sich zeigte. Der Verkäufer hat ihn nämlich nicht nur vor dem Kohlenkarren gehabt, sondern gelegentlich auch mit am Tresen. Er war nicht nur Kohlenhändler, sondern hatte auch eine Kneipe. Doch Schut war, wie es sich für ein ordentliches Pferd vom Lande damals noch gehörte, auch ein passables Turnierpferd, das die A-Lektionen genauso kannte wie die bunten Stangen am Turnierplatz, die er jedoch wenig schätzte. Den Rekord, bis zum dritten Hindernis fehlerfrei über einen A-Parcours, schaffte ein nachmalig berühmter Reitersmann, Harry Klugmann, der damals Bereiter im Reitstall Jandrey war. Dafür war Schut im Gelände, wie sich zeigte, fast so etwas wie ein »Weltmeister«. Er hat mich von Anfang an, vielleicht auch gerade wegen meiner damals noch unausgereiften Reitkünste, wohl sehr in sein starkes Pferdeherz geschlossen. Er blieb ganz geduldig bei mir stehen, wenn die Gravitationskräfte wieder einmal stärker gewesen waren. Aber er ist nie an einem Sprung stehengeblieben, außer ganz am Anfang vor einem sumpfigen Graben, den ich bei einem Ausritt und natürlich allein ohne jede Hilfe unbedingt überqueren wollte. Wir haben es damals über zwei Stunden gemeinsam probiert, ich meist zuerst, zuletzt er mit mir. Schut hat mich auch bald zum Mitglied der Cappenberger Equipage gemacht. Dieses historische

Datum war der 29. August 1964. Mit meinem Nachbarn Schulze-Rückamp hatte ich in Werne zu einer Schleppjagd eingeladen. Der Jagdbericht von damals vermerkt nur lakonisch: »Soweit bekannt, die erste Schleppjagd in Werne, die auf Inititative einiger Mitglieder der Cappenberger Meute als erste Jagd der Jagdsaison in der Nähe des Standorts der Meute ... geritten werden konnte.«

Von den Gastgebern und den Aktiven der Meute, die damals dabei waren, bin ich als Einziger noch dabei. Einige sind verstorben, die anderen haben sich aus der Reiterei zurückgezogen, ausgenommen W. A. von Seidlitz, der als Reitlehrer noch ab und zu auch hinter meinen Hunden auftaucht und immer noch gut für ein »Weißt du noch?« ist.

Bei meiner ersten Jagd wollte ich natürlich nicht ganz vorn mitreiten. Charly (Brütt) war deshalb auserkoren, als Jagdherr zu reiten. Ich folgte alsbald. Meinem Schut gefiel dies aber nicht so sehr. Meinte er, daß es einst Königen geziemt hatte, vorweg (in die Schlacht) zu reiten? Wie es auch gewesen sein mag, meine »bremsenden Hilfen« verfehlten nicht nur ihre Wirkung, sie verkehrten sich ins Gegenteil. Mein »Kohlenkarrengaul« entwickelte, natürlich auch dank ausgezeichneter Fütterung, Pflege und Trainingsarbeit, ein schier unglaubliches Temperament. Die Jagd war noch lange nicht bis zur Hälfte gediehen, als ich mich mit Herrn Jandrey über meine reiterlichen Zukunftspläne unterhalten konnte. Er besaß zweifellos die rechten seherischen Fähigkeiten und meinte etwa »Wenn Sie Ihr Pferd schon nicht halten können, dann können Sie auch gleich als Pikör mitreiten«.

Der Jagdkalender der CM weist aus, daß dies genau 4 Wochen später, bei der übernächsten Jagd so war, am 26. September 1964 in Recklinghausen. Auch hier gibt der Jagdbericht noch keine Vorausschau auf kommende Größe. Es ist nämlich nur vermerkt, daß Jandreys Pferd an einer steilen Böschung auf die Nase fiel, er zwangsläufig auch und per Auto zum ersten Stop gebracht wurde. Es müßte aber darin stehen, »daß der Pikör Wilhelm König erstmals sein Amt versah und dies in den ersten Minuten so gut, daß der Master ihn, noch kniend im Sand bat, doch die Hunde zu übernehmen«. Jedenfalls, es war dies meine erste Jagd als Pikör und nach etwa 500 m, der Situation gehorchend, auch gleich im Amte des Masters, wenigstens etwa 2 km weit.

Bei so viel unverhoffter Förderung konnte die weitere Entwicklung natürlich nur in eine Richtung gehen: 1965 Mitgründer und erster Vorsitzender des Cappenberger Schleppjagdvereins, ab 1967 Vizemaster der Cappenberger Meute. Aber wo viel Licht ist, gibt es auch viel Schatten. 1973 in den ersten Monaten trennten sich die Wege und führten mich von Cappenberg weg. Es folgte ein wenig erfolgreicher Versuch, die damals schon inaktive

Artland-Meute wieder zu beleben. Die uns dann freundlich von anderen Meuten überlassenen Hunde fanden im Herbst 1973 ein neues Zuhause in Lage (Lipperland) und bildeten den Kern der Lipperland-Meute, deren Master ich bis 1976 war. (Dann übernahm dort H. Rottschäfer das Kommando.)

In meinem neuen Domizil in Haltern, zwei Jahre später dann in einem in Waltrop, am Nordrand des Ruhrgebiets, erstandenen alten Kotten, fand im Herbst 1976 ein Teil der Vogelsberg-Meute einen neuen Kennel. Deren Master Solzer, damals schon erkrankt, lieh mir einen Teil seiner Meute. Daraus entstand die Beagle-Meute Münsterland, die seit der Rückgabe der geliehenen Hunde im Dezember 1977 aus selbst gezogenen Hunden, aus einigen Privathunden und der aufgelösten holländischen Meute »Neder Beagles« aufgebaut wurde.

Wenig blieb in diesen vielen Jahren an Zeit über für turniermäßiges Reiten. Eigentlich war es nur die Cappenberger Zeit, in der einmal zur großen Verwunderung der Turnier-Spezialisten eine goldene Schleife bei einem L-Springen abfiel und etliche in allen Farben bei Geländeritten und Vielseitigkeitsprüfungen. Später kam dann nur noch gelegentlich die Teilnahme an einem Geländeritt dazu. Daß es mehr nicht werden konnte, ist sicher verständlich. Vorrangig blieb in der ganzen Zeit natürlich immer das Training von Hunden und Pferden und die Jagdsaison.

Doch gab es natürlich auch einen anderen Grund. Noch bis in den Anfang der 70er Jahre wurde auf den kleinen Turnieren mehr so zum Spaß geritten. Man konnte durchaus am Samstag eine Jagd reiten und am Sonntag auf dem Turnierplatz mithalten, mit demselben Pferd natürlich. Heute wird schon bei einem kleinen A-Springen mit einer Verbissenheit geritten, als ginge es um den Großen Preis.

So habe ich sehr bald den heilsamen Streß eines Masters mit eigenen Hunden dem Streß des Turniersports vorgezogen.

Anhang

Deutsche Meuten im Jahre 1928

(nach Fr. Ritter)

Trakehner Meute	gegründet 1907	Foxhounds
Insterburger Meute	gegründet 1925	Foxhounds
Königsberger Meute	gegründet vor 1914	Foxhounds
Masurische Meute	gegründet 1926	Foxhounds
Rastenburger Meute	gegründet 1897	Foxhounds
Stettiner Meute	gegründet 1926	Foxhounds
Vorpommersche Meute	gegründet 1927	Harriers
Neubrandenburger Meute	gegründet 1922 (Erstgründung 1848 als Beagle-Meute)	Harriers
Brüeler Meute (Mecklenburg)	gegründet 1924	Foxhounds
Hamburger Schleppjagdverein*	gegründet 1921	Foxhounds
Itzehoer Meute	gegründet 1928	Foxhounds
Oldenburger Meute	gegründet 1927	Foxhounds
Bremer Meute	gegründet 1891	Foxhounds
Meute der Kavallerieschule Hannover	gegründet 1866	Foxhounds

* Der Hamburger Schleppjagdverein ist seit 1946 wieder aktiv.

Verdener Meute	gegründet 1925	Foxhounds
Soltauer Meute (anfangs Harriers)	gegründet 1923	Foxhounds
Göttinger Meute	gegründet 1926	Harriers
Lüneburger Meute	gegründet 1925	Harriers
Senne-Parforce-Verein	gegründet 1924 (urspr. gegr. 1729, wieder gegr. 1889)	Foxhounds
Parforce-Club Berlin	gegründet 1919	Foxhounds
Potsdamer Meute	gegründet 1920	Foxhounds
Beeskower Meute	gegründet 1927	Foxhounds
Ölser Meute (Schlesien)	gegründet 1927	Harriers
Torgauer Meute (Sachsen)	gegründet 1921	Foxhounds
Köln-Düsseldorfer Meute**	gegründet 1927	Foxhounds
Leipziger Meute	gegründet 1926	Foxhounds
Mannheimer Meute	gegründet 1924 (urspr. gegr. 1881)	Harriers und Foxhounds

Bis zum zweiten Weltkrieg gab es dann außerdem noch Meuten in Braunschweig, Breslau, Minden-Bückeburg, Osnabrück, Stuttgart, Erfurt, Rostock, Groß-Plauth (Westpreußen) und Schleppjagdvereine in Dortmund, Gera, Halle, Jüterborg, Liegnitz, München, teilweise auch mit eigenen Hunden.

Die damaligen deutschen Meuten waren im »Deutschen Jagdreiter-Bund« zusammengeschlossen. Dieser war 1927 gegründet worden und wurde nach 1945 nicht wiederbelebt.

** Die Meute des Kölner Reit-, Jagd- und Fahrvereins und des Reit- und Fahrvereins Stadt Düsseldorf (Köln-Düsseldorfer Meute) fand 1952 eine Neubelebung durch den Rheinisch-Westfälischen Schleppjagdverein.

Die Deutschen Meuten (Sommer 1990)

- Gründungsjahre in ( ) -

Hamburger Schleppjagdverein (1921/1946) G. Kurtze, Postfach 10 25 40, 2000 Hamburg 1	Foxhounds
Niedersachsenmeute (1951) Christian von Loesch, 3032 Fallingbostel 2	Foxhounds
Rheinisch-Westfälischer Schleppjagdverein (1952) Günter Dörken, Heilenbecker Str. 50, 5828 Ennepetal 1	Foxhounds
Beagle-Meute Lübeck (1957) Joachim Martens, Elisabethstr. 34, 2407 Bad Schwartau	Beagles
Cappenberger Schleppjagdverein (1960/1965) Heinrich W. Meyer, Wilh.-Hauff-Str. 40, 4670 Lünen	Foxhounds
Hessen-Meute (1964) Wolfgang Burhenne, Ringstr. 55, 3442 Wanfried	Foxhounds
Taunus-Meute (1968) Josef Pracht, Schmidthütte 7, 6342 Haiger	Foxhounds
Odenwald-Beagle-Meute (1968) Ralph Kathrein, Taunusstr. 57, 6301 Pohlheim-Grüningen	Beagles
The Bavarian Bloodhounds (1968 Beagles) Siegfried Uttlinger, Bergfeldstr. 3, 8051 Fürholzen	Bloodhounds
Schleppjagdverein Vogelsberg-Meute (1971) Ernst von Schwerdtner, Rosenhof, 6454 Bruchköbel-Oberissigheim	Beagles
Schleppjagdverein Sauerland (1972) Helmut Kleinschmidt, Weyer 1, 5608 Radevormwald	Foxhounds

Schleppjagdverein Lipperlandmeute (1973) Helmut Rottschäfer, Mommsenstr. 7, 4937 Lage-Hardissen	Foxhounds
Badischer Schleppjagdverein Hardt (1973 Beagles), Wolfgang Heiter, Kniebisstr. 24, 7516 Karlsbad-Sp.	Anglo-Français- tricolore
Schleppjagdverein Beagle-Meute Münsterland (1976) Wilhelm König, Münsterstr. 280, 4355 Waltrop	Beagles Beagle-Harriers
Schleppjagdverein Rhein-Main (1978) Walter Lotz, Waldstr. 99, 6053 Obertshausen	Foxhounds
Frankenmeute Ludwig Dittrich, Reumannswind 1, 8602 Wachenroth	Beagles
Süddeutscher Hunting Club (1978) H. Vogt, Kelterrainstr. 35, 7022 Leinfelden-Echterdingen 2	Français tricolore
Warendorfer Meute (1979) Willy Rehr, Raestrup 4, 4404 Telgte	Foxhounds
HWS-Meute (1981 Foxhounds) H. W. Steinmeier, Evener 16, 4416 Everswinkel	Black and Tans
Badische Dragoner Meute (1983) Herrmann Laier, Gottl.-Daimler-Str. 11, 7521 Forst	Foxhounds
Petersburg-Meute (1983) Roswitha Friesch, Heusteigstr. 48, 7000 Stuttgart 1	Français tricolore
Böhmer Beagle Meute (1985) Hinrich Mönchmeyer, 3031 Böhme Nr. 11	Beagles
Schleppjagdverein von Bayern (1986) Toni Wiedemann, Bauernbräustr. 1, 8904 Friedberg	Foxhounds

Norddeutsche Français tricolores (1988) Jochen Walberg, Wiesenhof, 2000 Tangstedt	Français tricolore
Black-Forest-Beagles (1990) i. O 7587 Rheinmünster-Schwarzach	Beagles

im Besitz britischer Offiziere:

Weser Vale Hunt (1969) Lothian Barracks, 4930 Detmold	Bloodhound/Fox- hound (Kreuzung)

Liste der deutschen Master von 1945 bis 1988

a) nicht mehr aktiv

1946 - 1951	Robert Sauber	Hamburger Schleppjagdverein
1951 - 1979	Christian von Loesch	Niedersachsenmeute
1952 - 1955	Hans Domke	Hamburger Schleppjagdverein
1952 - 1955	Ferdinand Baron v. Fürstenberg	Rhein.-Westf. Schleppjagdverein
1955 - 1980	James Cloppenburg	Rhein.-Westf. Schleppjagdverein
1956 - 1983	Hans Giele	Hamburger Schleppjagdverein
1960 - 1982	Franz Jandrey	Cappenberger Meute
1963 - 1967	Hans Keilholz	Rhein.-Westf. Schleppjagdverein
1967 - 1969	Hans Messer	Odenwald-Beagle-Meute
1968 - 1974	Georg Becker	Rhein.-Westf. Schleppjagdverein
1968 - 1978	Hello Graf v. Rittberg	Taunusmeute

1968	Hans-Joachim Klingbeil	Taunusmeute
1969 - 1982	Carlo Weber	Odenwald-Beagle-Meute
1983 - 1985	Carlo Weber	Asbach Foxhound Meute
1970 - 1978	Karl Solzer	Vogelsbergmeute
1972 - 1987	Roland Amft	Sauerlandmeute
1973 - 1980	Dr. Knut Knopp	Cappenberger Meute
1976 - 1983	Prof. Dr. Hubert Stegmann	Rhein.-Westf. Schleppjagdverein
1979	Walter Löbel	Süddeutscher Hunting Club
1980 - 1982	Josef Pracht	Taunusmeute
1981 - 1985	Günter Cordes	Beagle-Meute Münsterland

a) aktiv seit

1957	Dr. Hans-Heinrich Martens (seit 1976 Jt. M.)	Beagle-Meute Lübeck
1967	Wilhelm König (67/73 C. M., 73/76 L. M.)	Beagle-Meute Münsterland
1968	Siegfried Uttlinger	Bavarian Beagles/Bavarian Bloodhounds
1976	Joachim Martens (Jt. Master)	Beagle-Meute Lübeck
1976	Helmut Rottschäfer	Lipperland-Meute
1977	Ludwig Dittrich	Frankenmeute
1978	Walter Lotz	Schleppjagdverein Rhein-Main
1978	Ernst von Schwerdtner	Vogelsbergmeute
1979	Constanze Stahlberg (Jt. M.)	Niedersachsenmeute
1979	Cosima von Schultzendorff (Jt. M.)	Niedersachsenmeute
1979	Camill Freiherr von Dungern (Jt. M.)	Niedersachsenmeute

Schleppjagd-Meuten (in Klammern 1972)

	Foxhound	Beagle Beagle Harrier	Bloodhound	Franz. Hunde
Großbritannien	9 (6)		5 (4)	
Irland				
USA	23 (21)			
Kanada	10			1
Neuseeland	3			
Südafrika/Kenia	3			
Belgien	1		1	
Niederlande	3		1	
Italien	3			
Spanien	1			
Polen	1			
Dänemark	1			
Bundesrepublik	13 (5)	6 (2)	2 (1)	4

Name		
Carmen (C_2-Wurf)		BMM 8601
Wurftag: 2. Mai 1986	Geschlecht: H	

Carmen
BMM 8601

Eltern	Großeltern	Urgroßeltern	Ururgroßeltern
Rocko BMM 7990	Buggle Call's Omnibus (Neder Beagles)	Trumpet Call's Typhany	Appeline Vali-day Happy Fell.
			Kandidale Cinders
		Harmonist Riple	Twinriver's Rector
			Rosebrooke Rumpus
	Erna vom Julyhof	Baron von Jägerhof	Noakside Pahl Absorptive
			Noakside Pahl Abominate
		Andra vom Weiherwinkel	Rianza the Cannon
			Bianka von Mönchengladbach
Nadja BMM 8001	Konrad BMM 7933	Tany BMM 7401	Diallynne Gamble
			Diallynne Petal
		Dora BMM 7802	Jockey BMM 7501
			Anne BMM 7607
	Eva BMM 7811	Axel	Aeron of Nedler
			Maggi of Rianza
		Babsi BMM 7702	Henry (76) BMM 7610
			Rewe (V.M.)

Farbe dreifarbig

Besondere Kennzeichen
w. Haarbüschel unter r. Auge

Im Jagdpack seit 1987

Junghundeschau vom
Note

Beagle-Meute Münsterland

Aus dem Kennelbuch der Beagle-Meute Münsterland

»Carmen« (im ersten Jahr Kopfhund)

	Wurftag: 2. Mai 1986, BMM 8601 (C_2-Wurf) Wurfstärke: 7 Hündinnen, 2 Rüden davon drei Hündinnen seit Mai 1987 bei der Böhmer Beagle-Meute, eine Hündin Privathund, alle anderen in der Meute
Vater:	Rocko BMM 7990 Kopfhund von 1980 bis 1986
Großvater:	Buggle Call's Omnibus (Nibus) kam von den Neder-Beagles (Holland); da schleppjagdunwillig, ging er als Deckrüde zu einem Züchter, der Rocko als Junghund der Meute gab. Elterntiere von Nibus stammen aus England. Die Neder Beagles wurden in Holland zu Fuß begleitet (foot-beagling)
Großmutter:	Erna vom Julyhof und deren Elterntiere stammen aus einer Haushund-Zucht und wurden nie jagdmäßig eingesetzt
Mutter:	Nadja BMM 8001 Zuchthündin bewährte sich auf einigen Jagden, wo sie sich durch hervorragenden Laufwillen und viel Laut auszeichnete
Großvater:	Konrad BMM 7933 ist auch 1988 noch einer der eifrigsten Hunde auf der Schleppe
Urgroßvater:	Tany (Interim's Sir Bravo Bachelor) BMM 7477 stammte aus einer hochkarätigen amerikanischen Zucht und kam aus Privathand in die Meute. War in der Kopfhundgruppe bis zu einem schweren Unfall mit Trümmerbruch des Oberschenkels. Danach wurde er Deckrüde in einer Privatzucht
Urgroßmutter:	Dora BMM 7802 entstammt einem etwas zu langen Beagle-Rüden (Jockey BMM 7501), der sich durch sehr großen Kampfwillen und großes Stehvermögen, etwas langsam laufend, aber extrem

sicher, auszeichnete. Doras Mutter ist Anne BMM 7607, die aus dem ersten selbst gezogenen Wurf abstammt. Deren Vorfahren kommen aus der Vogelsberg-Meute

Großmutter: Eva BMM 7811
Kopfhündin, stammt von dem Privathund Axel ab, der auf seiner ersten Jagd verloren ging. Evas Mutter Babsi BMM 7702 ist aus dem zweiten, selbst gezogenen Wurf und zur Hälfte aus der Vogelsberg-Meute. Babsis Vater Henry BMM 7610 war Kopfhund der Meute, bis er von Jägern erschossen wurde. Henry entstammt der Privathundezucht von Frau Jandrey und hatte leichtes Foxhoundblut der Cappenberger Meute in seinen Vorfahren

Die Hündin Carmen zeichnete sich schon als Junghund durch besonders großen Laufeifer aus. Sie ging bereits bei ihrer ersten Jagd an die Spitze und lief ihre erste Jagdsaison (1987) neben Kopfhund Yellow.

A - Z der Schleppjagd

Anlegen	Anlegen der Meute = die Hunde werden an die »Schleppe« geführt und losgeschickt
Beagle	Kleinste Meutehundrasse; Ursprung englisch, Rüden bis 41 cm hoch; in England werden Beagles zur Hasenjagd eingesetzt und zu Fuß begleitet (= foot beagling)
Beagle Harriers	Die Zucht der Beagle Harriers (Rüden bis 48 cm) begann wahrscheinlich durch Baron Gérard in Frankreich. Es ist eine Kreuzung von Beagles mit dem modernen Harrier
Bläsercorps	Gruppe von Jagdhornbläsern
Bloodhound	(= Bluthund), reinrassiger Meutehund, dessen Abstammung auf den St. Hubertus-Hund zurückgeführt wird; Farbe meist braun-schwarz ohne oder mit nur wenig weiß; Bloodhounds folgen einer Fußspur (Menschenspur, engl. »clean boot«)
Canter	Ruhiges Galopptempo im Gelände (etwa zwischen Arbeits- und Mittelgalopp), wird nur im leichten Sitz geritten
Cap	engl.: Jagdreiter-Kappe. Jagdgeld (meist 10,-/15,- DM)
Cap-Jagd	Schleppjagd ohne besonderes Zeremoniell; das eingesammelte Jagdgeld wird traditionell in einer Reitkappe (cap) eingesammelt und steht ausschließlich der Meute zu; es ist üblich, zu cap-Jagden Verpflegung/Getränke selbst mitzubringen
Chien	Französische Meutehunde, in Deutschland: Anglo-Français tricolore, Billy, Blanc et noir, Français tricolore

Curée	(französ. Ursprungs, dort weibl. »die«, eingedeutscht »das« Curée). Sowohl Zeitpunkt als auch Ort der Meutefütterung nach der Schleppjagd. Auch Sammelbegriff für alle zur Fütterung üblichen Produkte (Rinderpansen, Königskopf, Blättermagen o. ä.) »Curée« = Jagdsignal, das bei der Hundefütterung nach der Schleppjagd geblasen wird; Master gibt das Curée frei mit dem Satz »Unser Dank an die Hunde«, dabei werden die Reitkappen gezogen als Zeichen des Danks für die Arbeit der Hunde
drag	engl.: »Schleppe«, Fährte, Spur
drag hunting	engl.: Bezeichnung für die Schleppjagd
drag man	engl.: Reiter der die Schleppe legt
Equipage	= Gemeinschaft aller Jagdreiter, die dem Master bei der Meuteführung regelmäßig helfen (Piköre, Schleppenleger) Für die Dauer einer Schleppjagd im engeren Sinne nur die eingeteilten Piköre, erkennbar am offenen Hetzpeitschenschlag, und der Schleppenleger
Fanfare der Meute	Jagdhornsignal einer bestimmten Meute, das nur beim Erscheinen oder beim Abmarsch dieser Meute geblasen wird (= Erkennungssignal)
Feldführer	Eingeteilte Jagdreiter mit grüner Armbinde (ohne Hetzpeitsche), deren Aufgabe darin besteht, Ordnung im Jagdfeld zu bewahren; Feldführer sollen das Jagdfeld möglichst nahe zu den Hunden führen
Feldmaster	(engl.: field master), Aufgabe gleich dem Feldführer, trägt manchesmal aber weiße Armbinde am linken Oberarm

Foxhounds	Große Meutehunde, die beim engl. »hunting« für die Jagd auf den Fuchs eingesetzt werden (Rüden bis 63 cm), alle Spielarten zwischen windhundartigen und doggenartigen Meutehunden, meistens dreifarbig (braun-weiß-schwarz), auch zweifarbig und einfarbig weiß
Französische Hunde	Sammelbegriff für alle im französischen Kulturkreis üblichen Meutehunderassen. Bei deutschen Schleppjagdmeuten mit französischen Hunden bisher verwendet: Chien Français tricolore Chien Français blanc et noir Billy Anglo-Français tricolore
Geläut	Zusammenklang der Stimmen aller lautgebenden Meutehunde auf der Schleppe
Graben	Natürliches Hindernis auf den Jagdstrecken, sollte nicht durch zusätzliche Hindernisse »überbaut« werden, keine Stangen davor oder dahinter bei Meutejagden; künstliches Hindernis nur erforderlich bei sehr schmalen Gräben, die schlecht erkennbar sind.
Halali	Bei der Schleppjagd Ort, Zeit und Zeremoniell des Jagdendes. Historisch abstammend aus dem französischen Jagdgebrauch mit unterschiedlicher Schreibweise Halali, Hallali, Hallaly, möglicherweise von »ha la li« = da ist (liegt) es, gemeint das gehetzte Stück Wild; auch Ableitung bekannt vom arab. »Halla« = Sieg, daraus Verbindung »Hallali« = der Unterlegene = der Besiegte denkbar. Jagdsignale: »Das kleine Halali«, »das große Halali«. Sprechweise im Deutschen: Betonung der zweiten Silbe »la«
Handpferd	Führen eines reiterlosen Pferdes aus dem Sattel

Harrier	Mittelgroße Meutehundrasse (Rüden bis 55 cm), die in England, USA, Neuseeland für die Jagd auf Hasen, gelegentlich auch auf Füchse verwendet wird; Harrierblut oft bei der Zucht von Beagles verwendet; Harrier auch gelegentlich gekreuzt mit Foxhounds
Hetzjagd	(franz.: »vénerie«, engl.: »hunting«, früher im deutschsprachigen Bereich: »Parforcejagd«) - seit 1935 in Deutschland verboten, praktisch seit 1914 aber in Deutschland nicht mehr ausgeübt; mit Meutehunden werden Hasen, Füchse, Rehwild, Hirsche und Sauen gejagd
Hetzlaut	Geläut der auf einer Wildfährte jagenden Meute, klingt höher und aufgeregter als das Geläut auf der Schleppe
Hetzpeitsche	(engl.: whip), dient den Pikören (und dem Master) zum Führen der Meute (= verlängerter Arm), Schlag auf den Hund ist unerwünscht, Peitschenknall hilft beim »Lenken« der Meute, zum Aufmerksammachen und zur Unterstützung der Stimme des Masters; nur die eingeteilten Piköre tragen den Schlag offen, die nicht eingeteilten Piköre (die im Jagdfeld mitreiten) haben die Hetzpeitsche mit aufgewickeltem (aufgerolltem) Schlag dabei, um notfalls einsatzbereit zu sein
hounds	Englischer Ausdruck (im Gegensatz zu »dog«) für Meutehunde
Hubertusjagd	Eine besonders feierlich gestaltete Meutejagd am 3. November oder um diesen Zeitpunkt herum
Hubertusmesse	Feierliche, kirchliche Andacht um den Namenstag (Hubertus: 3. 11.) des Schutzpatrons der Jäger (Jagdreiter), wird gern im Freien abgehalten; musikalische Umrahmung durch Jagdhornbläser (verschiedene »Hubertusmessen‘ in B, Es; vor allem für französ. Hörner)

Huntsman — Bei britischen Meuten der jagdliche Fachmann für die Jagd auf Wild, dort heute oft Master.
Bei der deutschen Schleppjagd ist diese Bezeichnung gelegentlich üblich, aber eigentlich sinnwidrig, da bei Schleppjagden kein Wild gejagt wird

Hunter — Englische Bezeichnung für ein Jagdpferd

Hunting — Die englische Meutejagd auf Hasen mit Beagles oder Harriers, auf Füchse mit Foxhounds und Harriers, auf Otter, Nerz, Nutria mit Otterhounds (und gelegentlich mit Staghounds auf Hirsche)

Hunting horn — Rufhorn des Masters oder Huntsman

Jagdbuch — Ein sorgfältig geführtes Buch, in das sich vor der Jagd (beim Bezahlen des Jagdgeldes) alle Jagdteilnehmer eintragen

Jagdfeld — Gruppe aller Jagdteilnehmer; das Jagdfeld wird vom Jagdherrn oder dem Feldmaster bzw. Feldführer geleitet; bei großer Teilnehmerzahl mehrere Jagdfelder mit jeweils 20 bis 30 Jagdreitern

Jagdgeld — Jeder Teilnehmer zahlt für die Teilnahme an einer Schleppjagd ein Jagdgeld, meist DM 20,- bis 30,-, gelegentlich auch mehr, als ein Anteil an den Gesamtkosten

Jagdherr — = Gastgeber einer Schleppjagd, bei Vereinsjagden meist der Vereinsvorsitzende; der Jagdherr reitet als erster hinter der Equipage oder mit ihr und ist durch eine weiß-schwarz-weiße Armbinde am linken Oberarm erkennbar; sein Stellvertreter trägt eine schwarz-weiß-schwarze Armbinde

Jagdkappe — (= cap) In bruchfester, stabiler Ausführung, tunlichst mit Kinnschutz, ist Voraussetzung für die Teilnahme bei einer Schleppjagd; die Jagdkappe ist bei der Schleppjagd schwarz, Damen mit blauer Reitjacke können auch eine blaue Kappe tragen

Jagdpferd — Ein besonders ausgebildetes Reitpferd für Schleppjagden, meist ein Wallach; Hengste sind im Jagdfeld nicht gern gesehen, ebenso rossige Stuten; Jagdpferde zeichnen sich vor allem durch 4 absolut intakte Beine aus; sie sind dressurmäßig etwa bis A geschult und in der Lage, Geländesprünge bis Vielseitigkeit M zu überwinden; Jagdpferde sollten mittelgroß sein; Schimmel sind unpraktisch und werden meist nur von Reitern mit eigenem Stallpersonal geritten

Jagdreiten — Der Begriff sollte in Deutschland auf die Teilnahme an Schleppjagden beschränkt werden

Jagdreiter — Erfahrene Teilnehmer an Schleppjagden, die gelernt haben, zwischen Canter und Rennbahngalopp zu unterscheiden; Jagdreiter pflegen ihre Jagdpferde selbst auszubilden und zeichnen sich durch große Geduld im Umgang mit ihren Tieren aus.
Auf Schleppjagden tragen Jagdreiter den Roten Rock (oder den Jagdrock eines Vereins oder einer Meute in anderen Farben)

Jagdrock — siehe »Roter Rock«

Jagdsaison — In Deutschland meint man mit der Jagdsaison die Zeit der Schleppjagden (September - November)

Jagdsignale — Musikalische Umrahmung von Schleppjagden mit historischen oder modernen Signalen, deren Bedeutung jedoch - leider - von den wenigsten Jagdteilnehmern erkannt wird. Sie werden - nur - mit Naturstimmen-Hörnern geblasen (konzertant auch mit Ventilhörnern)

Jagdstrecke — Gesamtstrecke einer Schleppjagd; sie besteht aus einer Anzahl von Schleppen; Länge und Art von Jagdstrecken soll der Meute und der Jahreszeit angepaßt sein und werden vom Master der Meute festgelegt

Junghund	Meutehund, der noch nicht jagderfahren ist; er ist etwa 12 bis 18 Monate alt; wird meist vor der Jagdsaison eingejagt
Kennel	(engl.: cennel) Zwingeranlage für Meutehunde
Kennelbuch	(engl.: stud book) Abstammungsnachweis der Hunde einer Meute
Kennel huntsman	(Abkürzung K. H.), engl. Bezeichnung des für Haltung und Pflege der Meutehunde Zuständigen (oft ein Angestellter der Meute)
Kopfhund	Rüde oder Hündin, läuft an der Spitze der Meute auf der Schleppe, zeichnet sich durch Schnelligkeit und gute Nase aus, sollte auch immer Laut geben
Koppel	Ursprünglich der Ausdruck für zwei durch Kette oder Riemen zusammengekoppelte Hunde; man versteht darunter heute (und zählt so) jeweils 2 Meutehunde
Laut	Laut geben; das »Lautgeben« einer Anzahl von Meutehunden ist das »Geläut«, das im Gegensatz zum Bellen steht; Laut gibt ein Hund auf der Fährte (Schleppe)
Lösen	Ausscheiden von Kot bei Tieren, insbesondere von Hunden
Losung	Kot der Wildtiere
Master	Aus dem Englischen übernommene Bezeichnung für den Leiter einer Meute; bei Vereinsmeuten zuständig für die Zucht und während der Jagd verantwortlich für den Ablauf. Mehrere gleichberechtigte Master haben die Bezeichnung Joint Master
Meet	(engl.: Stelldichein)

Meute	Eine Anzahl von Meutehunden, die in »Koppeln« gezählt werden; 1 Koppel gleich 2 Hunde
Meutekosten	Betrag, der als anteilige Kosten für die Haltung der Meute vom Veranstalter an die Meuteführung entrichtet wird (setzt sich aus den eingesammelten Jagdgeldern zusammen)
Nase	Bei Meutehunden meint man damit das »Riechvermögen«; »er hat eine gute Nase« = er kann die Fährte (Schleppe) gut finden
Otterhound	Rauhhaariger engl. Meutehund, ursprünglich für die Jagd von Fischottern, heute auch für die Jagd auf Nerz und Nutria (in England) eingesetzt
Oxer	Ein breites, oben offenes Hindernis, das für Schleppjagden ungeeignet ist und nicht gebaut werden darf, es sei denn, die vordere Stange ist wesentlich niedriger als die hintere
Pack	engl.: Meute
Pansen	Wird beim Curée als Hundefutter verwendet
Parforcejagd	»Deutscher« Ausdruck für die in Deutschland nicht mehr erlaubte Hetzjagd auf Wild (französ.: vénerie, engl.: hunting)
Parforce-Horn	Großes Jagdhorn mit Naturstimmung in B oder Es
Pferdehalter	Helfer, die u. a. an Stops und am Halali die Jagdpferde der Equipage und des Masters übernehmen
Pferdetransporter	Anhänger oder Fahrzeug für den Transport
Pikör	(französ.: piqueur, piqueuse, engl.: whipper-in), Helfer des Masters bei der Meuteführung; erkennbar durch Hetzpeitsche (offener Schlag = eingeteilter Pikör; aufgerollter Schlag = nicht eingeteilter Pikör, reitet wie Jagdteilnehmer im Jagdfeld).

Plastron	Historisches Halstuch, dessen einwandfrei doppeltes Binden nicht ganz einfach ist, unerläßliches Kleidungsstück zum Roten Rock (oder andersfarbenen Jagdrock), Farbe meist weiß, oder in der Farbe einer Gruppierung
Plastronnadel	Dient zum Festhalten des Plastrons und wird - nach der Tradition - waagerecht gesteckt (wenn das Plastron zweifach von Hand gebunden ist) und es wird senkrecht gesteckt bei einmal gebundenen Plastrons oder bei Fertig-Plastrons
Puller	Nicht zu regulierendes Pferd - hat auf einer Schleppjagd nichts verloren
Roter Rock	Der rote Jagdrock wird lang getragen, etwa bis eine Handbreit über dem Knie; man sollte ihn erst tragen, wenn man wenigstens 10 Jagden im springenden Feld hinter Meuten geritten hat; die Zugehörigkeit zu einer Meute wird durch einen farbigen Kragen (Meutefarben) ausgedrückt. Für (meist) 10 Jagden wird ein »Goldener Meuteknopf« mit dem Symbol der Meute an Mitglieder verliehen.
scent	engl.: Duftnote der Wildfährte; Ausdruck wird auch für die Schleppe benutzt
Schabracke	Satteldecke, meist in den Meute- oder Vereinsfarben
Schlag	Geflochtenes Lederband der Hetzpeitsche, endet mit einem aus Strohband geflochtenen Ende
Schläger	Pferd, das nach anderen Pferden oder nach Hunden schlägt; gehört nicht in ein Jagdfeld
Schleppe	Künstlich gelegte Fährte bei der Schleppjagd; man bezeichnet damit sowohl den Duft wie auch die Wegstrecke (mehrere Schleppen bilden die Jagdstrecke); Name weist auf die ursprüngliche Methode hin, die Fährte durch Nachschleppen eines Tierkadavers (Fuchsdecke) zu bilden

Schleppenleger	Mitglied der Equipage (wenn es irgendwie möglich ist); erzeugt die Fährte mit unterschiedlichen Methoden (Tropfkanister, Pferdehuf mit Flüssigkeit eingerieben, blanker Pferdehuf, Menschenspur) und wird von einem ortskundigen Reiter begleitet
Schleppjagd	Meutejagd auf einer künstlichen Fährte (engl.: drag hunting)
Schrammen	Dem »Pullen« vergleichbares Durchgehen eines Pferdes im Gelände
Schrittstrecke	Teil einer Schleppjagd, wenn keine Schleppe liegt und die Meute vor der Equipage geführt wird
Sprünge	Hindernisse einer Jagdstrecke (normal 90 bis 100 cm, erhöht bis etwa 120 cm hoch an der Absprungstelle), offene Sprünge (Oxer) oder überbaute Gräben passen nicht in die Jagdstrecke; ideal sind Jagdstrecken mit dort natürlich vorkommenden Hindernissen, also Sprünge über offene Gräben, Hecken, umgefallene Bäume, Einzäunungen
Stallmut	Typisch für Pferde, die erstmals wieder in der freien Landschaft geritten werden
Stelldichein	(engl.: meet), Ort und Zeit des Zusammentreffens der Jagdteilnehmer, meist 30 Minuten vor dem Aufbruch zur Jagd
Stop	Pause am Ende einer Schleppe, etwa 2 bis 5 Minuten lang, um dem Schleppenleger ausreichend Vorsprung zu geben; der »Große Stop« - eine längere Pause - ist nur selten von der Meuteführung gewünscht
Stulpenstiefel	Schwarze (Leder-) Stiefel mit brauner (heute angenähter) Stulpe; gehört (wie Plastron) unerläßlich zum Roten (oder andersfarbigen) Jagdrock - unpassend zur schwarzen Reitjacke

Tiefsprung	Ein Jagdsprung, bei dem die Landestelle tiefer liegt als der Absprung
Trab	Gangart, die hinter den Hunden nur üblich ist, wenn diese in hohem Bewuchs sehr langsam gehen
Trakehner	Hindernis, das in einem (trockenen) Graben steht; typisch für Weidegrenzen im ostpreußischen Trakehnen. Als künstlich gebautes Hindernis ungeeignet für die Schleppjagd, wenn nicht gleichzeitig 10 bis 20 Pferde nebeneinander springen können
Trompe	Französisches Jagdhorn, gestimmt in »D«, wird über die Schulter getragen, unerläßlich für das französische Jagdzeremoniell und für die Jagd auf den Hirsch
Vénerie (française)	Die französische Hetzjagd auf Wild, vor allem auf Hirsche und Sauen
Wasser	Nach jedem Stop für die Hunde erwünscht; im Sommer (bei warmen oder staubigen Böden) eine Voraussetzung für die Schleppjagd
Welpen	Junge Hunde bis zum »Junghunde«-Alter
Wildjagd	Parforcejagd, Vénerie, Hunting
Windhund	Windhunde sind »Augenjäger«, sie folgen dem Wild auf Sicht; in allen Meutehunden mehr oder weniger stark als Kreuzungsanteil vorhanden, besonders auffällig bei vielen französischen Hunden
whip, whipper-in	engl.: Hetzpeitsche; Bezeichnung für Pikör
Zeit	Zeit für Schleppjagden ist dann, wenn der Duft der Schleppe von den Meutehunden wahrgenommen werden kann; kühle Jahreszeit im Herbst, Winter, Frühjahr; kühle Tageszeit frühmorgens erlaubt Schleppjagden auch im Sommer, wenn Jagdstrecke staubfrei ist (Wiesen-/Waldstrecken)

Literaturverzeichnis

Bücher

BRANDER, M.: Hunting and Shooting. Deutsche Übersetzung siehe RICHTER, R.: Die Jagd von der Urzeit bis heute.

CAMERON, L. C. R.: THE HUNTING HORN. KÖHLER & HORN, LONDON 1964.

DIEM, C.: Asiatische Reiterspiele. Olms Presse (Documenta Hippologica) 1982 (Nachdruck der 2. Auflage von 1942).

DUCHARTRE, P. L.: Dictionaire de la chasse. P. L. Duchartre et Société Nouvelle des Editions du Chene, Paris 1973.

EBERHARDT, J. E.: Der Beagle. Verlagsgesellschaft Rudolf Müller, Köln-Braunsfeld 1980.

EELKING, H. M. BARON VON: Gestiefelt und gespornt. Verlag Paul Parey, Hamburg und Berlin 1966.

FIORONE, F. und RUGE, K.: Alle Hunde dieser Welt. Verlagswerkstatt Willi Hauck, Machtlfing 1975.

FREVERT, W.: Das jagdliche Brauchtum. Verlag Paul Parey, Hamburg und Berlin 1969.

HAGEMANN, E.: Pferde und Pferdesport. Lehrmeister-Bücherei Nr. 28. Albrecht Philler Verlag, Minden o. J.

JANKOVICH, M.: Pferde, Reiter, Völkerstürme. BLV München, Basel, Wien, - ohne Jahresangabe.

KID, J.: Drag Hunting. J. A. Allen & Co., London 1978.

KLEVER, U.: Dein Hund, das unverstandene Wesen. Chr. Belser Verlag, Stuttgart 1972.

MOORE, D.: The Book of the Foxhound. J. A. Allen & Co., London 1964.

RICHTER, R.: Die Jagd von der Urzeit bis heute. Manfred Pawlak Verlagsges.mbh., Herrsching 1978, 3. Aufl.

STEGMANN, H.: Jagdreiten. FN-Verlag, Warendorf 1987.

WHYTE-MELVILLE, G. J. und RITTER, F.: Reit-Erinnerungen. W. Wobach & Co., Berlin-Leipzig 1928, 12.-14. Aufl.

WILDER, F. L.: Englischer Sport in alten Drucken. Deutsche Ausgabe, Verlag Anton Schroll & Co., Wien 1975.

WILLIAMS, A. C.: Beagles - Their History and Breeding. The Scolar Press LTD (GB) 1974, 2nd. Edit.

Zeitschriften und Jahrbücher

Bailys Hunting Directory. J. A. Allen & Co., London.
Equipage (vorher: Die Meute).
Horse and Hound.
Jagdkalender der Cappenberger Meute 1963 - 1969.
Kalender für Jagd und Sportfischerei. Deutscher Genossenschaftsverlag, Wiesbaden.
Cappenberger Schleppjagdverein. Eigenverlag.

Bildquellen

Archiv Cappenberger Meute: Seite 119, unten links
Archiv König: Seite 50, unten, 101 oben links
Czerny, H.: Seite 67 oben, 119 unten rechts
Ernst, W.: Seite 49 oben rechts, 67 unten links und rechts, 68 unten
Glattfelder, S.: Seite 101 oben rechts und unten
Harden, K.: Seite 49 unten, 120 oben links
Heinker, M.: Seite 50 oben
Luchetta, H.: Seite 49 oben links, 102 unten, 120 unten
Mainbild/Ernst Müller: Seite 68 oben
Mönchmeyer, H.: Seite 119
Radowitz, P. P.: Seite 120 oben rechts
Rothkegel, T.: Seite 102 oben

Register